A MOCHILA DO MASCATE

A MOCHILA DO MASCATE

(fragmentos do diário de bordo
de um anônimo do século XX)

Gianni Ratto

✳ SUMÁRIO

DEDICATÓRIAS

Aos que me acham reacionário, acadêmico e careta;

aos amigos que, generosamente, continuam afirmando que sou jovem, atraente e atualizado;

a todas as mulheres que amei na vida e que, tendo me amado, permitiram que eu chegasse até aqui.

A meus filhos (em ordem decrescente de idade):
Andrea, Antonia e Bernardo.

E a Nino, Mara e Luciano
por quase 70 anos de amizade ininterrupta.

AGRADECIMENTOS

Para
*Fundação Vitae (por existir)**
Silvana Garcia, culta, bonita e dedicada
Vaner Maria, linda companheira, fiel e generosa.

* N. do E.: A edição original deste livro, lançada pela Editora Hucitec, em 1996, contou com apoio da Bolsa Vitae de Artes. O programa de bolsas da Fundação Vitae para criação ou pesquisa em várias áreas das artes, inclusive teatro, iniciou-se no Brasil em 1987 e teve sua última edição em 2004.

PREFÁCIO

✳

De todos os encenadores que decidiram, a partir da Segunda Guerra, atuar entre nós, Gianni Ratto foi, sem dúvida, quem mais se identificou com o Brasil. Ao deixar a Itália, em 1954, quando já era considerado um dos maiores cenógrafos internacionais, seu objetivo passou a ser o de integrar-se profundamente no nosso teatro, tornando-se uma das forças vivas de sua afirmação.

Ninguém, como ele, se associou de forma tão consciente e consequente à dramaturgia brasileira. Se o polonês Ziembinski instituiu a modernidade no palco nacional, em 1943, com a estreia de *Vestido de noiva*, de Nélson Rodrigues, Gianni lançou *A moratória*, de Jorge Andrade, um ano após sua chegada a São Paulo. E, a partir daí, estabeleceu como meta preponderante a valorização do nosso autor, base de uma desejada identidade cênica.

Em 1959, Gianni dirigiu e cenografou, no Rio de Janeiro, um dos espetáculos mais perfeitos a que tive oportunidade de assistir, em minha longa carreira de crítico: *O mambembe*, de Artur Azevedo. Com aguda percepção das vicissitudes específicas da cena, em qualquer parte do mundo, ele soube inscrevê-lo na melhor tradição da História do Teatro.

Seguiram-se várias montagens, em épocas diversas, que tiveram, ao lado do mérito artístico, o de revelar aspectos fundamentais da nossa realidade: *Cristo proclamado*, de Francisco Pereira da Silva; *Se correr o bicho pega, se ficar o bicho come*, de Oduvaldo Vianna Filho e Ferreira Gullar; *Gota d'água*, de Chico Buarque e Paulo Pontes; e *Porca miséria*, de Marcos Caruso e Jandira Martini, além de outras. Todas elas imbuídas do propósito de servir bem ao autor, colaborando de forma decisiva na construção do nosso teatro. Só essas virtudes, sem necessidade de mencionar nada mais, asseguram para Gianni Ratto o crédito de uma imensa gratidão do país.

Importante que ele, aos oitenta anos, tenha decidido prestar contas de sua fecunda trajetória. Este não é um livro convencional de memórias, expostas em ordem cronológica, passando a limpo a vida com o objetivo de fornecer uma imagem embelezada para a posteridade. Por meio de iluminações sucessivas, que alternam a autobiografia e os juízos estéticos, Gianni Ratto se desnuda com humildade e coragem. Os fragmentos aparentemente soltos se imbricam, desenhando os contornos de uma personalidade singular, que o Brasil teve o privilégio de incorporar como um dos seus insignes artistas. No final da leitura, lamenta-se apenas que o livro tenha acabado.

*

Sábato Magaldi, 1996

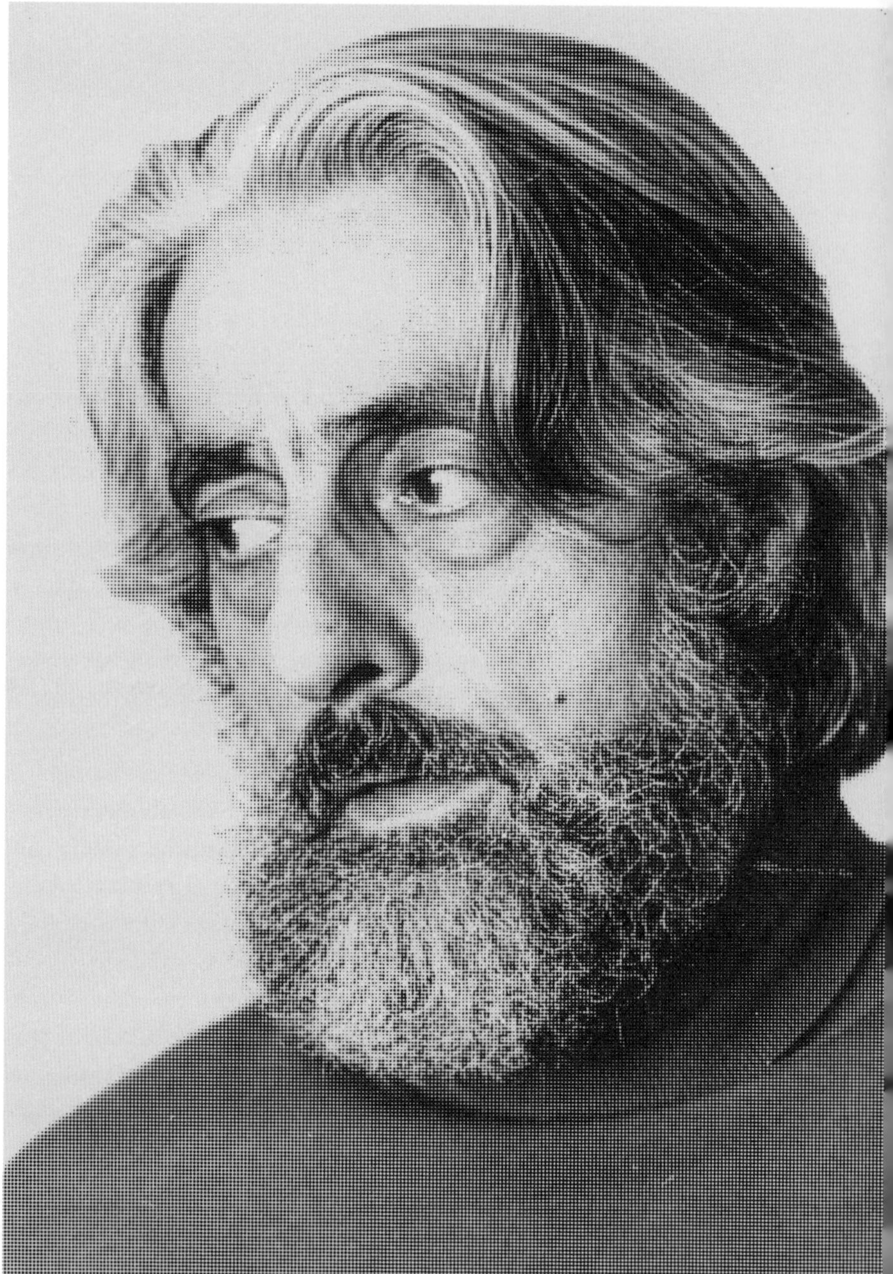

Filósofo seguramente não sou
nem quero sê-lo, não é minha vocação;
também literato não sou pois escrevo
como falo, pelo prazer de conversar.

Anônimo, século XX

✳

GUARDO MUITAS COISAS na minha mochila: algumas flores secas, tocos de lápis coloridos, uma passagem de bonde de Estocolmo, a rebentação de uma onda nas pedras, um cachorro faminto, uma foto roída e desbotada, fragmentos de poesia, um prego, o corredor de um velho prédio, um beijo roubado, uns fios de cabelo, um pincel seco, um pedaço de cenário, uma bofetada, um tiro de espingarda, a morte de um amigo, um sorriso, algumas lágrimas e muito mais. Esvazio tudo no chão e tudo se embaralha emaranhado por alguns rasgos, fiapos, barbantes, trapos e velhas cordas. Engrenagens rodopiam obstinadas e o vento me rouba as poucas palavras que importam. Recoloco tudo depressa no meu bornal: falta alguma coisa, decerto, mas espero reencontrá-la em meu caminho ou talvez substituí-la por outra, e, se um inspetor alfandegário quiser ver o que ele contém, inventarei uma história comovente ou uma pilhéria infantil ou me farei de bobo ou retardado mental, ou pedirei perdão por contrabandear coisas tão cobiçadas e raras; fingirei me atrapalhar, gaguejarei e, se for o caso, ofertar-lhe-ei um pouco do cheiro de uma velha maçã enrugada que guardo cuidadosamente com um maracujá de gaveta.

Eu sei que minha mochila desperta curiosidade, mas não mostrarei tudo o que ela contém: talvez até minta dizendo que não tenho aquele artigo, embora eu sobreviva com a venda do pouco que tenho: não sei, vou pensar no assunto.

Embora eu seja octogenário, como cristão por nascimento e vocação, tenho dois mil anos e estou caminhando para o terceiro milênio. Ainda arrasto comigo minha primeira caixa de papelão forrada de lona marrom: ela tinha dois bolsos de fivela e, entre eles, uma aba que ficava segura por um pequeno trinco niquelado que rodava numa casa também de lata niquelada; tinha duas alças, dentro das quais com alguma contorção enfiava meus pequenos braços, o que me fazia preferir segurá-la na mão, dando pontapés nela e desgastando-a rapidamente, o que provocava a ira da minha mãe, cujo dinheiro curto não permitia que ela compreendesse que o bom da brincadeira estava justamente na destruição.

Hoje, depois de passar por muitas transformações, é um grande saco de viagem capaz de carregar dezenas de quilos de material diferenciado, que eu enfio nele indiscriminadamente, desde que, nem que seja de forma transitória, possa talvez, um dia, vir a ter uma certa utilidade: gasta pelo tempo e as intempéries, sua lona foi roída uma vez por um pequeno camundongo (com o qual convivi durante algum tempo), atraído pelo cheiro de um naco de pão que eu tinha guardado por um dos tantos momentos de minha fome. Mas ele resiste, teimoso como um gato que, embora velho, indiferente à idade, perambula por becos e telhados para manter o domínio do seu território.

As coisas que nele estão não têm idade, e o que foi ainda é, e o que será ainda não se foi: a melancolia ou o sofrimento do passado cede passagem a um sorriso encantado e o que foi triste ou doloroso aparece agora doce como a rápida conivência que se cria entre duas pessoas que, sem se conhecerem, cruzam-se observando simultaneamente o cair de uma folha outonal ou o bater lento de uma borboleta de largas asas: cumplicidade rápida, descompromissada e, todavia, por um instante, feliz.

Oitenta anos de idade e setenta e sete de acontecimentos mais ou menos importantes, de uma atividade ininterrupta, de situações imprevisíveis e de outras previsíveis mas não consideradas com a seriedade devida: uma mão mágica que sempre me levantou pelo cangote, evitando que o perigo me ameaçasse, me salvando de situações melindrosas, me ajudando a atravessar rios, planícies e montanhas, me levantando quando caía, me protegendo das tempestades e, principalmente, guiando-me no tortuoso e complexo trânsito da aprendizagem profissional e das relações humanas.

Tenho muito respeito por esta mão caridosa e terna que, ainda hoje, continua cuidando de mim. Não sei a quem pertence – suponho-o talvez – mas prefiro não indagar demais para não perturbar, para não me intrometer: prefiro aceitar e agradecer calado este ato abençoado e silencioso que vindo de uma sombra luminosa me acalenta e apazigua.

Sempre andei com uma mochila nas costas, carregada com livros e material de trabalho, repleta de amores e decepções, de encantamentos e melancolias, medos, covardias e pequenas quixotescas bravuras, sempre espantado com tudo e todos, tentando entender, sobrecarregado de porquês sem respostas, de interrogativas não formuladas, descobrindo atalhos e alamedas, subindo ladeiras e escadas íngremes, atravessando portas ou muito baixas ou muito estreitas, desembocando em praças luminosas e arcadas esplêndidas, aplaudido e comiserado, com os anseios de um nobre e a resignação de um pobre: com uma vocação de preguiçoso totalmente frustrada.

A maldade sempre me humilhou e a violência deixava-me indeciso, incapaz de compreendê-la nem quando ela tinha motivações que a justificavam. Mas eu ria de um riso rico, quando algo provocava hilaridade e nem sempre o engraçado era inteligente – às vezes até grosseiro, escatológico – mas eu ria porque o dito, o chiste ou o gesto vinha de alguém cuja visão da vida, embora primária, era honesta e sincera.

Quando, nos primeiros dias de serviço militar, vi o olhar faminto de um pastor de ovelhas aguardando com a gamela o momento de receber o seu rancho nauseabundo, o julguei grosseiro, vulgar e animalesco, mas, quando mais tarde ele me pediu para ler-lhe uma carta recém-chegada de sua aldeia, escrita pelo pároco do lugar, e o vi chorar a morte da única vaca que a família possuía, percebi que vulgar tinha sido eu por não ter sido capaz de avaliar uma fome que nada tinha de gula, mas nada mais era senão um ato de sobrevivência milenar.

ESTE É UM LIVRO SEM ESTILO, como diria Millôr Fernandes. Mas é inevitável, visto que tudo sai da minha mochila, do amontoado de coisas, objetos e fragmentos nela contidos: tudo de tempos que passaram, de momentos revividos, de presenças urgentes. Não há estilo nem etiqueta, como no reencontro de amigos há muito tempo não revisitados, quando risos, lágrimas, abraços e beijos se misturam e se confundem numa relva de emoções.

Não quero revisões nem quero corrigir o que foi, na sequência dos fatos ou na verdade dos acontecimentos; seria muito fácil dourar os objetos que são de estanho, ou bordar rendas lá onde foram cordas; a vida de uma pessoa é um processo elaborativo de vários estágios, uma escada interminável de degraus corroídos cobertos de um limo escorregadio que se perde numa neblina densa na qual o vento abre espaços reveladores de presenças inevitáveis e nem sempre desejadas. Não adianta fugir das sombras; demasiados focos de luz nos rodeiam numa vitrine de espelhos mágicos; e aí ficamos, nus e vulneráveis, protagonistas numa gincana de acontecimentos cravados no tempo e imutáveis a não ser na interpretação que a eles pode ser dada.

O que está na mochila é cruel e exigente, não admite interpretações, desvios de memórias, medíocres subjetividades. Material pirandelliano, briga para viver, e há um acotovelar-se de urgências, uma necessidade de aprimoramento angustiado; as vozes são altas, às vezes ensurdecedoras, crianças gritando no pátio de um colégio, gaivotas enlouquecidas num céu de muitos sóis, ondas de um mar revolto e sem paz, e eu ando no meio de tudo isso pisando, afastando, procurando, vendo e recolhendo: jogo de cartas com um único resultado.

Que fazer? Vou recolhendo, selecionando e jogando fora o que não me parece muito interessante, indiferente aos gritos de protesto, às reclamações e aos insultos, lavando minhas mãos de qualquer responsabilidade, recusando-me a olhar no espelho do passado: não tenho passado nem quero ter, meu tempo é o presente indicativo e nele eu me mexo à vontade, pois foge rápido me projetando constantemente num futuro próximo que já, sendo formulado, é passado remoto.

Aos prantos, escorreguei da cadeira da mesa de jantar e corri para a pequena cozinha escura, abraçando-me a Teresa, a nossa empregadinha de, se bem me lembro, quatorze anos.

Meu pai, não sei por qual motivo – mas motivos para ele nunca faltaram – tinha gritado comigo por não sei qual gravíssima falta, dando um violento soco na mesa que tinha feito estremecer o *fiasco* do vinho, símbolo de sua autoridade patronal. Minha mãe tinha esboçado um tímido movimento para me amparar mas meu pai, segurando o seu braço: "Ele tem que aprender a ser homem!". Eu tinha pouco mais de três anos.

Teresa curvou-se para me abraçar e eu levantei a cabeça para ela e, nesse movimento, minhas mãos subiram pela sua perna, encontrando um inesperado refúgio macio e quente. Teresa estremeceu de leve com um leve gemido, e meu pai parou com um leve soluço ao qual fez eco um sorriso iluminado por seus olhos marejados de lágrimas.

Foi um momento fugaz pois, de súbito, ela me levantou nos braços, apertando-me ternamente.

A recordação daquele instante irrepetível me acompanha até hoje e me conforta como naquele momento longínquo no qual, pela primeira vez, tangenciei o amor.

Teresa gostava muito de mim; ingênua e camponesa, ela me via, acho, como um pequeno irmão e, sempre que podia, tentava me proteger. Eu frequentava, naquela época, um jardim de infância bem perto do prédio onde morava: era só descer as escadas, virar à direita e, cinquenta metros mais adiante, entrar pela cancela do jardim. Um dia, não sei por qual falta cometida, meu pai estabeleceu que, se eu me arrependesse e pedisse desculpa, poderia jantar, mas que, por punição, até lá eu deveria ficar em jejum. Fazia frio e eu choramingava, mas meu pai, o mais estúpido dos espartanos – nós não tínhamos aquecimento –, gritava: "Estás com frio? Pula!"

Teresa ia me levar para o *asilo* (jardim de infância), ajudou-me a vestir o capotinho (materna transformação habilidosa de um velho casaco de meu pai), mas, quando eu pedi meu gorro (eu o amava porque tinha um pompom colorido), ela recusou-se, rindo, me fazendo sinal para ficar quieto. Fomos correndo até o jardim, onde ela me entregou o tão desejado gorrinho. Estava pesado e, antes de entrar, olhei o que havia dentro: num embrulho de papel pardo estava uma porção de arroz cozido. Ela deu uma risada e voltou correndo para casa. Eu entrei e de imediato alguém arrancou o gorro da minha mão, jogando-o no ar e espalhando arroz por todo lado. O que aconteceu depois apagou-se da minha mente, mas não o gesto de Teresa, querida Teresa, meu primeiro amor.

QUANDO TENTO PUXAR UM PAPEL ou uma foto, ou um fragmento qualquer do amontoado de coisas que saíram (e dentro ainda tem muitas) de minha mochila arrebentada, nunca consigo retirar um objeto único, porque um puxa outros, às vezes rasgado ou grudado num barbante, num lenço, numa flor já seca e semiesfarelada. Às vezes manchas de umidade (lágrimas?, mas não sou muito de chorar), provavelmente água de chuva que entrou pelas frestas deste desgastado saco de viagem, emboloraram tanto os papéis que é quase impossível identificar o que está escrito neles, principalmente se o instrumento usado foi uma caneta de tinta comum. Mas são exatamente esses papéis rasgados, sobras de velhas cartas ou de manuscritos antigos, que mais me interessam, e neles me obstino para identificar o que, acho, possa eventualmente ter um certo interesse.

Consigo pacientemente ler algum fragmento de frase: "...não estou disposto... comerc..."; "a cen...g...fia de (aqui tem um buraco) é penosa, tão po... criativa e gross..."; "prefiro um pedaço de mad... pintado........... palavr... marav... são pronunciadas a qualquer traje riquis... mas despoj... de... poéticos"; "Querida..." Neste fragmento, a única palavra que sobrou é "querida". Quem terá sido? Quantas "queridas" terão passado pela minha vida? O que sobrou delas? Centelhas, acho, um bater de asas que, ainda, consegue acariciar minha face. E tento trazer à mente o rosto de algumas delas, percebendo de repente que todos esses rostos, esses fantasmas amados e mal-amados, todos eles têm uma única face, indefinida, flutuante como a imagem refletida numa água levemente agitada por uma brisa indiferente.

Finalmente consigo arrancar uma página somente roída nas bordas: são poesias, nunca fui poeta, e a poesia, me coagindo de várias maneiras, nunca me atraiu muito. Mas, não sei por quê, de vez em quando vem uma solicitação – que não tem nada de inspirado, sendo mais uma equação de ideias correlatas – e, querendo ou não, me vejo obrigado a escrever o que vier, num papel, num guardanapo, na página de uma lista telefônica ou, até, no rolo do papel higiênico.

Não há mais tempo para pensar
Se o que foi pesou demais,
deixe que a balança
oscile agora
na busca de um impossível equilíbrio.

Binário é teu tempo,
corre para o infinito.
As imagens
esvoaçam e fogem:
lenços que o vento roubou.

Fugir por quê?
Não percebes?
Curvas sinuosas te reconduzem sempre
Ao ponto de partida.

Gordon Craig morou, durante um período de sua vida, em Gênova: num bairro perto do mar, rico de colinas, numa casa semiescondida entre mimosas e laranjais.

Sua filha (cujo nome esqueci) tomava aulas de canto com minha mãe e, para chegar até o nosso apartamento, situado na parte alta da cidade, realizava duas vezes por semana uma viagem em três etapas: um bonde sacolejante primeiro, uma funicular movida a água depois e, finalmente, um elevador com portas de ferro malhado e paredes de cristal *biseautée* que a conduzia com um vibrar de cabos até o nosso fictício terceiro andar, pois em nosso prédio, construído numa encosta de um morro bastante íngreme, a numeração tinha início a partir do encontro posterior do edifício com o declive da própria encosta.

Era uma viagem longa mas ela a amava pela beleza da paisagem descortinada pelo bonde e que aliviava o terno sofrimento de seu amor impossível e não correspondido pelo indiferente e musculoso motorneiro que, desinteressado, a levava ao mundo do "*bel canto*".

Naquele tempo, eu devia ter treze ou quatorze anos, meu romantismo era mais do que goethiano, estudava artes plásticas, adorava música e arte contemporânea, e, quando minha mãe explicou quem era Gordon Craig, não sosseguei até o momento em que consegui ser convidado pela moça para ir até Surla, onde ela e a família moravam.

A partir daquele momento e nos muitos outros que se seguiram, depois de ter visto e revisitado as gravuras, os desenhos e projetos, e ousado expor timidamente algumas "fascinantes" opiniões a seu autor, o mundo de Craig transformou minha paixão ainda latente pelo teatro num delírio em que formas e cores, superfícies e volumes, luzes e sombras se misturavam numa fantasmagoria onde nada estava claro, mas tudo era maravilhoso.

Até hoje, mais de sessenta anos depois, aqueles momentos permanecem vivos e presentes; mas com uma pequena variante: a paixão e o delírio se transformaram numa vocação cuja tônica é a ambição de um alto profissionalismo aliado a uma potencialidade criativa.

A CENOGRAFIA É UMA ARTE DESCARTÁVEL, ou, para melhor dizer, um artesanato descartável.

Eu gostaria de ter uma casa onde pudesse mudar à vontade os móveis, jogar fora os elementos decorativos, trocar quadros, tapetes, luminárias, cor das paredes *etc.*, tudo isto obedecendo a meu estado de espírito, ao livro que estivesse lendo, à situação política do momento, à vontade de comer ou ir para a cama com alguma mulher.

O teatro não precisa de cenografia; o teatro já contém a cenografia em si mesmo, ele a cria a partir do momento em que o espetáculo está sendo realizado pelos atores, pela magia das palavras, pela riqueza dos pensamentos expressados, pela atmosfera poética, pelos climas dramáticos, pela integração palco-plateia, pela realidade fictícia que duas comunidades em plena comunhão estão vivendo graças à ausência de tudo o que é supérfluo.

Quando penso nas toneladas de madeira, panos, tintas, materiais especiais que anualmente são jogados no lixo, somente posso chegar à conclusão da inutilidade de todo o trabalho que "artistas", artesãos, técnicos, marceneiros, pintores, aderecistas *etc.* realizaram.

Uma cadeira sozinha no meio de um palco vazio, na penumbra ou iluminada por um único projetor, é tão dimensionalmente dramática como um ator que, em silêncio, olha para o horizonte de sua personagem.

Uma cadeira solitária, abandonada num canto qualquer de um tablado, tem a mesma força sugestiva de um rabisco de um dos tantos Bibiena.

Um palco vazio sem nem uma cadeira está tão carregado de potencialidades dramáticas como um livro cujas páginas ainda não tenham sido folheadas.

Entrar num palco vazio é penetrar num mundo de espelhos quebrados. O grande problema é reunir os fragmentos numa forma lógica e coerente porque as possibilidades são infinitas, as linguagens múltiplas, as teorias assustadoras, os temas ilimitados, e, principalmente, porque as personagens que nessas infinitas combinações vão entrar terão, por sua vez, ilimitadas possibilidades de interpretação crítica.

A cenografia é matéria elaborada, filha do racional e da criatividade; a interpretação dramática é a somatória de uma matéria bruta (o ator) que, emprestando a um mutante (a personagem) sua estrutura, acaba sendo modelada e organizada numa forma final – não definitiva – a serviço da palavra. O ator, como a madeira, a cola, o prego e a pintura, nada mais é senão uma soma de materiais equivalentes aos necessários para se realizar um projeto cenográfico.

A cenografia age como uma personagem silenciosa, polivalente e polimórfica: pudica mas sem preconceitos, carregada de mistérios e todavia inteligível, orgulhosa mas não agressiva, tranquila e acolhedora.

Tranquila porque não se impõe, acolhedora porque hospeda ideias, problemas, denúncias, sempre se moldando à proposta do momento, imoralmente entregue a quem a solicite adequadamente.

A cenografia foi sinônimo de grandiloquência visual, de processos espetaculares, de mágica transformista: a descoberta da perspectiva levou-a para os caminhos ilusórios da tridimensionalidade, a pintura a fez ganhar uma profundidade naturalista e o construtivismo aliado à pintura a levou a níveis de riqueza interpretativa e formal antes disso nunca imaginados.

Mas, afinal, o que é cenografia: personagem, decoração, pintura tridimensional, arquitetura abstrata, linguagem pós-moderna, rompimento de barreiras espaciais em benefício de linguagens herméticas?

A cenografia é uma arte descartável, como, aliás, a interpretação do ator. O que sobra depois que um espetáculo termina são aqueles espelhos quebrados que povoam magicamente as salas de espetáculo vazias, algumas fotografias, às vezes uma gravação e, infelizmente, as coletâneas de críticas que, estas sim, permanecem no tempo para confundir os incautos.

As exposições de cenografia, os livros a ela dedicados documentam, na melhor das hipóteses, o aspecto formal de uma ideia que somente foi viva no momento em que alguém – dono provisório das palavras do autor, acionado por um mutante que dele se apoderou provisoriamente – integrou-se ao espetáculo, iluminado pela presença de um público ansioso por participar de um acontecimento previamente orquestrado.

A cenografia é um produto que só uma vez será usado; usado para um, e um só, espetáculo. Não importa se este permanecerá em cartaz um ano ou cem; num determinado momento tudo terminará e do que aconteceu somente sobreviverá a vaga, e cada vez mais vaga, lembrança de algo que foi belo como um amor antigo do qual somente sobrou uma foto esmaecida, o desenho de um gesto no espaço, a entonação de um adeus, a vaga rememoração de um som, de uma luz, de um consenso; flor ressecada entre as páginas desbotadas de um livro de poesias envelhecidas.

A cenografia é resultante de um ato interpretativo que envolve, além dos conhecimentos técnicos indispensáveis, toda uma postura de vida dirigida para um conhecimento amplo e humanista do homem.

Houve um tempo em que a cenografia ocupou um lugar de absoluto destaque; quase sempre foram períodos de escassos autores e de não grande porte. O teatro precisa de cenografia em termos: penso na cenografia mais como um espaço pluridimensional, no qual a palavra possa expandir-se na dimensão infinita do pensamento. Um espaço que poderá ser ocupado por acidentes dramáticos, acentuações dinâmicas para a dinâmica da palavra e do gesto. Espaços destinados a ecos que permanecerão além da pura representação.

Não há dúvidas de que a cenografia é uma arte; mas é uma arte como a dos pedreiros que edificaram belas igrejas românticas, como a dos serralheiros espanhóis, como a dos tecelões de todas as latitudes do mundo. É arte no sentido que se dá à posse de uma técnica segura que permite criar uma linguagem independendo de teorias ou de fatores pessoais. Nesse sentido o cenógrafo é um homem da arte, não necessariamente um artista. E é nisto, parece-me, que reside sua grande força mágica, porque, à diferença daqueles pedreiros, artesões e ourives, seu produto é aleatório e circunstancial, indispensável e inútil ao mesmo tempo.

Falando de cenografia, uso muitas vezes a palavra "descartável". Aparentemente o sentido é negativo, mas para mim tem uma significação profunda, ligada justamente à necessidade de uma renovação constante. Cobrir uma ponte, acumular um monte de celofane, criar uma máquina que se autodestrói *etc.*, são todos atos ligados à ideia do descartável.

O espaço vazio no palco não é um lugar inerte, morto ou adormecido que seja. Um palco vazio é comparável a uma mulher, a um homem, a uma criança à espera de um ato de amor. Amor em todos os sentidos, desde o místico até o sensual, sempre conduzindo a um orgasmo, a uma catarse resultante de um encontro.

A cenografia deve ser vista, penso, como a materialização desse espaço que, aparentemente vazio, será preenchido por gritos, gemidos, risos e gestos. Portanto, reflito, a cenografia, hoje, é um fenômeno pensante, uma vibração catártica, um espasmo sensorial: fenômeno abstrato, portanto, que não é arquitetura, pintura, materiais, grafias e teorias.

O fenômeno cenográfico, hoje, reside no fato de ele não mais existir a não ser no plano de uma abstração impalpável, translúcida, diáfana e, todavia, firme como o piso de palco (ou qualquer outro lugar que seja) sobre o qual se movimenta o único e concreto elemento cenográfico: o ator.

Não adianta: do ator não se escapa; sozinho ou múltiplo ele é o teatro, a cenografia, o figurino, a sonoplastia, a luz, a sombra, a música, o canto, a palavra: o resto é pirotecnia, malabarismo, fogo de artifício. Afirmem o contrário e ficarei muito irritado.

Acho indispensável reencontrar uma transparência de relações, reconquistar uma cidadania teatral perdida, o significado de um civismo dramático que nada tem a ver com o cotidiano burguês de um cardápio trivial; estamos fazendo teatro como quem bebe "socialmente"; numa sala de espetáculo a gente entra num elevador que nos levará para um andar *déjà-vu*, ou desconhecido e irritante, e nesse espaço fechado ninguém se fala porque não há o que falar ou com quem falar e, quando finalmente ficar vazio, o elevador recomeçará sua inútil corrida para cima e para baixo, até o fechar do prédio. Claro, concordo, pode parecer uma visão pessimista, mas, penso, temos que sair da situação constrangedora da convenção dos três sinais, do *black out* que precede o início do espetáculo, das palmas finais do término do espetáculo, e sair para espaços abertos onde a paisagem ou a desolação de um deserto tenham uma significação para cada indivíduo, conseguindo, todavia, fazer com que todos se reconheçam e se cumprimentem.

QUANDO ACORDEI, O QUARTO ESTAVA DOURADO pelo sol da tarde que entrava com prepotência pelas persianas, infiltrando-se sorrateiro pelos espaços vazios interceptado pelos poucos móveis – a cama, um lavabo de ferro com bacia, jarro e um espelhinho fincado numa haste de ferro magrinha e um tanto roída e uma cômoda com gavetas que sempre despertava minha curiosidade, especialmente pelos puxadores, que eram de latão envelhecido, maçanetas presas pelas pontas em pinos arredondados que inutilmente eu já tinha tentado desparafusar.

Do centro da grande cama de casal onde minha mãe me colocava todas as tardes para a minha sesta, olhava fascinado uma pequena aranha que descia tremelicante por um fio fantasma e gostaria de ter subido para onde queria ir. Mas havia muito para ver: onde o raio de sol passava criavam-se leves feixes de poeira que desapareciam ao mais leve movimento, e a pequena aranha entrando num daqueles campos luminosos se transformava num brinco parecido com aquele que minha vó materna (ela não gostava que chamassem de avó e sim de *mamma grande*) costumava usar quando ia fazer compras na cidade (ela tinha um ateliê de costura e uma loja de armarinho na periferia de Gênova), e a aranha, envolvida naquela pulverulência, agitando suas patas criava um curioso efeito de fogo de artifício, totalmente silencioso.

Mas havia muito para ver, muito mais: as paredes cujo papel começava a soltar brincavam com as flores desbotadas, as manchas do reboco, às vezes até com furos de velhos pregos. A *tappezzeria* (naquele tempo ninguém usava paredes pintadas, *status* é *status*) era arrematada, como hoje, aliás, com tiras listradas cujas cores deviam combinar com os padrões do papel de cada quarto ou sala. Uma dessas tiras de arremate tinha abandonado sua função e estava caída, oscilando levemente, me provocando com uma certa malícia. Além do mais, no quarto havia um cheiro forte de óleo que me incomodava e eu queria saber o que era. Rolei pela cama e quase caí no chão: me agarrei na beira do criado-mudo e arrastei comigo, mas conseguindo ficar de pé, um livro um tanto pesado que, ele sim, caiu abrindo-se numa página onde uma mulher totalmente nua voava no espaço, justamente com um homem também pelado. Aquilo me fez rir.

Fui caçar minha tira: estava um pouco alta, mas havia aí perto uma cadeira e tentei trepar nela, mas escorreguei e, comigo, a própria cadeira, que caiu em cima de mim sem, todavia, me machucar; e, comigo e a cadeira, um quadro cujo cheiro era idêntico ao daquele óleo que tanto me tinha incomodado: isto me deu vontade de fazer cocô e, para me vingar da queda, da cadeira, do óleo e da tira que não tinha conseguido alcançar, esvaziei minha barriga em cima do quadro e, para me limpar – eu tinha aprendido a fazê-lo há pouco dias – rasguei várias páginas do livro que reduzi em pedacinhos, com os quais cobri cuidadosamente o que já tinha coberto o quadro, agora não mais visível e cujo mau cheiro de óleo estava dominado agora pelo quente e tranquilizador de minha obra.

É evidente que apanhei, e muito; mas não entendi o porquê.

Somente muito mais tarde soube que o quadro em questão era uma paisagem pintada por meu pai e o livro que eu tinha rasgado tão cuidadosamente era, nada mais nada menos, a *Divina comédia*, de Dante Alighieri, ilustrada por Gustave Doré, e que aquelas duas figuras peladas que me tinham feito rir representavam o episódio de Paolo e Francesca.

E também, somente mais tarde, descobri que meu ato escatológico com relação ao quadro de meu pai tinha sido uma manifestação *ante literam* de uma postura estética que o futuro iria confirmar: meu pai, além de canalha, era um péssimo pintor.

NAS HORAS PASSADAS NAS SALAS DE AULA do Colégio Cherasco, podíamos tanto estudar como ler e desenhar.

Eu gostava muito de desenho geométrico e com um pequeno compasso escolar me divertia reproduzindo complicadas estrelas pentagonais cujos lados curvos entrelaçavam-se como tiras de esteiras, ou então outros polígonos regulares ou não que, traçados inicialmente com um lápis, recobria em seguida com uma caneta cuja pena eu molhava no pequeno tinteiro de louça encaixado na carteira.

Mas eu gostava também de reproduzir imagens impressas no livro de história. O retrato, especialmente, me solicitava, e um em particular: o de Napoleão Bonaparte – detalhe, se não me engano, de uma das obras de David – reproduzido, como frequentemente se costumava naquele tempo, com a técnica de água-forte. A cópia desse retrato me deu trabalho por causa dos matizes que requeriam um papel mais duro e granulado do que aquele que estava usando e um lápis mais macio.

Consegui o que queria na lojinha do colégio e fui tentando e rasgando papéis (não gostava, como hoje não gosto, de usar borracha) até que acabei orgulhoso meu desenho. (Repensando-o, acho que devia estar um tanto vesgo.)

Ansioso para que logo chegasse ao destino, dobrei a folha em quatro e a enviei à minha mãe, afirmando categoricamente que, depois do ginásio, queria frequentar uma escola de arte, acreditando, por causa deste e de outros desenhos, ter descoberto minha verdadeira vocação.

A resposta da minha mãe me paralisou: o desenho era horrendo, dizia, embora revelasse algumas aptidões que seriam avaliadas quando voltasse definitivamente para casa, mas que ela não compreendia a escolha do tema, visto o nome do meu pai ser, justamente, Napoleão.

Já estava com onze anos e, embora não fosse um aluno especialmente brilhante, não faltava alguma inteligência. A observação de minha mãe me fez refletir e, pela primeira vez, percebi a falta de alguém e o que sempre me aterrorizara na personalidade de meu pai não me pareceu mais tão grave. Eu me sentia culpado pela escolha do desenho como se esta escolha tivesse sido proposital, com o intuito de ferir ou reclamar. E me dei conta de que eu queria saber melhor quem era meu pai e se, também ele, sentia falta de mim e se, encontrando-me, me abraçaria.

Pela primeira vez em minha curta vida, senti uma raiva surda surgir dentro de mim: afinal não tinha sido eu a escolher tal nome de batismo nem a pedir que meu pai fosse meu pai.

A CENOGRAFIA É UMA PROFISSÃO tão importante que justifique um livro que não seja pura e simplesmente técnico ou histórico?

Às vezes me sinto como se eu fosse um supermercado ou um *shopping center*, lotado como estou de departamentos cenográficos: salas palacianas, quartos miseráveis, jardins orientais, naves de igrejas, navios fantasmas, quartos de onde não se pode sair, quartos assombrados onde o crime espreita pelas frestas e gretas das paredes; hospedarias noturnas, hotéis luxuosos, praças italianas, becos londrinos, subúrbios americanos, mansões sulistas, interiores burgueses, casas suspeitas, cais do porto, entroncamentos ferroviários, desertos africanos, aldeias russas, século V a.C., século V d.C., Idade Média, Renascença, elisabetanos, barrocos, Revolução Francesa, Segundo Império, 1800, Dadaísmo, ismos, ismos, ismos, guerras, revoluções, teorias, revisões, revistas e *shows*, óperas e operetas, mágicas e truques, alçapões, cantores, regentes, autores e diretores... ufa! Realmente é muita coisa e todavia, afinal, tudo é muito simples: no fundo, é um problema de organização mental (às vezes de intuição sensorial) como um arquivo computadorizado que nos derrama na tela uma chuva de informações fornecendo as diretrizes-base.

Duvido realmente que alguma profissão exija conhecimentos "enciclopédicos" tão vastos quanto um cenógrafo de verdade deveria ter. Tudo o que entra a fazer parte do saber humano tem de ser pelo menos tangenciado por esta figura eclética que transita pelos teatros, pelos estúdios de televisão e cinema, carregando sua mochila de cometa onde há de tudo um pouco, embora sempre falte alguma coisa.

Eu vivo de lembranças estratificadas, de rápidas assimilações, de intuições às vezes fulgurantes, às vezes demoradas e sofridas. É esta vivência acumulada e ao mesmo tempo involuntária que me leva a "ver". É, todavia, indispensável trabalhar numa larga faixa de insegurança, provocação permanente para a manutenção do equilíbrio crítico necessário a um resultado que só é formal na aparência imediata.

E assim carrego minha mochila onde há de tudo um pouco e sempre falta alguma coisa: uma sombra, um olhar, uma luz lá no fundo, uma porta que vai se fechando, a porta da causa de um traje feminino.

Às vezes um cenário assume forma através de detalhes que se juntam sorrateiramente provocando um encadeamento de soluções: aquela luz tangenciou um objeto que estava colocado atrás de uma porta para a qual a mulher tinha se dirigido.

É inevitável, parece-me, "sentir" o espaço que nos é destinado para um espetáculo, destinado a personagens que embora ainda não realizadas fisicamente já existem como entidades potenciais que, naquele mesmo espaço, tomarão corpo e voz. É impraticável colocar uma poltrona num determinado ponto do palco sem prever quem poderá sentar nela, se quem sentar terá de assumir uma determinada postura estilisticamente definida.

E por falar em estilo? Estilo não é necessariamente historicismo babaca ou pedante aplicado servilmente a um texto "histórico". Qual era o estilo de Luís XVI quando sentava em seu penico: o mesmo de quando ocupava seu trono? Uma perna para a frente e a outra elegantemente dobrada um pouco para trás, o braço direito negligentemente encostado no braço direito do próprio trono, a mão molemente caída enquanto a esquerda suavemente projetada para a frente mostrava seus anéis ou segurava simbolicamente uma esfera dourada sobre a qual culminava uma cruz cravejada de pedras preciosas?

Quando menino, gostava muito de olhar uma paisagem com o tronco dobrado para baixo, as pernas abertas, a cabeça espreitando entre elas: todas as cores pareciam mais transparentes, mais intensas, mágicas. Os sons também se amalgamavam mais harmoniosamente ao conjunto e, às vezes, um pássaro ou uma lagartixa paravam espantados perante a visão incomum daquele rosto cujo sorriso fascinado devia parecer para eles mais ameaçador do que amistoso: e logo retomavam seus movimentos elegantes.

Muitos anos mais tarde, num grande teatro lírico, durante um ensaio de luz, vi o responsável artístico e técnico do espetáculo, enquanto checava um efeito especialmente complexo e que nos tinha dado muito trabalho, assumir a mesma posição que eu tomava, quando garoto, para apreciar melhor uma paisagem. Fiquei intrigado e perguntei qual a razão de sua atitude, e ele me deu uma explicação bastante complexa mas cujo sentido era, afinal, o mesmo que intuitivamente eu tinha descoberto quando criança.

Aí está: até que ponto a intuição não é mais importante que qualquer teorização? Claro, técnica é técnica e se a intuição é válida para a descoberta de uma solução, sem conhecimentos técnicos, nunca se alcançará um resultado positivo.

Sabbatini, genial cenotécnico de 1600, quando viu, depois das vésperas, um sacristão apagar as velas com o "apagador de couro preto pregado à comprida vara",* intuiu as possibilidades que aquele gesto cotidiano, rotineiro e piedoso continha e procurou aplicá-lo à luminária do palco, substituindo o braço do religioso laico pelas cordoalhas, as roldanas e os contrapesos que a tecnologia do tempo lhe proporcionava. Isso possibilitou aos espetáculos daquele Século de Ouro efeitos luminosos surpreendentes e algo que hoje chamamos de obscurecimento em resistência.

GRITAVAM, GRITAVAM, DESCONTROLADOS, absurdamente excitados e felizes, me encurralando contra uma grossa palmeira áspera de recentes folhas cortadas, onde carnudas formigas obedeciam a uma ordem estabelecida há séculos. Eu estava apavorado mas não sabia por quê, não entendia o porquê de todo aquele berreiro, as vozes estavam roucas como se tivessem comido batatas fritas gordurosas (muitos anos mais tarde, num filme de John Ford, *O delator*, me lembrei daqueles gritos: havia num *pub* irlandês um bando de bêbados comendo batatas fritas e cantando com vozes roucas de frigideiras);

* N. do E.: Inglês de Souza, *O missionário*.

gritavam e começaram a me bater na cara e a me jogar areia nos olhos enquanto puxavam minha camisa tentando arrancar minhas pobres calças de menino pobre e me chamando cada vez mais ritmadamente de "*bastardí*! *bastardí*!". Eu não entendia nada, não sabia o que *bastardí* queria dizer e procurava me defender como podia, mas sem muito resultado, o coração disparado, tentando gritar sem conseguir, cuspindo areia, chorando já sem lágrimas. E de repente tudo parou, os garotos fugiram enquanto os sinos tocavam o fim do recreio e eu fui recolhendo o meu calçãozinho, mijando em cima do meu sapato, sem conseguir sair do lugar. Um padre, atravessando o pátio, achou melhor não fazer muitas perguntas e me levou para os lavatórios.

Nunca mais os meninos (tínhamos todos a mesma idade: oito anos) me agrediram ou me provocaram; também nunca entendi essa mudança de comportamento.

Não muito tempo depois, lendo um romance de capa e espada de Alexandre Dumas, do qual esqueci o título, descobri um personagem que era filho bastardo de um duque – a esta altura, eu já sabia o que *bastardí* queria dizer e inventei para mim um pai fictício – visto que o meu não tinha querido me dar o seu nome – ao qual atribuí um título altissonante, nobre oriental, e imaginando o rapto de minha mãe, deflorada nas areias do deserto, a *Marcha turca* de Mozart colaborando.

Mas esta história de não ter o nome do pai, numa sociedade machista e preconceituosa como aquela na qual eu havia nascido e estava vivendo me acompanhou, amargurando meus dias e instigando-me a criar o meu próprio nome, que não fosse de ninguém, somente meu, resultante de algo que eu mesmo tivesse feito e ninguém mais pudesse me tirar.

Se consegui não sei, só sei que quando alguém, por necessidade de documentação, me perguntava: "nome do pai?", eu respondia: "e do Filho e do Espírito Santo." E afinal me convenci de que para ter o nome do pai este deveria ter sido digno de mim e da minha mãe.

Hoje, esse tipo de preocupação despiu-se, em parte, de suas conotações preconceituosas: o amor livre, as revoluções que este século dos séculos provocou cancelaram a exigência de ter o nome do pai;

mas ainda hoje, aos oitenta anos, tem alguém que olhando minha carteira de identidade pergunta: "qual o nome do seu pai?"

Existem, parece-me, três tempos básicos de uma relação amorosa: encontro e reconhecimento, reconhecimento e descoberta, constatação e contestação.

No último tempo, a constatação de não ter percebido os elementos negativos desde o primeiro momento cria um clima de amargura que pode se transformar em raiva ou até ódio: e, quanto maior for a dimensão da descoberta equivocada, equivalentemente maior será a reação de um dos dois parceiros.

No encontro e reconhecimento existe uma predisposição específica para o ótimo. O encontro, então, é uma surpresa gratificante que abre o caminho para um reconhecimento teórico que poderá, ou não, ser confirmado nas horas de descoberta: no caso de uma confirmação o relacionamento poderá se prolongar sem limites de tempo. No caso de a descoberta ser inferior ao fascinante momento do encontro, criar-se-á um clima de desencanto e o equilíbrio da relação poderá vir a ser ameaçado.

O amor é algo frágil que só se consolida com o resultado da soma da honestidade afetiva e da compreensão recíproca. Saber aceitar e perdoar para evitar as levíssimas rachaduras indeléveis; não negar a ajuda no momento da dúvida, não exigir o que já é dado espontaneamente, não cobrar a dívida inexistente, não retrucar ao que não foi nem ofensa nem agressão; enfim, não perder nunca de vista o momento encantado do primeiro encontro tentando fazer com que cada manhã ao despertar o rosto do outro seja redescoberto com a mesma magia e envolvimento daquele dia em que os olhares de ambos cruzaram-se incrédulos.

No apartamento onde morávamos havia um pequeno quarto que já servira de câmara escura para meu pai (antes de ele ser posto fora de casa por minha mãe) e que agora não estava sendo usado, não sei por quê; um quarto sem janela, meio cinzento com seu papel de parede desbotado e solto e uma única lâmpada fraquíssima, pendurada num fio e que podia ser acesa virando-se a chavinha de porcelana do interruptor.

Às vezes, eu tinha medo de entrar lá, mas tomava coragem, ultrapassava a soleira e sentava bem no centro do chão tentando ouvir o silêncio ou rompendo-o com sons e ruídos cada vez mais fortes que me obrigavam a fugir correndo ao encontro de minha mãe, que, também assustada, corria para me salvar dos monstros por mim evocados: e tudo terminava em lágrimas e risos.

Naquela época eu devia ter quatro anos. Quando minha mãe tinha uma folga das suas aulas de canto, me levava ao cinema na primeira sessão da tarde, e, por medo de perder o começo, a gente sempre chegava um pouco antes. Nesse tempo de espera, mastigando uma bala, minha ansiedade tornava-se insuportável enquanto aguardava o momento mágico do diminuir das luzes, da aparição da senhora que tocaria o piano e da tela branca finalmente iluminada por letreiros que minha mãe lia para mim e por imagens silenciosas e em movimento que narravam uma história da qual não entendia nada, mas que mais tarde me seria contada evocando aquelas figuras em branco e preto ou vermelho, ou azuis ou cor de sépia, que a senhora do piano sublinhava com trêmulos arpejos ou fortes acordes. Depois as sombras desapareciam, a tela voltava a ser branca, a sala se iluminava, a senhora do piano se levantava e todos nós íamos embora.

Às vezes, a meu pedido, ficávamos para uma segunda sessão e, no caminho de volta, minha mãe contava para mim, aos tropeções, o enredo da *pellicola*.

No quarto que não era usado, sentado bem no centro do chão, eu tentava compreender como era possível que pessoas, estando atrás daquela tela branca do cinema, conseguiam aumentar ou diminuir de tamanho, bem como cavalos ou trens pudessem ameaçar nossas vidas invadindo os lugares onde estávamos sentados, e tudo isso em silêncio.

Já tinha ido ao teatro de ópera e lá também tinha visto monstros e chamas devorarem pessoas, mulheres dançarem voando no espaço, tempestades tragarem navios, demônios desaparecerem (ou aparecerem) no meio de fumaças e trovoadas; mas aí o mundo era colorido, havia uma orquestra tocando e no final todos se apresentavam sorridentes e de mãos dadas e, em lugar da tela branca, caía do alto uma cortina vermelha que abria e fechava ininterruptamente como se ninguém conseguisse pará-la, e todos se levantavam batendo palmas e, às vezes, dos camarotes jogavam flores. E depois, como no cinema, a sala se iluminava e todo mundo saía enquanto minha mãe resmungava dos cantores que tinham desafinado.

Um dia tomei uma decisão; a esta altura eu devia já estar com quase cinco anos. Depois de uma sessão de cinema, procurei as revistas da moda que minha mãe costumava comprar e recortei uma série de figurinos que fui colar na parede do pequeno quarto sem janelas; do banheiro retirei uma toalha branca com a qual os cobri cuidadosamente; as quatro cadeiras da cozinha me permitiram criar uma plateia. Contemplei satisfeito o meu trabalho, certo do resultado final. Chamei mamãe, a conduzi para o melhor lugar, apaguei a luz... e nada aconteceu. Voltei a acender a luz, repeti o ritual de conduzir minha mãe para a melhor cadeira, apaguei novamente a luz e, mais uma vez, nada aconteceu. Aí eu tive uma crise de desespero.

Foi somente muitos anos mais tarde que descobri qual tinha sido o problema; curiosamente a "descoberta" me serviu para solucionar a exigência técnica de um cenário deveras complexo.

QUANDO AINDA NÃO TINHA OITO ANOS, minha mãe, para ter mais liberdade, decidiu me pôr num colégio interno. Depois de muitas dúvidas e consultas foi escolhido o de Nervi, bairro marítimo de Gênova, lugar aprazível a doze quilômetros da cidade, rapidamente alcançável com uma pequena viagem de bonde ou de trem parador.

O colégio, muito conceituado, era, e ainda o é, regido pelos padres somascos, uma congregação cuja cultura está próxima à dos jesuítas.

Preparado meu enxoval – embora triste eu estava orgulhoso –, num domingo de chuva, num trem sacolejante, fui levado, acompanhado por minha mãe, até o pátio do convento, onde o padre reitor, sorridente, esperava para recepcionar os novos alunos.

O colégio tinha sido construído diretamente sobre as pedras da orla. Uma grande varanda, totalmente forrada de areia fofa, afastava o edifício do colégio do contato direto do mar, o que não impedia que quando a tempestade explodisse ondas gigantescas alcançassem o refeitório, cujas janelas abriam diretamente para ela.

Nós amávamos aquela varanda que chamávamos de *terrazzo*: a areia permitia uma série de jogos, entre os quais o de bolinhas de gude e o de figurinhas eram os que mais aguçavam nosso espírito competitivo. O mar, quase sempre revolto, era especialmente manhoso numa enseada que estava embaixo do muro de arrimo, fechada por três lados, cujo fundo, de algas e ouriços, estava permanentemente agitado. Aquelas algas, ondulando pelo movimento da água que entrava e saía, me fascinavam de tal forma que, às vezes, eu passava toda a hora do recreio olhando para elas, surdo aos apelos dos meus companheiros que me chamavam para participar de algumas de nossas repetitivas brincadeiras.

Uma escada estreita e íngreme, interrompida no meio por um pequeno patamar que dava acesso à enfermaria, levava do pátio ao nível da rua até essa varanda, e sempre para mim era motivo de espanto fascinado desembocar daquela escada pouco iluminada para a claridade salgada e cintilante do mar quase constantemente revolto. Às vezes, lá ao longe, passavam cargueiros negros empenachados por uma cabeleira de fumaça que ia se dissolvendo à medida que o navio se afastava; o grito das gaivotas era coberto então pela gritaria das crianças e eu corria para o meu recanto olhando as algas e os ouriços que agitavam suas pontas negras.

A pequena enseada era chamada pelos padres pomposamente de *darsena* por ter num dos lados, o mais estreito, um portão que protegia um barco que deveria ser usado para passeios mas que na realidade ficava apodrecendo num abrigo logo abaixo do piso da varanda. Este barco que nunca tínhamos visto, este porão sobre o qual musgos e mariscos brigavam com o verde de sua pintura descascada excitavam nossa imaginação, leitores como éramos de aventuras marinhas, levando-nos a acreditar em piratas caolhos e pernas de pau, com facas entre os dentes, e em baús repletos de moedas de ouro e pedras preciosas. Fantasias fáceis, talvez, mas que nos ajudavam a fugir da prisão daquele colégio que, descobriríamos mais tarde, não era tão ruim.

O colégio tinha, e ainda hoje tem – fui visitá-lo há dois anos – um pequeno teatro com a capacidade, entre plateia e balcão, de umas duzentas pessoas. Essa sala cumpria uma série de funções que iam desde aula sobre boas maneiras até panegíricos sobre moralidade, audições de alunos que estudavam música (violino, violoncelo, piano e um pequeno coral: eu participei de uma delas), espetáculos de variedades – em geral mágicos e malabaristas – e, finalmente, também espetáculos teatrais muitas vezes ambiciosos mas, sempre, altamente edificantes ou educativos.

O responsável pelos espetáculos, responsável e fanático, era o padre Frumento, magro e nervoso, que usava óculos com armação de ouro e um cabelo curto e áspero. Padre Frumento costumava, passando pelo corredor para o qual abriam-se as portas para a sala de estudo, olhar pelo visor colocado em cada porta para controlar o bom comportamento e a aplicação dos internos. Este hábito (todos os padres faziam isso) me deixava nervoso e me dava uma vontade irrefreável de rir e um desejo de me vingar por ser tão ostensivamente espionado. Um dia não consegui me controlar e, para aquele olhar diabólico, mostrei um palmo de língua. De imediato a porta se abriu e padre Frumento (padre-ministro), chamando-me perto dele, informou-me e a toda a sala que no domingo próximo só poderia ver minha mãe no parlatório, sem usufruir do passeio de fim de semana.

Naquele momento odiei, como somente um menino de oito anos pode odiar, o padre-ministro, o colégio, minha mãe e a humanidade toda. Mas foi somente naquele momento, porque no recreio o próprio padre veio jogar bola conosco.

Padre Frumento nunca o soube, nem mais poderá saber, que o vírus do teatro – que se manifestaria alguns anos depois – passou inadvertidamente dele para mim.

Para as festividades de Páscoa, depois dos quarenta dias magros de Quaresma, o colégio organizou um espetáculo com os alunos: *O martírio de São Pancrácio*, que narrava a história de um menino cristão que, aprisionado pelos legionários romanos, preferia a morte à abjuração de sua fé.

Obviamente padre Frumento foi o responsável pela realização do espetáculo para o qual, na casa teatral de Gênova, foram alugadas as couraças, os elmos, os coturnos e as lanças dos soldados romanos, enquanto as freiras do colégio confeccionaram as túnicas para os meninos-mártires. O cenário, que eram três, foi executado pelo professor de desenho, coadjuvado pelo padre incumbido da conservação do edifício: o primeiro, representando uma praia, foi pintado na parede do fundo do palco, enriquecido de um vaso com uma palmeira, e no céu foi pintado estrategicamente um sol amarelo-ovo circundado por raios flamejantes: para o segundo, a masmorra romana, um telão composto de velhos lençóis foi costurado pelas freiras e desenhado com grandes pedras irregulares (o *opus incertum* das muralhas latinas) e, no próprio telão, foi praticada uma abertura em forma de arco, pelo qual eram empurrados os jovens condenados; o terceiro cenário representava a ascensão ao Céu de Pancrácio.

Embora eu não tivesse sido escolhido para participar da representação, estava nervosíssimo, olhando com admiração para o padre Frumento, que autoritária e entusiasticamente dirigia os ensaios; eu tentava saber algo antecipado dos meus companheiros que iam atuar, mas eles, com bastante cinismo, fingiam não saber ou inventavam informações inacreditáveis.

O espetáculo teve um êxito extraordinário. A ascensão ao Céu de Pancrácio, suspenso por duas cordas, carregando uma folha de palmeira, no meio de nuvens rosadas, indo parar exatamente na direção daquele sol de cenário de praia, o coral do colégio entoando místicos cânticos gregorianos enquanto um pedaço de telão, também suspenso por duas cordas, tombava ruidosamente no chão da prisão, escurecida para valorizar a luz alaranjada da visão mágica do menino recebido nos braços do Pai, provocaram no público de parentes dos alunos e de padres de um outro colégio, especialmente convidados, um verdadeiro delírio.

Outro espetáculo organizado pelo padre Frumento propunha um forte debate entre o demônio e um sacerdote e, numa cena altamente dramática, na ênfase de uma violenta afirmação, o demônio dava um soco numa mesa da qual se levantava uma chama fumacenta, chama esta logo extinguida pela visão do crucifixo apresentado corajosamente pelo padre. Este efeito, muito apreciado pelos telespectadores, era obtido, descobri minutos depois, acionando um curto-circuito numa tabuinha de madeira sobre a qual uma porção de pólvora negra estava colocada.

Por ter esbanjado dinheiro demais em benefício de seu próprio orgulho, dando consequentemente mau exemplo de falta de humildade, padre Frumento foi transferido para outro colégio da mesma congregação no meio dos Alpes. Nunca mais ouvi falar dele.

Mas eu tinha ficado fascinado pela apoteose de *São Pancrácio*, embora tivesse reparado nas cordas que, constatei mais tarde, ninguém tinha visto.

No ano seguinte (eu fiquei dois anos nesse colégio) um outro espetáculo edificante foi montado, uma comédia moral intitulada *Il bugiardo* (*O mentiroso*), que narrava a história singela de um menino que negava até o fim ter quebrado um espelho, reconhecendo sua culpa quando os cacos eram encontrados e prometendo consequentemente não mentir nunca mais, sendo, pela confissão, perdoado. Eu fui, só Deus sabe por quê, escolhido para o papel título. No dia da estreia me vestiram com um calçãozinho bufante, um par de meias compridas de cores diferentes e uma touquinha com uma pena vermelha. Quando o pano abria eu deixava cair um espelho cujos cacos escondia embaixo do tapete que cobria uma mesa quadrada até o chão, exclamando: "*Cosa fatta capo ha*!" ("O que está feito, feito está!"). No final da peça, emocionadíssimo, rompi em soluços e todo mundo achou a minha interpretação primorosa.

Um ator, especialmente convidado (pertencente a um grupo de *dilettanti* da cidade de La Spezia), vinha, anualmente, participar dos espetáculos de variedades que o colégio organizava por ocasião de alguma festividade. Muito apreciado, ele sempre apresentava o mesmo monólogo escrito, suponho, por ele mesmo ou por algum obscuro dramaturgo de província: *Lamento de Napoleão na ilha de Santa Helena*. Trajado num longo capote de largas lapelas, o chapéu de almirante, passeava de um lado para o outro do palco, a mão esquerda entre as duas abas do capote, declamando pateticamente sua solidão e esquecimento depois de tantas glórias. Aquela mão que não saía do capote me intrigava, como, aliás, seu nariz rendado de pequenas veias vermelhas.

Quando atuei como protagonista na peça *Il bugiardo*, depois do meu final choroso, ele me cumprimentou pela verdade do meu pranto e preconizou para mim um glorioso futuro de ator.

MEU RELACIONAMENTO COM OS ANIMAIS foi sempre cordial, amistoso, despertando em mim um terno sorriso atrás do qual disfarçava-se o desejo de um contato mais profundo.

Foi sempre assim com todos eles, desde os mais dóceis até os mais ariscos, todos provocando em mim a vontade de uma aproximação feita de contato físico, de correrias, de conversas, olhos nos olhos.

Quando criança, fiquei amigo de um pastor alemão meio mestiço que pertencia a uma senhora, mãe de uma poetisa muito amiga de minha mãe, e que mais tarde ficou muito doente. O cachorro, muito peludo e com um rabo meio enrolado, não era dócil e latia ameaçadoramente para todos os que passassem perto do jardinzinho da casa em que sua dona morava. Mas quando eu chegava, não sei por qual alquimia psicológica, o animal gania amistosa e afetuosamente e pulava me empurrando e me fazendo cair para depois lamber com carinho molhado meu rosto. Todos tinham medo dele, menos eu, que, quando alguns meses depois morreu por um ataque do coração, chorei todas as minhas lágrimas.

Nem sempre minha relação com os animais foi boa: tive um gatinho branco e mal manchado que, não lembro como, tinha entrado em casa e que eu, com a malícia própria de uma criança de cinco anos, tinha cuidadosamente conseguido esconder dos olhos de minha mãe, que pelos animais não tinha muito amor. Mas o gatinho era arisco e pouco sociável e para brincar com ele eu tinha de segurá-lo com toda a força enquanto ele arranhava e mordia. Uma tarde, em que por poucos minutos tinha ficado sozinho, quis brincar com ele puxando-o pelo rabo enquanto tentava fugir. Ele revolveu o corpo e me cravou as unhas na mão; estávamos no corredor do apartamento, um corredor não muito largo, e eu, presa de uma fúria violenta, segurei o bicho sacudindo-o e fazendo-o esbarrar repetidamente contra as paredes do pequeno espaço. O animal ficou tonto e semidesmaiado e eu me apavorei; segurei-o contra o meu peito e, chorando, pedi que não morresse que eu o queria muito, mas que ele me mordia demais e não me deixava brincar com ele, e que se queria ir embora que fosse porque era muito mau e eu não gostava mais, e, assim dizendo, enquanto ele se reanimava, levei-o até a porta de entrada empurrando-o para fora no mesmo instante em que minha mãe estava voltando. Disse que o gato tinha entrado pela janela (nós morávamos numa água-furtada) e que era muito sujo e eu não o queria.

Nunca tive medo de cachorros, nem quando eram bravos; sempre dava minha mão para cheirar e tudo fica tranquilo: eu na minha, eles na deles. Antes de ir para a Grécia tinha ganhado um *poodle*, uma autêntica peste: mas me libertei dele dando-o de presente a um sujeito do qual não gostava.

Na Grécia os cachorros eram quase todos, não sei por quê, amarelos e bravos. Corriam atrás de nós latindo furiosamente e querendo nos morder, mas tínhamos aprendido a segurar, na direção deles, um longo bastão, galho arrancado de alguma árvore, atrás de nossas costas, aí eles se apavoravam e após algum tempo desistiam da perseguição.

Sempre na Grécia, fiquei muito amigo de um belíssimo carneiro, de chifres enrolados, mitológico: calmo, sereno, arrancava gentilmente o capim e as folhas que lhe solicitavam, ou então deitava sobre as quatro patas, o olhar perdido num mundo perdido de faunos: só faunos, porque ninfas não havia mesmo. Assim ficávamos juntos e, às vezes, eu deitava na relva, a cabeça apoiada em seu corpo macio. Na Páscoa me disseram que o matariam: tinha sido engordado com esta finalidade. Meus pedidos de clemência foram inúteis e eu pensei em sua morte como um sacrifício aos deuses, embora não houvesse uma ara e, chorando internamente, acabei comendo um pedaço do meu amigo, debatido entre a fome e o remorso.

Em 1939, quando a Itália se aliou aos alemães entrando cegamente numa guerra estúpida e arrasadora, eu estava na Sardenha prestando serviço militar obrigatório. O comando militar requisitou todos os animais úteis (cavalos, éguas, mulos e asnos) e todos os veículos motorizados. O quartel foi recebendo diariamente dezenas de animais de todo tipo e porte. Havia garanhões e pequenos asnos sardos com o desenho típico da cruz nas costas, havia mulos e mulas, éguas, potros recém-nascidos e jovens cavalos ainda sem idade para serem montados, e havia confusão, poeira, relinchos e fugas logo dominadas. Ao longo das paredes dos edifícios do quartel haviam sido fixados anéis aos quais seriam presos os animais, sem distinção de sexo ou raça. Uma tarde, quando ainda era dia mas o sol ameaçava se pôr dourando todos os espaços alcançados por seus raios, estava eu um tanto longe, mas nem tanto, de onde os animais se encontravam presos: o primeiro da fila era um belíssimo garanhão bastante agitado. Iluminado em contraluz, seu corpo esplêndido lembrava um animal de bronze, e a rápida visão de um monumento de um general no campo de batalha ocupou por um curto espaço de tempo a minha mente, porque de repente o animal começou a relinchar, agitando para cima e para baixo sua cabeça enquanto seu sexo descomunal erguia-se batendo rítmica e violentamente contra a sua barriga e ele levantava-se sobre as patas traseiras, raspando com as da frente a parede à qual estava amarrado, enquanto, junto aos relinchos desesperados, o sangue jorrava do focinho que, a cada queda, esfregava-se no reboco da parede. Soldados começaram a correr para tentar acalmá-lo carregando uma mangueira, mas antes que eles chegassem um jorro de seiva saiu violentamente de seu sexo que, iluminado pelos raios do sol poente, transformou-se para mim numa nuvem dourada, carro glorioso de Belerofonte. Quando a água da mangueira amansou o animal, o sol já tinha desaparecido e aquela luz semicinzenta prenunciava a noite iminente.

Já no Brasil, em São Paulo, alguém nos deu um esplêndido gato tigrado, branco e marrom. De olhos azuis profundos, gostava, como um leão, de dormir vinte horas por dia; nas outras quatro comia, ficava no colo ou no beiral da janela. Gostávamos muito dele por ser manso e afetuoso, esfregando o focinho na mão de quem o acariciava. De repente adoeceu; uma mielite aguda e fulminante paralisou seus membros posteriores e quase, e somente se arrastando, não se movia mais. Tratamentos veterinários não adiantaram e pouco tempo depois morreu, de olhos abertos, tão bonito como quando era vivo. A morte de alguém sempre traumatiza e, no caso de um animal, não adianta substituí-lo, como se caindo um cavalo montássemos outro de imediato. Um animal é mais do que uma pessoa: ele sempre nos dá o melhor de si mesmo, a não ser que seja anormal, e o que nós damos a ele é muito inferior ao que recebemos.

Há um pequeno limbo em meu coração, e muitos dos animais que eu tive aí estão: sento no chão e eles me rodeiam e conversam comigo, gentis e um tanto diáfanos.

Às vezes dá-se uma certa confusão em minha cabeça e o que mais lúcido, mais claro revela-se aos olhos e ao pensamento é o que mais longe do tempo está, como se houvesse uma inversão perspéctica na memória que traz à minha presença fatos e pessoas de um passado bem definido.

É como quando vou assistir a um espetáculo e sento-me bastante longe do palco para poder apreciar o que acontece, sem ser invadido por imagens próximas demais, por detalhes que ocupem, transbordando, perímetros e áreas pertencentes a espaços maiores.

De repente vejo uma longa alameda serpenteando entre bosques e desertos, lagoas e riachos, torrentes e rochas, prados floridos e descampados lamacentos, e ao longe, como avançando, mas na realidade imóveis, corpos de mulheres que, num coro silencioso, acenam para mim. Eu não as ouço mas compreendo o que está sendo dito, e cada uma reclama o lugar da frente, como na fila da porta de um convento. No ar esvoaçam panos transparentes de cores suaves e aderem nelas, que quase nunca os aceitam, às vezes preferindo oferecer uma nudez que o tempo não ofuscou. E nomes, nomes lançados no ar, reivindicando um reconhecimento, uma primazia na presença, recusando o esquecimento, a neblina de um outono chuvoso. Não há como fugir, todos formam uma unidade, a voz que se faz sentir, o rosto que eu vejo surgir é único, soma de todos os rostos, de todos os corpos, de todas as vozes que lá, onde um grande barranco interrompe o caminho, sugerem uma escolha, pedem cuidados, atenções... Algumas caem, logo pisadas pelas que estão atrás tentando avançar; mas o movimento é fictício, nenhuma anda, presas ao solo por frágeis raízes, campo de trigo e papoulas que ondula na brisa, miragem indecisa de um passado presente.

Não quero que assim seja, não quero recordações, confusas imagens, sons distorcidos; só quero o que quero, não quero refugos nem reciclagens, eu quero viver sem ser agredido, sem exigências e sem protestos, quero sentar chamando quem quero, devendo a todas, grato a elas, feliz encontrando-as e delas me despedindo quando quiser, sem compromissos pelo que deram ou não, com seus sorrisos que esmoreceram, com seus olhos de ricas centelhas e suas bocas tão amorosas.

Tento tirar do rosto teias de aranhas que o vento jogou e lavo as mãos: não vou ser dominado, nunca o serei, mais forte que o tempo avanço em meu presente na ilusão de ser livre e descobrindo estar preso por lianas e cipós, árvore velha de casca enrugada.

Afinal, o que é que eu quero?

Se teu corpo fosse praia
Queria ser a onda
Que desmancha teus desenhos
Em novos arabescos
A onda que lambe e molha
Tua forma mutável e serena
Tão alongada e sinuosa.
Se teu corpo fosse praia
Queria ser o sol que atrai os moluscos
O sol que te aquece
Brincando no brilho das rendas
Que as ondas desenham ao teu lado.
Se teu corpo fosse praia
Queria ser caramujo
Para ouvir o som
Que te trouxe de longe.
Se teu corpo fosse praia
Queria me aninhar entre tuas dunas
Temendo a espuma da onda
A chuva do sol
Temendo por nós
Os olhos espreitando
Sinais de perigo.
Se teu corpo fosse praia

E a maré me levasse
Contemplaria de longe
Tua volúvel eternidade.

Nosso amor
não aceita adjetivos
voa sozinho
num espaço pequeno
entre uma cama
e um "jacaré".
Não sabe nada sobre erotismo
mas seu prazer não tem limites
no horizonte
de ladrilhos quebrados
pia entupida
e pão dormido.
Tudo é tão simples
não tendo nada.

Nunca recusei um convite de trabalho: eu precisava aprender minha profissão e tudo que oferecesse uma compensação gratificante era bem-vindo. Revistas, *shows* musicais, ópera, espetáculos dramáticos, aceitava todos, feliz por ter sido procurado, para poder aprofundar meus conhecimentos e... sobreviver. Passava dias e noites nos teatros onde se montasse um espetáculo e nos ateliês onde eram realizadas as cenografias pictóricas e as construções cenográficas. Nenhuma escola poderia me ter dado noções tão ricas e exatas como as que conseguia com artistas-técnicos e artesãos; e eu amava o contato singelo com homens simples que gostavam do que faziam, orgulhosos de sua competência.

Numa das revistas de grande espetáculo estive ao lado de Totó, príncipe de Bizâncio (título este, como muitos outros, comprado). Minha relação com ele – como de resto com todos os atores e astros com os quais trabalhei – era, por não existirem choques de interesses profissionais ou conflitos de vaidade, extremamente cordial: havia respeito e admiração. Eu sempre admirei Totó; desde rapaz, minha grande diversão era ir ao cinema, de preferência naquelas salas onde, antes da projeção do filme, era apresentado um *show* de variedades no qual, durante mais ou menos uma hora, se apresentavam malabaristas, acrobatas, contorcionistas, cantores, cômicos e jograis. Totó, que durante muito tempo participou desse tipo de espetáculo, levava a plateia ao delírio, com sua movimentação de boneco mecânico, com sua voz áspera e seca como uma grossa lixa de papel, e sua maneira cáustica, sarcástica e irônica de lançar para os espectadores frases, gestos e conceitos que não hesitaria em definir como surrealistas no sentido mais amplo da palavra: autêntico Polichinelo moderno, herdeiro criador de uma tradição secular.

Numa tarde, durante o descanso da companhia, enquanto os técnicos estavam arrumando o palco e atores e músicos tinham ido tomar um cafezinho, ficamos casualmente, Totó e eu, sozinhos na plateia. Já disse, eu gostava muito dele e, quando rapaz, tinha sido um dos meus ídolos. Fui andando até o palco onde ele estava encostado com os braços apoiados na beira da ribalta. Ao seu lado, fiquei em silêncio, não querendo incomodá-lo, mas olhando divertido para aquele rosto que, esculpido na madeira, sugeria uma pantufa oriental. "Sabe", falou de repente, "tenho uma ideia para uma peça". Eu fiquei quieto (sabia que não gostava de ser interrompido). "Na sala de jantar de uma casa burguesa", continuou, "a família está reunida em volta da grande mesa maciça que faz parte de um jogo de móveis composto por uma cristaleira, um aparador e oito cadeiras complementado por um grande lustre de cristal colorido, tudo em estilo *art-nouveau*, decorado com galhos, folhagens, frutos e pássaros entrelaçados em desenhos complexos. A família está jantando em silêncio enquanto uma empregada vestida de preto, avental branco, touca na cabeça e traseiro desnudo está servindo um assado fumegante. O silêncio na mesa é devido a uma das tantas brigas cujo lastro é o ódio que liga indissoluvelmente os comensais". Parou de falar e olhou para mim com expressão interrogativa; eu balancei a cabeça de modo afirmativo e dei um sorrisinho entendido. "Lenta e inesperadamente", prosseguiu, "as folhas dos entalhes começam a se mexer, os galhos se soltando das madeiras, alongando-se em espirais e enroscando-se nas pernas dos que estão sentados à mesa. Em poucos instantes, cipós gigantescos crescem e ramificações intrincadas e espinhudas cobrem e envolvem a mesa, os pratos e as pessoas, penetrando pelos ouvidos, pela boca, entranhando-se nos cabelos, enquanto gritos de macacos, rugidos de feras e guinchos de morcegos invadem espaços e silêncios, tudo sob o olhar divertido e riso silencioso da empregada que rasga a sua roupa. Para os vizinhos estes ruídos e gritos não causam espanto, pois estão acostumados às brigas da família, que já se tornaram motivo de troça e enfado". Aí ele parou e a entrada do pessoal que estava voltando para a retomada do ensaio me liberou da obrigação de algum comentário; mas eu fiquei impressionado com a história que, além de me parecer extremamente rica e criativa, durante vários dias me levou a pensar sobre como poderia resolver, do ponto de vista técnico, um problema cenográfico tão complexo.

Alguns dias depois, Remigio Paone, empresário de *Bada che ti mangio*! (*Cuidado*! *Vou te devorar*!), para festejar o clamoroso sucesso do espetáculo de Galdieri, um especialista no gênero, ofereceu para todos nós uma recepção em sua casa. No meio da festa, o ator que servia de "escada" para Totó pediu silêncio para fazer um brinde muito aplaudido mas que terminou com a seguinte frase: "Somente Totó sabe quanto custa o príncipe de Bizâncio." Todos sabiam, ou achavam que estavam a par, das grandes quantias gastas para a compra de todos os títulos nobiliárquicos que Totó acumulava com o mesmo empenho de um arqueólogo. O silêncio que se seguiu foi dramático. A festa acabou rapidamente e o infeliz "escadinha", que aliás era um ótimo ator, foi despedido sem mais nem menos no dia seguinte.

ENCONTRO UMA FOTO DESBOTADA DE MINHA MÃE; mulher inteligente, sensível e forte. Genovesa de raça, na hora da separação dos pais ficou com a mãe enquanto o irmão Mario (ela se chamava Maria, evidente ato de amor para com os dois meninos) optou pelo pai. Este nunca mais se relacionou com a filha que, por sua vez, durante quarenta anos manteve um silêncio tumular para com o irmão e o pai, que o retribuíram da mesma maneira.

Mulher de caráter firme, enfrentou corajosamente, numa época (1916) de preconceitos sociais, o repúdio maquiado de compaixão de uma burguesia hipócrita para a qual um filho nascido fora do casamento era um bastardo e a mulher que o tinha gerado, na melhor das hipóteses, uma leviana ou uma vítima mais ou menos inocente; uma burguesia que perdoava o pai que, afinal, tinha dado vazão aos instintos e que, se não quisesse casar com a mulher a quem tinha declarado amor, devia ter suas razões e que, afinal, se ela não tivesse querido, nada teria acontecido.

Depois de uma convivência que durou até os meus quatro anos, cansada de suportar uma situação de violências diárias (lembro ter visto meu pai surrá-la impiedosamente), ela fechou a porta do apartamento no qual morávamos e proibiu definitivamente que ele voltasse. Como ela conseguiu pagar aluguel e todas as despesas relativas a nossa sobrevivência permanece até hoje, para mim, um mistério. Mas ela conseguiu. As aulas de canto, atuar como pianista acompanhante em concertos, talvez as sobras de alguma pequena herança, a ajuda esporádica da mãe que, embora condenando-a, nunca a abandonou, permitiram que com muitos sacrifícios ela conseguisse – e sem me privar de nada – a façanha de, como se diz na Itália, *sbarcare il lunario* (ou seja, "esticar" o dinheiro até o final do mês). Nossa vida sempre foi decente, modesta mas não miserável. Um dia, as poucas reservas que ela tinha foram entregues a duas solteironas que, chorando e prometendo, nunca mais as devolveram, assumindo até ares de superioridade e desprezo com relação a essa mãe solteira indigna da mofada virgindade delas. (Eu fui informado disso quando já não era mais criança – elas até já tinham morrido – e desejei-lhes um confortável inferno onde demônios de sexos avantajados fizessem promessas que nunca manteriam.)

A âncora de salvação, penso, foi a música que ela tinha estudado no Conservatório de Pesaro, pátria de Gioacchino Rossini, cidade na qual ela, com dezoito anos, tinha conhecido meu pai, janota provinciano e sedutor barato.

Em 1916, estar grávida sem ser casada, viver com um homem separado que tinha abandonado as duas filhas do casamento anterior, significava ser marcada pela letra escarlate de um mundo preconceituoso e cruel: minha mãe enfrentou essa situação com toda a dignidade e a coragem com as quais estava dotada. Sua atitude altiva, sua decência de mulher honesta, o generoso orgulho determinado por sua profissão exercida com lisura e competência ganharam-lhe o respeito de todos e a admiração por suas qualidades profissionais: demorou anos, mas ela venceu.

Eu a amava de um amor gregário e deslumbrado, mais de filhote do que de filho, e a achava belíssima. Bonita ela era, não no sentido convencional da palavra, porém. Olhos escuros, um nariz que sem ser evidente demais era todavia afirmativo, um pescoço esguio e um porte elegante fizeram com que, mais tarde, a reconhecesse em alguma pintura pompeiana. Seu perfume, seu frescor, quando de manhã levantava iluminada em contraluz pelo sol que entrava pelas janelas desprovidas de cortinas, me comunicavam uma emoção, uma alegria que se manifestava com pulos e gritos que se, por um instante, a faziam rir e dançar comigo uma lenga-lenga que eu adorava ("*zucca pelata con trenta capelli tutta la notte gli cantano I grilli*: *zucca pelata, zucca pelata*!"), logo em seguida, preocupada com o dia a dia e suas tarefas caseiras, a faziam assumir um tom severo que, se eu insistisse, seria reforçado com um arregalar de olhos que ficavam gelados. Esse seu olhar me aterrorizava, embora não fosse essa a sua intenção. Eu gritava: "*Non fare gli occhiacci*" ("Não me olhe desse jeito"), e aí ela ria e me pegava nos braços enxugando minhas lágrimas.

Eu amava seu perfume; vejo-o hoje nesse passado que continua presente, espontaneamente elegante, e a visão do seu decote que revelava a nascente de um seio generoso me dava uma sensação de segurança e sossego. Também tinha ciúme dela e um dia joguei pela janela seu batom e uma pequena *trousse* na qual guardava um lápis para os olhos, um pouco de pó de arroz e um pompom de penugem de cisne.

Muitas vezes, quando alguém a visitava ou nós íamos visitar alguém, ela usava uma expressão que não entendia e que me deixava intrigado, ruborizando meu rosto: "Coitadinho...". (Essa história de eu ficar com as faces avermelhadas me acompanhou durante muito tempo, infernizando minha vida pois, na maioria dos casos, não havia motivo para tanto.) Embora não entendesse, intuía todavia que aquele "coitadinho" não era bom para mim – como se estivesse aleijado ou doente – então ficava emburrado e reagia fazendo alguma malcriação.

Quando, aos oito anos, fui internado no colégio de Nervi, tive a sensação de que meu mundo ia desmoronar; a preparação do meu enxoval de menino criou uma distração mas, ao mesmo tempo, um vazio gelado ia invadindo meu pequeno mundo. Sei, porque minha mãe o tinha comentado, que todo aquele material que o colégio exigia (cuecas, meias, lenços, camisas, fardos, saco para roupa suja *etc.*) custava muito caro e, na hora, isso me deixou orgulhoso por me sentir importante. Já não me sentia tão "coitadinho" pois também tinha um número marcado em minha roupa: 42. Esse número, quando fui para o colégio de Cherasco, transformou-se em 420, evidentemente mais importante.

Fomos para o colégio, situado a doze quilômetros de Gênova, de trem parador. Da cidade até Nervi há três subúrbios luminosos de sol e mar e alguns túneis curtos, e esta pequena viagem assumiu o valor de uma estocada de pirata. O ritmo das rodas nos trilhos, seu chiar quando o trem parava ou diminuía sua velocidade, as pessoas atarefadas nas pequenas estações, os gritos dos vendedores de *focaccia* e *gasosas*, a mão de minha mãe me segurando enquanto me debruçava pela janela aliviaram, distraindo-me, a sensação de abandono que a obrigação de ir para o colégio tinha provocado.

Mas quando, entregue o enxoval e cumpridas as formalidades da recepção, minha mãe se despediu com um beijo, uma dor surda e sorrateira insinuou-se em todo o meu corpo deixando-me hirto e tenso como se em vez de estar num lugar protegido e amigo eu tivesse sido abandonado numa banquisa perdida no oceano.

"Voltarei domingo", tinha dito minha mãe e eu não consegui entender como ela, que eu tanto amava, poderia – visto que eu não podia – esperar tanto tempo para se encontrar comigo.

Tínhamos chegado ao colégio num domingo de tarde e havia parentes de alunos se despedindo; o cheiro de maresia era forte e um vento levemente frio soprava agitando os galhos de uma imponente palmeira. Os meninos internos, aguardando a hora do jantar, me espreitavam semiescondidos atrás das colunas do pátio e eu sentia-

-me pouco à vontade. Um padre me levou aos dormitórios, mostrou minha cama, na qual dormiria, os lavatórios e, no mesmo andar, a grande enfermaria toda branca. Descendo para o refeitório, olhava de soslaio para o grande terraço aberto situado diretamente sobre o mar e isso me tranquilizou um pouco.

O mesmo padre me levou para a mesa de refeições. Ainda não estavam presentes todos os colegiais, pois as aulas se iniciariam dois dias mais tarde, e muitos espaços estavam vazios. Reparei numa mesa separada, menor, onde, além dos pratos e talheres, ao lado da garrafa de água havia uma jarrinha de vinho tinto que me lembrou o frasco paterno. Dos poucos meninos que lá estavam, os mais próximos perguntaram meu nome, onde morava, se pertencia à primeira, segunda ou terceira série. Respondi acanhado enquanto duas freiras passavam carregando uma panelona de sopa e uma grande concha cujo conteúdo correspondia à dimensão dos nossos pratos fundos. A sopa era de arroz. Rala, com um sabor de panelas mal lavadas e na minha porção vi uma formiguinha morta; o segundo prato era composto de batatas cozidas mal acompanhadas por um pedaço de *cotechino*; e a sobremesa era geleia de tomate. Com a ajuda da água engoli tudo porque não tinha coragem de reclamar, mas a lembrança de minha casa e dos modestos mas saborosos pratos que minha mãe sabia preparar me fez soluçar de saudade.

No domingo seguinte – e a semana tinha me parecido interminável com sua sequência de rezas matinais e pós-meridianas, de aulas e recreios, de refeitórios e sinos periódicos e, principalmente, de solidão – desde o momento de levantar (e nada tinha dormido durante a noite) até o horário das visitas uma agitação febril tinha se apossado de mim. Prestava atenção aos toques do relógio do campanário da igreja do colégio e, cada vez que o portão se abria, eu corria como se quem estivesse entrando fosse minha mãe. Finalmente ela chegou e, com a minha mão na dela, saímos. Mal respondia a suas perguntas invadido como estava por sensações deliciosamente dolorosas; a farda colegial endurecia minhas pernas e eu queria parar para me aninhar em seu colo. Foi um passeio demorado percorrendo a alameda à beira do mar, ida e volta; retornando, encontramos um senhor narigudo, simpático, de mãos enormes, que nos acompanhou até o colégio oferecendo-nos, antes de chegar, um chá com bolinhos numa confeitaria abrigada entre os pinheiros marítimos. Tempos mais tarde soube que era um pianista famoso e a sua presença ao lado de minha mãe tornou-se um hábito agradável e útil.

Leandro. Seu nome era Leandro Criscuolo e estava voltando de uma bem-sucedida turnê internacional. Minha mãe o tinha conhecido num concerto e os dois tornaram-se amigos, uma amizade que se consolidou com o tempo até eles se casarem, depois de um longo período de convivência, quando eu já tinha vinte e dois anos de idade e estava prestando meu serviço militar obrigatório.

Leandro era uma pessoa extremamente boa, boa demais, pois tangenciava uma ingenuidade que o levaria a situações melindrosas. E era preguiçoso. A partir do momento em que ganhou em disparada o concurso de titular da cátedra de piano no Conservatório de Música de Gênova (uma escola importante e severa) ele começou a se descuidar de sua atividade concertística, dedicando-se exclusivamente ao ensino público e particular. Durante muitos anos minha mãe e Leandro viveram separados, só se encontrando esporadicamente. Nessas ocasiões ele nunca deixava de trazer presentes (em geral envelopes caros de selos para a minha coleção iniciada por sua sugestão: ele amava geografia). Quando ele vinha, nos levava para jantar e, dependendo do restaurante ao qual íamos, eu sabia que ele estava bem de dinheiro. Às vezes dormia em casa (quando minha avó soube, ficou escandalizada) e, nessas oportunidades, sempre me mandava comprar jornais franceses na banca da *piazza* Fontane Marose, na cidade baixa. Eu adorava ir, pois, além da liberdade momentânea, eu ganhava também uma gorjeta que me permitia comprar os fascículos do detetive Nick Carter.

A presença de Leandro aliviou as angústias financeiras do dia a dia de minha mãe e, embora não tivesse ciúmes dele, que me dava as sensações de um tio meio atrapalhado, sem querer, paulatinamente eu fui me fechando em meu mundo interior, abrindo espaços no meu subconsciente que com o correr do tempo me levaram a egocentrismos dolorosos.

Os dois anos de Nervi não foram tão graves. Uma poetisa, Rossana Zezzos – Roró para os amigos – mulher simplíssima e generosa, apaixonou-se por minha mãe e, para me agradar, abriu para mim as portas da leitura, presenteando-me sistemática e constantemente com todos os livros que uma criança poderia desejar: devo a ela o prazer de ter conhecido já na minha infância Dickens, Conrad, Verne, Andersen, Grimm *etc.* Roró comprava os livros a crédito, mas não os pagava; adorava se vestir com roupas de homem e, por esse motivo, foi presa várias vezes. Numa ilustração de capa da *Domenica del Corriere* (periódico semanal do *Corriere della Sera*), ela ficou eternizada pelo pintor Beltrame no momento em que, debatendo-se, estava sendo presa por dois *carabinieri* empenachados quando tentava subir num trem também empenachado.

Ver minha mãe ser objeto de tantas atenções me agradava, embora eu percebesse não ser mais o centro dos interesses dela, que, todavia, continuava cuidando de mim serena e amorosamente.

A primeira fissura, quase imperceptível, surgiu com a minha transferência para o colégio da pequena e histórica cidade de Cherasco, na província de Cuneo, na região do Piemonte. Cherasco é servida por uma linha secundária das estradas de ferro. Chega-se lá depois de baldear em Savona para um trem de velhos vagões puxado por uma locomotiva asmática, atravessando colinas e planícies onde vinhedos, amoreiras e trigo são cultivados, para chegar enfim a uma malcheirosa estaçãozinha interiorana atendida por um chefe polivalente, um carregador e uma charrete cujo cavalo magérrimo obstina-se em viver. Essa viagem durava mais de seis horas incômodas, interrompidas em Savona pela espera do trenzinho que nos levaria até o colégio, e cujo horário era imprevisível.

Fomos lá depois das férias de verão durante as quais muito pouco tinha visto minha mãe pois, por razões de economia, tinha sido enviado para a casa de uns camponeses do interior, amigos e súditos de minha avó. Na hora da despedida (o trem que levaria de volta minha mãe só sairia lá pelas oito da noite) não quis demonstrar minha amargura e, quando ela disse que viria me apanhar para os feriados da Páscoa, concordei sem fazer comentários.

Fui interno desse colégio por dois anos; o Natal, a Páscoa e o verão eram os três momentos nos quais eu voltava para casa. Isto no primeiro ano, porque, no segundo, acabei passando as férias de verão em Cherasco. Minha puberdade interferia inevitavelmente com os meus sentimentos: sentia-me traído e abandonado e minha virilidade imanente levava-me a rompantes imprevisíveis. Os sensos de ironia e do grotesco, dos quais não tinha noção, me levavam a agredir verbalmente e sob forma de poemas satíricos os padres que detestávamos e, quando retornava a Gênova, minhas atitudes eram ingenuamente contestatórias. O que, claro, levava a choques diários cuja motivação minha mãe não entendia.

Comecei involuntariamente a pensar em meu pai, mas no dia em que fiz uma pergunta específica minha mãe se enfureceu e proibiu-me de tocar no assunto. O que, evidentemente, deixou-me intrigado. Minhas malcriações aumentavam a cada dia e, se ganhasse algum tapa (nada maldoso porém), minha vontade era de reagir agredindo; essa talvez tenha sido a razão pela qual passei o verão no Piemonte.

No término do curso ginasial, exigi frequentar uma escola de arte, pois, pelos desenhos que fazia, considerava-me tocado pela vocação artística. Isso criou problemas financeiros que, se não estou enganado, foram resolvidos à base de empréstimos, religiosamente honrados mais tarde.

Mas isto, embora ferindo profundamente meu orgulho, levou minha mãe, sabiamente aconselhada por uma amiga sincera, a recorrer a um advogado para conseguir do meu pai uma quantia mensal de dinheiro que ajudasse no pagamento dos novos compromissos. E sugeriram para ela o nome de um advogado conhecido e que por motivos partidários tinha relações esporádicas com meu pai. O advogado agiu com habilidade: comunicando os resultados conseguidos (duzentas liras mensais a serem entregues em minhas mãos), informou também a exigência de que, antes de iniciar esses pagamentos, eu fosse, sozinho, visitá-lo em horário comercial no escritório que tinha na região portuária da cidade. Essa exigência deixou minha mãe furibunda: ela não queria que meu pai entrasse em contato comigo e para tanto me deu instruções severas arregalando, daquela maneira que tanto me assustava quando menino, seus belos olhos. Mas o advogado a tranquilizou e ficou combinado que ela me levaria até a pracinha onde estava o prédio do escritório paterno e lá, escondida, esperaria minha volta.

Tímido, assustado e curioso, deixei-me levar, seguro pela mão, até o lugar do encontro onde, sozinho (finalmente!), entrei por um arco, subi uma escada, segui por um corredor e bati educadamente numa porta. Não havendo resposta, olhei um tanto preocupado para a pouca luz que vinha do fim desse caminho escuro e bati novamente. E um pouco mais forte. Acompanhado por um clarear da garganta, veio um "Pode entrar". Com cuidado (estava enfrentando um monstro!) abri, entrei e fechei a porta e, encostando-me nela, fiquei esperando. Meu pai continuou escrevendo uns dois minutos e, depois, levantando a cabeça, perguntou: "*Tu sei Giannino*?" Respondi de modo afirmativo; ele me entregou então um envelope acrescentando: "Todos os meses você virá receber; pode ir." E eu saí rapidamente com medo de ser apanhado.

Estava com trezes anos (que não correspondem aos treze de hoje), mas tinha aprendido a não chorar e a mudar essa vontade numa vontade de vingança: por que eu, que nenhuma culpa tinha em toda essa história entre meu pai e minha mãe, tinha de pagar a cada instante o fato de estar vivo, sendo insultado ou comiserado? Queria fugir, me esconder, ir para algum lugar onde ninguém me conhecesse e onde ninguém perguntasse minha filiação. Sem sabê-lo, estava construindo uma carapaça, uma torre dentro da qual cada vez mais me fechava, lá dentro guardando tudo o que era ruim, desagradável e ofensivo, não permitindo intromissões, perguntas ou demonstrações de pena ou piedade.

Entreguei o envelope à minha mãe e, em silêncio, voltamos para casa. Curiosamente, a atitude do meu pai não tinha me decepcionado; ao contrário, tinha despertado em mim a vontade de conhecê-lo melhor, de me aproximar dele, pois, por seu comportamento, achava que devia estar zangado comigo; em minha ingenuidade infantil, depois de tantas recomendações maternas, achava que algo não se encaixava direito em toda aquela história. E queria saber mais.

Talvez tenho sido por isso que, inconscientemente, ainda no colégio, havia copiado aquela reprodução do retrato de Napoleão pintado por David e decalcado na lembrança daquele ator fracassado que, no colégio de Nervi, anualmente apresentava sua interpretação do exílio de Santa Helena. Até o nome do pintor, David, assumia sorrateiramente valores impensados.

O Liceu Artístico (eu desenhava muito mal) transformou a fissura em fenda. Na medida em que eu era descoberto pela arte, sua história e sua modernidade, a convicção de ser dono de verdades que os outros não possuíam me levou a contestar (quem não contesta naquela idade?) não somente o saber musical de minha mãe mas também todo o seu comportamento perante a vida, sua maneira de vestir, a relação com Leandro, a autoridade que achava por bem exercer. Como um potro xucro não aceitava trela nem afago e escoiceava descontrolado. O desconcerto de minha mãe me convencia de uma razão que não tinha e quando, um dia, exasperada por minha agressividade, me gritou na cara: "És o retrato de teu pai!", retruquei: "Não fui eu que o escolhi", ganhando de imediato um rico bofetão na cara.

Nem por isso deixava de sair com ela quando ia a algum concerto; eu me considerava moderno, defendia os futuristas e seus compositores, Balilla Pratella e Russolo, criador do famoso *intonarumori*. Ídolos de minha mãe eram Stravinsky, Debussy e Béla Bártok: neste ponto estávamos de acordo, mas quando se entrava no campo das artes plásticas os nomes de Marinetti, Picasso ou Balla a enfureciam, levando-a a defender Segantini (acadêmico-puntilhista) ou Tranquillo Cremona, um pintor cujo romantismo fumacento fazia com que escolhesse tema como *A hera* (uma bela mulher agarrada a um belo homem, fazendo-o definhar). A polêmica degenerava em discussão quase sempre concluída por mim com a afirmação: "Você não entende nada!".

Este tipo de polêmica inconcludente gerava, e era inevitável, atritos desagradáveis; não era um conflito de gerações mas o defrontar de duas entidades que defendiam o território de suas amarguras sem dar trégua ao outro. E o prazer de rebater ironicamente era qualidade comum a ambos. O que escapava à minha mãe era o fato de eu estar crescendo alimentado pela angústia de me afirmar e, ao mesmo tempo, tendo de vencer uma timidez que poderia chamar de psicossomática. Uma timidez que me levava à agressividade. O "coitadinho..." permanecia no tom dela e isso me enfurecia.

Quando fui viajar para Roma admitido no Centro Sperimentale di Cinematografia, ela quis me acompanhar até a estação. Na hora de subir no trem, escorreguei de propósito no degrau do vagão e, respondendo a uma preocupação que ela tinha quando, saindo com meus amigos, voltava para casa tardas horas da noite (ficávamos andando pela cidade, falando de arte, ou, sempre falando de arte, comíamos pão e salame, bebendo vinho em tabernas do bairro portuário) gritei para ela: "Viu? Acabei caindo!", ganhando como resposta um sorriso irônico e um leve sacudir de cabeça.

O serviço militar e, logo em seguida, a guerra, nos afastou mais ainda e as poucas vezes nas quais voltei para casa, depois dos primeiros momentos nos quais parecia que o mundo da minha infância tinha voltado, nossa relação se desgastava rapidamente e pelos motivos mais fúteis: ambos, inconscientemente, ansiávamos pelo amor do outro, mas éramos incapazes de dar ou receber.

Voltando da Grécia, encontrei a cama pronta em meu quarto, mas poucos meses depois fui tentar a sorte em Milão. Meu rápido êxito teatral a deixou perplexa, como a todos que tinham me conhecido desde criança. E mais perplexa ainda quando, afirmado e consagrado (tinha, entre outras coisas, sido convocado para fazer os cenários de *The rake's progress* de Stravinsky, estreia mundial em Veneza), decidi largar tudo e me mandar para o Brasil, repudiando mãe, parentes e amigos.

A partir de então aquele cordão umbilical, que tantas vezes tinha sido reamarrado, foi aos poucos se esticando até se romper definitivamente. A culpa (se nisso existe culpa) foi minha. Mas o Brasil representou a separação de tudo o que tinha sido bom e ruim para mim: uma nova pátria, gente nova, nova linguagem: na vinda para cá fiz um embrulho do passado, o amarrei firme e repetidamente e o fechei no cofre do meu subconsciente. Mal sabia que a recusa ao amor me levaria a graves problemas emocionais, dessa vez manifestados através de doenças imaginárias. O que conseguiu rasgar tudo foi a morte de minha mãe, da qual eu tive notícias um ano depois de ter acontecido, ler um testamento escrito de próprio punho no qual ela não citava meu nome, e a vinda de meu filho que eu tinha chamado para resgatar um abandono de muito anos.

Leandro, vivacíssimo em seus oitenta e dois anos, quando eu o encontrei na Itália, me contou como ela tinha morrido: voltando os dois para casa, ele ouviu o som de algo caindo; foi ver, e ela estava deitada no chão sem mais respirar. Morreu como tinha vivido, sem incomodar ninguém, levando consigo suas amarguras, seus desencantos e, certamente, as ilusões que a tinham iluminado – traindo-a – no decorrer de sua vida.

Não sei se tem algum valor, mas se ela puder ler estas linhas, quero que saiba que nunca deixei de pensar nela e que, à minha maneira, sempre a amei.

CHEGANDO A ATENAS, depois de longa viagem, avistamos de longe, lá no alto, o Partenon; o sol, que ainda não tinha desaparecido, estava se pondo, e a atmosfera dourada envolvia o templo, incendiando-o. Mas a imagem dissolveu-se com a chegada na estação ruidosa e mal odorante. Esgotadas as inevitáveis formalidades disciplinares, fomos para o alojamento que nos tinha sido destinado. Gozávamos de uma certa liberdade: Atenas e Grécia viviam sob o jugo da ocupação militar e, enquanto não nos fosse determinada uma destinação específica, podíamos circular livremente. No dia seguinte fui ao escritório do oficial encarregado do setor de "cultura e propaganda" e, apresentando-me como estudante de arquitetura, pedi-lhe que autorizasse a ficar na capital para poder, de perto, aprofundar meus conhecimentos de arte grega. O oficial era inteligente e sensível; disse-me que na cidade não havia possibilidade de permanência mas que, se eu quisesse, tinha uma vaga no cais do Pireu (o porto de Atenas) para fiscalização do descarregamento das cargas dos alimentos que, por navio, chegavam da Itália. Com uma certa malícia me informou da existência de um trem que não empregava mais de cinquenta minutos entre o porto e a capital; aceitei entusiasmado e agradecido e para lá fui eu, mal alojado num galpão, responsável por toneladas de víveres destinados a humanos e animais.

No cais, no galpão, éramos três: eu, um sargento e um cabo, alternando-nos amigavelmente nos turnos de trabalho. Isto nos permitia, rotativamente, ir à capital, cada qual para dar vazão a seus desejos: eles procurando mulheres (o que, com a fome reinante, era facílimo) e eu para visitar a Acrópole e seus monumentos.

Todas as vezes que eu podia ir à cidade meus passos me levavam espontaneamente ao Partenon. Na primeira vez, aproximando-me, fui surpreendido pela cor do mármore que, pelas fotos dos livros de história da arte, sempre tinha imaginado de um branco cândido, ao passo que agora constatava ser de um delicado e claro ocre dourado. As colunas estavam marcadas pelas guerras com os turcos, mas nada tinha abalado a esplêndida e serena beleza harmoniosa de sua estrutura geral. E eu, modesto soldadinho deslocado pela guerra numa terra de lendas, mitos e, agora, de sofrimentos, ficava parado horas a fio olhando para os patamares que rodeavam o templo, vendo, não imaginando, vendo cortejos de virgens sagradas se deslocarem, translúcidas no espaço vibrante pelo calor do verão.

Muitas vezes voltei lá e o encantamento sempre me renovava; não gostava muito da arquitetura do Erecteion mas amava suas cariátides tão belas, suaves e assexuadas.

Um dia, dessa vez cinzento, numa Acrópole totalmente vazia, me reencontrei, sozinho, sentado num degrau de pedra, no Teatro de Dioniso. Se eu dissesse que os fantasmas dos espetáculos dos tempos idos apareceram, mentiria vergonhosamente, mas eu acho que a sensação daquele espaço vazio que continuava carregando tensões que os séculos não tinham apagado me invadiu e lá permaneci fascinado por algo que não conseguia identificar, mas que era palpável e concreto. Essa mesma sensação eu reencontro ainda hoje toda vez que entro num teatro que tem uma história ou que ficou vazio depois de um espetáculo especialmente vibrante.

Todas as vezes que eu tinha um horário disponível, voltava ao teatro, sempre mudando de lugar, às vezes ficando no lugar do coro, às vezes subindo no *proskenion*: um dia me imaginei trajando uma máscara, montado sobre coturnos, e dei um grito agudo e prolongado que chamou a atenção do vigilante; com um gesto apaguei sua pre-

Croqui do cenário de A tempestade, peça de Shakespeare, espetáculo realizado no Jardim de Boboli, em Florença, com direção de Giorgio Strehler. c. 1948.

ocupação e saindo dei-lhe uma gorjeta, ganhando um "*efkaristó*!" ("obrigado!"). Não deixei de voltar. Até o dia em que me transferiram para um bairro longínquo onde arranjei uma namorada turca, que me pôs em contato com o serviço secreto dos guerrilheiros.

CONVIDARAM-NOS PARA A MONTAGEM de *A tempestade*, de William Shakespeare, que Strehler dirigiria, em Florença, no Jardim de Boboli. O convite vinha da Superintendência do Maggio Musicale Fiorentino e nos dava total liberdade para escolher o espaço que mais nos conviesse no grande e esplêndido parque. Este convite, depois do que nos tinha sido feito no ano anterior pela direção artística do Teatro La Fenice de Veneza, que havia pedido a apresentação do espetáculo inaugural do Piccolo Teatro (*Ralé*, de Máximo Gorki), confirmava um êxito que dura até hoje, quarenta anos depois da inauguração.

Chegando a Florença nos precipitamos, depois dos "bem-vindos" indispensáveis, para o Boboli, que já tinha uma grande tradição de espetáculos ao ar livre – Max Reinhardt tinha apresentado *Sonho de uma noite de verão* e Jacques Copeau, *Como você gosta* –; de certa forma nós éramos novatos mas a coragem e o entusiasmo constituíam nossos elementos propulsores. A diretoria do Festival acompanhou nosso passeio sugerindo, quase para nos testar, espaços bonitos mas que não condiziam com o naufrágio com o qual a peça inicia. Eu lembrava ter estudado nas aulas de História da Arte que (não tinha certeza do lugar) havia em Florença um chafariz com uma estátua de Giambologna e, com a maior cara de pau e por pura intuição, perguntei onde esse chafariz estava situado. Pela expressão de nossos acompanhantes percebi ter acertado, embora involuntariamente, no alvo. Imediatamente fomos conduzidos a um largo artificial no qual, numa ilha renascentista, erguia-se a esplêndida estrutura do chafariz culminada pela estátua de um Poseidon gigantesco. O lago, que tem no seu lado mais estreito uma largura de sessenta metros, podia ser atravessado, no seu eixo transversal, por duas pontes que davam acesso justamente à ilha, cujo perímetro era paralelo ao do lago propriamente dito: não poderia haver lugar mais apropriado e, para a alegria de todos, todos concordaram que escolha melhor não poderia ser feita.

Voltando a Milão comecei imediatamente o estudo do projeto cenográfico e logo percebi a necessidade de planejar uma estrutura em níveis diferenciados e assimétricos onde rochas, escarpas, depressões, moitas e árvores permitissem uma movimentação rica e mágica, e para tanto decidi chegar com a cenografia até o nível da bacia sobre a qual a grande estátua está situada. Foi um trabalho e tanto, em que minha experiência em arquitetura foi extremamente valiosa. Valendo-me, como limite em profundidade, das duas pontezinhas, criei ao fundo uma barreira volumétrica de rochas detrás das quais saía o navio que naufragaria. A forma elíptica do lago não facilitava as manobras do barco, mas, valendo-nos das antigas técnicas do grande Sabbatini, conseguimos deslocar a embarcação, fazê-la naufragar, levando-a depois até o outro lado, onde ficou estrategicamente encalhada no meio de minhas rochas artificiais.

A superintendência do Maggio estava – e ainda acho que está – visceralmente ligada ao Teatro Comunale com sua infraestrutura técnica, altamente competente e perfeitamente equipada; ela, sob o comando de seu diretor, assumiu a responsabilidade da construção do imenso cenário e das arquibancadas que, acompanhando o perímetro do lago, se constituíram num anfiteatro com perfeita visibilidade para todos os espectadores. Torres de iluminação foram levantadas e o cenário foi complementado por aparelhagem camuflada para efeitos especiais: em especial a caverna na qual o monstro Caliban, antítese de Próspero, vive.

Os ensaios, enquanto o cenário estava sendo construído, foram iniciados em Milão, prosseguindo em Florença quando, após o acerto do plano de iluminação, finalmente chegou o dia do ensaio geral que, obviamente, foi realizado à noite. Era uma noite esplêndida cuja beleza não estava sendo ofuscada nem pela cenografia nem pela presunção dos projetores. As palavras de Shakespeare, às quais o espelho d'águia emprestava uma sonoridade mágica, ressoavam carregadas de uma dimensão poética que a belíssima tradução de Salvatore Quasimodo tinha recriado.

Eu penso que nada no teatro é casual; o imprevisto é a consequência de uma série de fatores que unem o racional à criatividade espontânea, inevitável conjunção do concreto e do abstrato, da paixão e do talento; mas principalmente da palavra do poeta e da dimensão do seu intérprete. Quando Marcello Moretti, já famoso internacionalmente por seu inesquecível Arlequim, pronunciou a primeira fala de Caliban, as rãs do lago, das quais ninguém tinha tomado conhecimento e que, misteriosamente, durante todas as noites passadas na montagem das estruturas cenográficas tinham se mantido caladas, decidiram manifestar sua solidariedade e simpatia ao Bardo, respondendo com um coro cuja potencialidade shakespeariana ninguém poderia ter contestado.

De repente, não sei se por acaso ou intuição, as luzes se apagaram e a noite toscana readquiriu seus direitos. O *Sonho de uma noite de verão* avançou com seus elfos e fadas, e o som sincopado das rãs transformou-se nos acentos melodiosos do início de *A noite de reis*. Todos os amantes do passado se reencontraram e a luz do céu estrelado incandesceu por rápidos cometas: tudo ficou invadido por uma luminescência fosforescente e, tenho certeza, o próprio Shakespeare deve ter ficado comovido por esta homenagem inesperada e irrecusável.

Durante alguns segundos, à parte as rãs, os atores ficaram mudos e o ensaio foi suspenso. Alguém sugeriu eletrocutar os batráquios e a ideia foi aceita, mas no dia seguinte a notícia ocupou as manchetes dos jornais locais e nacionais e a Sociedade Protetora dos Animais ameaçou suspender o espetáculo. A solução de entorpecer provisoriamente os anuros com leve anestésico jogado na água (solução sugerida por um veterinário genial) resolveu o problema e os três espetáculos previstos puderam ser realizados com grande sucesso.

Aquarela de Gianni Ratto para <u>Arlecchino servitore di due padroni</u>, comédia de Goldoni, na tradição da commedia dell'arte, *encenada no Piccolo Teatro de Milão, em 1950, dirigida por Giorgio Strehler.*

SEMPRE TIVE O HÁBITO DE ACORDAR CEDO. Mas, na solidão da casinha que a muito custo tinha conseguido construir entre o mar e a lagoa – naqueles tempos tão solitários –, entre aquele mar e aquela lagoa com suas areias brancas, o grasnar das garças e das cegonhas ao aparecer do sol e o grito dos quero-queros à noite, sempre, antes que o amanhecer se anunciasse, eu levantava e ia para a varanda acompanhado por Quico, que, junto comigo, farejava tenso uma escuridão ainda indevassável, tentando espreitar um pequeno vislumbre de luz atrás do pequeno promontório de Ponta Negra.

Este hábito de levantar cedo ficava antecipado naquele lugar: mal escurecia e eu já ia para a cama, renunciando ao antigo hábito de ler antes de dormir, para não ter que me defender da estupidez dos cascudos e das esperanças que, atraídos pela luz, voejavam aos baques, tontos, batendo em meu rosto ou caindo de chofre sobre os travesseiros; apagava então a luz e punha um lampião de querosene na varanda, longe do quarto, rindo satisfeito da minha astúcia que levava para aquela luz meus hóspedes inofensivos, mas incômodos.

Assim, como sempre, talvez um pouco mais cedo do que de costume, levantei naquela noite que já não era noite e ainda não era madrugada, levando comigo a taça de café que acrescentava uma delícia à minha sonolência curiosa e fascinada.

A casa era cercada por tábuas largas, seguras horizontalmente por caibros que por sua vez eram fincados numa massa de cimento e pedaços de tijolo, um tanto à moda dos currais. Isto impedia os animais de entrar em meu pequeno terreno e ao mesmo tempo deixava livre a vista sobre a paisagem, que, naquele tempo, era deslumbrante: as bromélias ainda formavam jardins naturais criando, com as plantas rasteiras, as parasitas em flor e as trepadeiras selvagens enroscadas em certos troncos retorcidos e ocos, um desenho livre e arejado contido num espaço de águas calmas de um lado e revolto de outro e separadas pela terra e as areias que indiferentemente se misturavam.

E foi lá, na varanda suspensa, tomando meu café, com Quico ao lado espreitando, que vi, ou julguei ver, uma sombra grande, indefinida, encostar-se na cerca e lentamente deslizar ao chão. Pareceu-me um cavalo, mas não tinha certeza, embora houvesse muitos cavalos soltos que viviam pastando o magro capim fincado no duro barro vermelho.

Quico estava nervoso: eriçado e tenso como quando farejava uma presa, imóvel como pedra, o rabo teso, o pescoço esticado, uma pata levantada, pronto para uma improvável corrida. Ainda era escuro, mas nem tanto: a hora entre o cachorro e o lobo pelo avesso. Da sombra da noite dentro da qual uma sombra mais densa tinha deslizado para o chão agora ergueu-se cambaleante algo vivo e menor. E de repente a outra sombra também levantou-se, comunicando uma sensação de fadiga serena na luz que começava a clarear o dia e que revelava uma égua bonita e o seu potrinho há pouco nascido. Calma, ela começou a arrancar delicadamente o capim com seus dentes descobertos enquanto rodeava o corpo para encostar no focinho do filhote confuso as tetas cheias de leite. Mas o pequeno estava assustado e à medida que a mãe ajeitava o corpo ele também mudava de posição, procurando o que lhe era oferecido e perdendo o equilíbrio das pernas excessivamente compridas e instáveis.

Eu estava fascinado. Nunca antes havia assistido ao nascimento de uma cria a não ser de uma cadela já em idade avançada que eu mesmo ajudara a parir.

A luz revelava agora um jogo de cinzas instáveis na paisagem; tudo ainda estava parado, imóvel como para não perturbar a impalpável neblina que separa o nascimento da vida do que já vivo estava. Quico tinha-se agachado, as patas da frente estiradas, a cabeça apoiada sobre elas, semiprojetado para fora da varanda. Olhei para ele e, de relance, ele para mim. Sozinhos, nós, lá em cima; sozinhos, lá em baixo, a mãe pertinaz e o filho inseguro.

Um roçar de folhas, uma vibração na nova claridade, me fez virar a cabeça e reter a respiração. Uma outra égua (e agora reconhecia as duas que sempre pastavam juntas, esta ainda prenha) estava avançando devagar por trás do potro, que de nada suspeitava. A mãe percebeu o movimento e imobilizou-se numa posição favorável à mamada, e a outra, cada vez mais cautelosa e lenta, foi se aproximando até estar próxima ao pequeno traseiro do recém-nascido. A mãe corrigiu mais uma vez sua posição e a outra foi empurrando, dirigindo com o focinho o pequeno até encostá-lo à teta da mãe, que ele abocanhou esticando o pescoço, firmando-se nas pernas, o corpo todo percorrido por uma aragem de tremor.

De repente uma revoada de garças chegou, rompendo, com seu grasnar, o silêncio iluminado pelo primeiro raio de sol que tinha conseguido insinuar-se sorrateiro por um espaço inesperado até a lagoa.

Quico levantou-se espreguiçando o corpo todo com um olhar sonso e, com um pulo que me tomou completamente desprevenido, deu uma lambida no meu rosto para logo se lançar numa corrida circular e alucinada pela sala na qual compartilhávamos nossa solitária vida comum, depois do desastre do Teatro Novo.

ROSSANA TINHA DEZOITO ANOS quando, depois de já ter tentando duas vezes, suicidou-se com um revólver do qual nunca soubemos a proveniência.

Botticelli, Pisanello e Piero della Francesca teriam amado retratá-la por sua elegância de gazela, por sua beleza etérea: ela não pertencia ao nosso tempo e, embora ninguém pudesse prever o trágico desfecho de sua vida (a não ser talvez sua irmã e o pai), eu tinha sempre a obscura sensação de que ela poderia desvanecer no ar com um leve sorriso assim como quando a conheci, tendo surgido ao meu lado como se chegasse do nada.

Foi em Florença, no jardim de Boboli, onde eu estava montando o imenso cenário de *A tempestade*, de Shakespeare, que, virando o rosto, a vi de pé, atrás de mim, num vestido de *voil* e um amplo chapéu daquela levíssima palha florentina, a aba enriquecida por papoulas e flores do campo. Vieram-me à mente os versos de Dante: *tanto gentile e tanto onesta pare la donna mia, quand'ella altrui saluta, ch'ogne língua deven, tremando, muta, e li occhi no l'ardiscon di guardare.*

Não dissemos nada; era um fim de tarde suave e doce, os operários estavam se dispersando e, como por milagre, não havia mais ninguém em volta; fomos andando e eu tinha a sensação de que ela levitava e que meu passo era pesado e inseguro pelo receio de esbarrar nela. Atravessamos o parque onde já somente a voz dos pássaros fazia-se presente e, pelas ruas onde passávamos, os rostos viravam-se, as pessoas paravam.

Rossana era filha de um dos grandes pintores pertencentes à vanguarda italiana; sua irmã era amiga e musa inspiradora de Salvatore Quasimodo, que também estava em Florença, tradutor da obra de Shakespeare que Strehler estava dirigindo. No trajeto de volta, levando-a até o hotel onde estava hospedada, não pronunciamos uma palavra: tinha se criado um encantamento, algo de palpavelmente invisível e cristalino, que somente ao silêncio pertencia.

No dia seguinte, ainda pela tarde, apareceu com a irmã e o poeta; mas somente quando eles se afastaram nós nos olhamos e sorrimos; percebi que estava emocionada: falou que iria voltar no mesmo dia para Milão e, com um leve roçar de seus dedos em meu rosto, foi-se embora.

Sironi, o pai de Rossana, além de grande pintor era um cenógrafo muito solicitado e, para a Superintendência do Maggio Musicale Fiorentino, tinha projetado vários cenários operísticos cujos croquis tinham permanecido na Secretaria. Na hora de eu voltar para Milão entregaram-me um volumoso rolo de desenhos com o pedido de devolvê-los ao autor. Era um material de notável valor artístico e financeiro e, quando cheguei em Milão, esqueci-o no trem. Voltei correndo mas não encontrei mais nada, nem no vagão nem no escritório dos objetos perdidos. Desesperado, telefonei para a casa do pintor, mas quem atendeu foi Rossana. Depois de um longo silêncio – ambos tínhamos reconhecido nossas vozes – marcamos um encontro nas salas onde De Chirico tinha inaugurado uma exposição.

Nos dias seguintes, que precediam seu próximo retorno ao colégio no qual estudava em regime de semi-internato (o colégio estava situado numa das margens do lago de Garda), nos encontramos várias vezes e, sempre, aquela diáfana atmosfera de encantamento me envolvia impedindo-me até de apertar-lhe a mão. Mas nós nos sorríamos e as poucas coisas ditas nos pareciam maravilhosas.

Quando ela viajou para o colégio pediu-me para visitá-la e lá, efetivamente, numa pequena confeitaria à beira da água, continuamos nosso diálogo de leves sorrisos e poucas e deliciosas palavras. Encontrei-a duas vezes; eu pegava um trem, o aerobarco e lá estava ela como uma bela imagem de uma figura de proa.

Dois dias depois do último encontro, a irmã telefonou-me para me comunicar que Rossana tinha se suicidado, no colégio, com um tiro na cabeça.

Rossana era poetisa e já tinha publicado um pequeno volume que de vez em quando eu abro lendo ao acaso um de seus poemas; um só, para reencontrar seu sorriso, aquela atmosfera "botticelliana" que envolvia todos os seus movimentos.

Uma poesia de Rossana, timidamente traduzida por mim:

EU DEIXO AS DOCES COLINAS

Eu deixo as doces colinas
esfumadas de azul
e de sonhos.
Ainda voltamos a viajar
rostos desconhecidos,
cinzentas estações
o vento que varre as plantas
(por pouco julgas estar livre).
Mais uma vez voltamos a viajar
e a angústia nos chama
dos dias demais repetidos
sem-fim.
Ainda vivemos, nós
pobres mortos.
A vida é mais forte,
nos grita suas vãs palavras
nos queima.
Mas eu não te amo
nem quando a tua luz
me fazia esquecida do esplendor
da Morte.

DEFINIÇÃO DE TEATRO COMO EDIFÍCIO:
Este lugar onde nada existe e tudo pode acontecer.

TUDO O QUE É BELO ME EMOCIONA: uma obra de arte, um animal, uma flor, uma paisagem. Às vezes meus olhos ficam marejados e, se não estou sozinho, viro o rosto para que ninguém os veja, embora minha voz me traia por estar embargada.

Pergunto-me, e a pergunta é antiga, o que é o belo, se a arte para ser tal deve ser bela, se a beleza é um fenômeno sensorial, subjetivo ou racional, se a emocionalidade informa a arte ou vice-versa, se uma estrutura geodésica é tão bela quanto uma partitura musical ou uma flor tão harmoniosa quanto um desenho abstrato. Mas as perguntas não me levam a respostas satisfatórias, só reiteram a inexplicabilidade de minha emoção animal.

Mas é animal? Meu cérebro raciocina quando a emoção que o belo provoca em mim me agride. E chego à conclusão, talvez ingênua, de que a beleza, na arte, muitas vezes se esconde atrás de formas e expressões nada belas. A beleza, resultado de harmonias e equilíbrios, não é necessariamente um fenômeno sensorial, embora, para alcançar minha racionalidade, esse resultado sempre passe pelo filtro da minha sensibilidade animal.

Qual é o poder dessa beleza? Nenhum, se penso que a mais sublime obra de arte nunca conseguiu deter uma tortura ou evitar uma guerra. Total, se penso no quanto ela interfere com meu mundo, infiltrando-se no casulo dentro do qual egocentricamente vivo.

Não estou confundindo o belo com o agradável, o sensorial com o racional, é evidente. Mas penso que uma harmonia absoluta somente pode ser a resultante do equilíbrio que se cria entre o pensamento lógico e o instinto criativo.

Daí a fácil conclusão de que a obra de arte nada tem a ver com a estrutura moral de quem concebe sua obra, nem com a amoralidade de quem a encomenda ou a compra. O mecenas ou colecionador não precisa ser digno do que adquiriu para ter acesso à beleza. A beleza é uma meretriz que se entrega indiferentemente a santos e assassinos da mesma forma como pode surgir das mentes mais puras ou das mais pervertidas.

AÍ ELA ME PERGUNTOU SE SABIA amarrar a lenha ao burro. Eu não sabia mas falei que sim: não queria desgostá-la, tão gentil e atenciosa como ela era em sua brusquidão seca que escondia (sabedoria milenar) sua sensibilidade que os homens (nem sua nora) não compreendiam. Mas eu era-lhe grato por ela ser como era e acho que ela percebia o que por ela sentia. Tinha setenta anos, seca e limpa como os galhos secos que recolhíamos na neve.

A mula bufava lançando para o ar longos jatos de vapor branco, agitando seu magro rabo. A mulher rapidamente juntava gravetos e galhos, às vezes um tronquinho maior, ágil e de rosto impassível. Tínhamos saído quando ainda era escuro; perto da lareira que também servia de fogão, depois de comer um pouco de polenta assada e tomado uma tigela de *tchai* (o *tchai* é um chá feito de flores da montanha, recolhidas e secadas), tínhamos preparado a mula e as cordas juntamente com um machado.

Depois de conseguir uma boa quantidade de lenha, a mulher me perguntou se eu sabia amarrá-la na mula. E me deixou trabalhar, agachada no chão. Eu não sabia mas me esforcei para fazer o melhor: gostava da mulher. Mas tudo despencou depois de ter amarrado um lado e tentando amarrar o outro. Suando e bufando minhas nuvens de vapor, parei.

A velha, então, sem nada dizer, enrolou as cordas nos feixes e fincando um pé na barriga do animal puxou com força dando umas voltas nos pinos da sela de madeira e definitivamente amarrando-a. Aí deu um riso seco e iniciou a caminhada de volta seguida por mim que, pelo cabresto, puxava a mula renitente.

Antes de chegar ao povoado, tinha parado numa pequena clareira para descansar e logo um homem se aproximou olhando para mim em silêncio; cumprimentei-o com um *kalispera* (deviam ser quatro da tarde) que dividi com mais três que tinham chegado correndo para brecar cambaleantes à minha frente. Eu sorria para todos, e todos continuavam calados também depois de eu mostrar meu passe. O silêncio estava ficando incomodativo quando uma mulher, que não devia ser do povo, chegou interpelando-me em francês no tom altivo de uma pessoa importante. Expliquei quem eu era e por que ali estava, mostrando o passe, tudo com o ar de uma pessoa submissa e humilde. Ela deve ter gostado porque poucos momentos depois os homens afastaram-se cumprimentando-a e eu, a um gesto seu, a segui até a casa onde ela morava. Enquanto andávamos ela me disse ser a mulher de um médico que fazia parte de uma companhia de guerrilheiros e que vivia, até acabar a guerra, aqui no campo, na casa da sogra, mas provisoriamente, porque gostava da cidade e aqui (subentendia), no meio desses camponeses, era mesmo um sacrifício.

Quando chegamos à casa, a velha estava na soleira da porta e cumprimentou-me educadamente, retirando-se logo para o interior.

A casa, como todas as casas camponesas, era muito simples: tinha um cômodo com lareira que servia tanto como sala quanto como cozinha, e dois quartos, tudo muito modesto, mas asseado e limpo. Uma casinha de madeira servia de banheiro e num forno de pedra e cal o pão era cozinhado. Num desses quartos havia uma cama de casal com o espaldar de latão, e eu, ingenuamente, pensei que fosse da velha; mas não, essa cama confortável, com colchão e lençóis, pertencia à nora, que não abria mão dela. Na casa também morava uma moça, filha da velha, troncudinha, de faces rosadas e tímida: essas duas mulheres dormiam no cômodo com a lareira, a velha sobre um banco de madeira e a moça no chão.

Para jantar a moça tinha preparado uma pita que estava cozinhando embaixo de uma pedra na lareira. A pita poderia parecer uma *pizza*, mas não o é porque sua massa extraordinariamente macia é coberta por cebolinhas picadas, azeite e sal e, cozinhada como é entre duas pedras, mantém sua maciez e um perfume que somente o óleo virgem sabe dar.

As duas mulheres deviam estar muito contentes com a minha chegada, porque a pita não era comida de todo dia.

De fato, elas estavam exultantes: tinham pedido um homem para ajudá-las na pequena lavoura e tinham sido atendidas: embora esfarrapado e sujo, eu era jovem e forte.

Chegada a hora de dormir, a nora retirou-se em seu quarto, a moça deitou-se no chão em cima de uma capa preta (tanto ela como a mãe estavam vestidas de preto com um lenço preto em volta da cabeça) e quando eu quis também deitar no chão a velha me indicou o banco de madeira, deitou ao lado da filha e não quis conversar. Aceitei o banco encabulado e puto da vida com a nora que não abria mão de sua cama dourada.

Quando acordei, o fogo da lareira estava brilhando e o perfume da polenta assada dominava o aposento. Comemos assim como estávamos, tomando um copo de *tchai* e falando poucas coisas, pois de grego eu não mastigava muito.

A velha não fazia perguntas mas tinha muitas pequenas atenções para comigo, e nesses silêncios prolongados repletos de gestos simples nós nos reconhecíamos. A moça, no decorrer do período que passei com elas, ia se aproximando cada vez mais de mim, mas eu não queria confusões; assim, disse que estava casado com dois filhos e um terceiro que devia ter nascido pouco tempo depois de eu ter sido enviado para a Grécia.

Não permaneci muito tempo com elas. Com a volta do filho, elas não precisavam mais de mim.

Assim, uma manhã retomei o caminho de Tessália, levando comigo a imagem bonita de uma velha extraordinária.

NÃO ACREDITO MUITO quando alguém diz que a idade traz a sabedoria e que a juventude deve olhar para os velhos com o devido respeito de uma sábia maturidade. Se compararmos a postura criativa de um jovem com o raciocínio estético de um ancião, o que encontraremos (às vezes) será uma violência criativa maior no primeiro caso em contraposição a um (às vezes) refinamento aprofundado em volta de temas que já foram exaustivamente debatidos e explorados anteriormente. Os casos Picasso, Matisse, Borges, Tiziano *etc.* constituem-se uma minoria numérica se comparada ao impressionante número de autores (autores em todos os sentidos) jovens, e que jovens morreram: Mozart vale como exemplificação. Todavia, seria impossível ignorar determinadas descobertas e intuições que a idade traz consigo.

Pessoalmente sei que o que sinto ou percebo hoje não me ocorreu nos anos que se foram. À intransigência cega de minha primeira juventude, às categóricas e românticas posições tomadas no decorrer de minha vida, foram se substituindo uma compreensão e uma tolerância maiores. Até dez anos atrás, eu não tinha uma exata noção do que estava fazendo: trabalhava na base de intuições e fundamentado sólida e ingenuamente no domínio de uma técnica que, embora até hoje me acompanhe, revela-se cada vez mais necessária mas marginalizada perante a possibilidade de ser substituída por um ato realmente criativo mas falho sintaticamente. Não estou negando a necessidade da posse de uma técnica altamente apurada: estou querendo dizer que ela nunca chegará a substituir o ato criativo ou o fulgurar de uma intuição. Para ser mais exato: a técnica é o suporte da obra e não o contrário. O que estou dizendo pode parecer ingênuo, até talvez o seja, mas basta pensar em certas obras de Dalí ou dos veristas menores para perceber que a colocação é correta. O malabarismo técnico pertence à arte circense ou às diabólicas evoluções aéreas.

Mas toda essa conversinha é para falar, mais uma vez, de teatro.

Assisti recentemente, em Milão, aos *Gigantes da montanha*, de Luigi Pirandello, espetáculo de grande sucesso dirigido por (nossa crítica tupiniquim o chamaria de veterano) Giorgio Strehler.

Honestamente não concordei com o espetáculo, cujas interpretações me pareceram falhas, tanto do ponto de vista das dos atores (exceção feita por dois ou três nos quais a personagem de Cotrone não está incluída) como do da direção, que me pareceu experiente mas antipirandelliana por excelência. O espetáculo tinha uma carga de "metateatro" que se denunciou descobertamente no final do espetáculo, quando a base do cenário se abriu revelando um mecanismo de rodas, bielas e pistões como se todo o ambiente mágico não passasse de uma maquininha de parque de diversão. Foi um espetáculo sem poesia, anticatártico, que me deixou profundamente deprimido até mesmo por ser tecnicamente perfeito.

Cada vez mais, a cada dia que passa, em todos os meus momentos de reflexão, o sentido profundo do teatro (um sentido que, como a arte, é quase impossível definir) me perturba como um texto poético escrito em caracteres hieroglíficos que não consigo decifrar. Sei que o teatro de verdade, O TEATRO, só existiu quando temas que transcendiam o cotidiano agitaram os espaços a ele destinados: sei que sempre esses temas foram épicos, desfraldando a dimensão do supra-humano para uma assistência que precisava se reconhecer na dimensão de um destino do qual participava, consciente ou inconscientemente (a Igreja católica deu muito bem conta disso explorando o medo de um inferno ou a esperança de um paraíso).

Acho indispensável separar o conceito de TEATRO do de ESPETÁCULO: o Teatro é a essência, o Espetáculo é o perfume diluído, muitas vezes num péssimo álcool e sem um fixador positivo. O Teatro é poesia, Espetáculo é técnica que pode até chegar a ter um nível de poesia mas que inevitavelmente se diluirá "*dans l'espace d'un matin*". O Teatro agita massas e pode até modificar a história de um país; o Espetáculo sacode uma plateia e não modifica nada. E, assim por diante, poderia continuar, mas deixo de fazê-lo certo de que a simplicidade da colocação encontrará fácil concordância por parte de todos aqueles que ao Teatro se dedicam honestamente.

Mas, inevitavelmente, quando se fala de Teatro fala-se também de Espetáculo.

Mas, afinal, o que é o Espetáculo? Representação, execução, transposição, interpretação, alteração, recriação, criação, violentação, respeito absoluto, manifestação pessoal, tributo humilde, subserviência, menosprezo, escracho, malabarismo, e assim por diante?

O Espetáculo é necessário ou é uma excrescência purulenta, uma marca de beleza aposta a um texto literário na origem?

E, afinal, o que é um texto dramático? Um guia, um roteiro, uma proposta, um desafio, uma provocação? Inicialmente, diria Monsieur de La Palice, é um texto a ser lido para depois ser apresentado num espetáculo que o apresente corretamente. Ora, esse "corretamente" é que é o xis do problema.

É óbvia a subjetividade do autor do texto dramático: daí a impossibilidade que ele tem de ser objetivo com sua obra (os piores intérpretes de suas criações, tanto no teatro dramático como na música, são seus próprios autores); é óbvia a subjetividade de qualquer que seja o leitor de um texto dramático: tantos leitores, tantas subjetividades; montado um texto sob a ótica subjetiva de um diretor, na hora da representação, do espetáculo propriamente dito, dependendo da lotação da sala, teremos tantas reações subjetivas quantos os espectadores que lotam aquele espaço, embora, no final, haja quase sempre uma manifestação solidária (positiva ou não) ao acontecimento: palmas ou vaias, segundo o caso, embora aqui no Brasil, em geral, o público – independendo da qualidade – levante-se unânime e de pé aclame o acontecimento. Demonstração, no caso, de uma objetividade ou de uma subjetividade coletiva? Não, convencionalismo social: o Espetáculo é um ato social não indispensável, às vezes necessário, nunca uma paixão nacional como a "cerveja nº 1".

Eu acho que o Teatro, o verdadeiro Teatro, é aquele que permanece na memória dos tempos; aquele do qual o espetáculo não foi visto mas dele permanece uma gravura, uma máscara, uma foto desbotada, o relato falado de alguém que tendo muito tempo atrás assistido ou ouvido falar de um acontecimento teatral nos dá uma informação imperfeita, apaixonadamente romântica, absolutamente inexata e, todavia, fascinante. Como acontece numa tradição falada, na qual as inevitáveis alterações passam a ser adquiridas como verdades que, com o passar do tempo, sofrerão novas alterações, cada vez mais subjetivas na medida do maior entusiasmo ou da menor inteligência do relator. Como aconteceria com um texto poético que traduzido de sua língua original fosse retraduzido para a língua de origem: teríamos, evidentemente, um texto poético totalmente diferente do primeiro: quer dizer, uma cadeia de escanteios de subjetividades poéticas muitas vezes no nível superior ao do ponto de partida. Mas o que valeria seria a memória, uma memória presente a cada instante poético que estaria acima de uma verdade a ser posta constantemente em discussão.

Esta brincadeira de traduções sucessivas pode parecer um tanto ingênua, mas ela o é menos do que se pensa: basta comparar diferentes histórias do Teatro para constatar que, quanto mais longe o acontecimento dramático, mais próximas as opiniões, dando-se exatamente o contrário à medida que os historiadores, aproximando-se à modernidade, perdem a possibilidade de uma visão perspéctica "objetiva". Mas se há algo que nunca poderá ser examinado objetivamente é o próprio Teatro, quer como texto, quer como espetáculo.

E o ator, o diretor, a cenografia, o figurino em tudo isso? Parece-me indispensável distinguir a crônica da história. O TEATRO é a

História, o ESPETÁCULO, a crônica; estas personagens chamadas diretor, ator, cenógrafo, figurinista, iluminador, músico *etc.* sãos componentes de uma crônica que muito tempo depois de suas existências passará a ser História: a História destrói a crônica e quando esta, de uma forma ou de outra, consegue sobreviver, se transforma em anedota: não preciso exemplificar.

A cenografia e o figurino têm uma vantagem sobre os outros aspectos que, uma vez acabados, é irrepetível: o projeto, o desenho, o croqui sobrevivem, mas, por estarem separados do Espetáculo propriamente dito, assumem as características das artes plásticas; admiramos então, se for o caso, a elegância de uma gravura, a criatividade de uma roupa, a beleza pictórica de uma prancha: quer dizer, criamos uma memória fictícia do que talvez possa ter sido um Espetáculo e emprestamos ao TEATRO uma dimensão estética, suporte de seus valores poéticos e históricos; a crônica do espetáculo morreu e os aspectos complementares do texto inicial assumiram valor anedótico.

DEPOIS DE TER PASSADO DOIS ANOS no colégio de Nervi, minha mãe decidiu me transferir para outro, que pertencia à mesma congregação de padres emilianos, situado na cidade de Cherasco, na província de Cuneo. Suponho que a decisão tenha sido provocada por um motivo financeiro, visto ser aquele colégio muito mais barato. A viagem de trem era longa para chegar até lá: muitas baldeações eram necessárias e as demoras entre uma e outra alongavam exaustivamente um percurso que, em outras condições, teria sido mais suportável.

Cherasco, pequena cidade do interior, tinha todavia uma certa importância histórica (qual é a cidade da Itália que não tem uma certa importância histórica?) por ter sido lá assinado um tratado militar; cidade do século XVIII, guardava alguns vestígios do passado, principalmente nas portas dos casarões e das igrejas, elegante e habilidosamente entalhadas. As ruas tinham uma característica inusitada para mim, visto terem no centro uma larga e aberta canaleta para a qual, pelas laterais inclinadas, convergia a água da chuva e, no degelo, a neve derretida. Por essas águas, e por sua umidade decorrente, as frestas entre as pedras e as beiras da canaleta estavam constantemente cobertas por uma leve relva que gerava minúsculas flores amarelas e lilases. Eu gostava de Cherasco, embora pudesse ver minha mãe somente umas duas vezes por ano; gostava da calma atmosfera da cidade, de seus campanários que marcavam as matinas e as vésperas, da neve que, no inverno, alcançava mais de um metro e meio de altura, nos obrigando a abrir caminhos no campo de jogo para poder chegar às salas de aula e à igreja; gostava da primavera, quando, com o primeiro sol, cortávamos a neve, ainda congelada na superfície e farinhenta em baixo, comendo-a como um sorvete, ensopada de xarope de groselha. Gostava do colégio que, por estar bastante afastado de outras cidades, admitia em suas salas de aula, sem preconceitos, as filhas dos donos de fazendas e dos vinhateiros. A presença das meninas nos alegrava, embora gostássemos, muitas vezes, de provocá-las com gestos e palavras não muito castigados; e também namoricos não declarados, à base de demorados olhares de esguelha que se interrompiam com o término da aula para recomeçar na próxima do dia seguinte: tínhamos todos, na minha classe, doze anos, e qualquer nada era tudo para nós.

Se o colégio era mais barato, em compensação a comida era bem melhor do que em Nervi. Havia um pomar que fornecia frutas, uma pequena horta que abastecia de verduras nossas refeições e uma espécie de depósito mal trancado onde eram guardadas maçãs e batatas. Os padres, quase todos de origem camponesa, eram um tanto brutos, mas afetuosos, e gostavam de jogar conosco futebol e *palla al pugno* (um jogo no qual o pulso era usado como raquete). A água, no inverno, era gelada e não havia aquecimento, mas, bem encapotados, com gorros e echarpes, enfrentávamos temperaturas que hoje, em poucos dias, me eliminariam rapidamente.

Fiquei dois anos em Cherasco, onde frequentei o segundo período da série ginasial, o que, uma vez formado, me daria acesso a um liceu (clássico, técnico, artístico) ou a alguma escola técnica especializada. Em Nervi (naquele tempo era permitido) eu tinha completado o curso primário pulando um ano e frequentando dois anos em um do ginasial. O colégio – tanto em Nervi como em Cherasco – embora reconhecido como escola pública, não estava todavia habilitado a conceder diplomas, o que comportava, no fim do curso, a vinda de comissões oficiais formadas por professores de Gênova ou Turim, que nos deixavam visceralmente apavorados e confusos a ponto de esquecer o que tínhamos estudado e aprendido.

As aulas eram severas e densas, especialmente no que dizia respeito ao latim, com suas análises lógicas e sintáticas e as traduções de pequenos trechos de Ovídio e Cícero. Mas, embora difíceis, eu amava aquelas tarefas que estimulavam minhas características virginianas (que, naquele tempo, eu ignorava) e que me levavam a considerar o *rosa rosae* uma infantilidade se comparado com *fero fers feri latum ferre*. Hoje, honestamente, pouco mais me lembro do latim e do pouco grego que também tínhamos começado a estudar, embora reconheça de bom grado que este pouco sempre me foi útil no meu trabalho.

No fim da primavera, antes que o verão tivesse início, uma videira que, do chão do pátio trepava até as janelas do dormitório, nos oferecia seus racemos verdinhos, que arrancávamos impiedosamente para mastigar seu gosto ácido, prenúncio dos cachos generosos das uvas de setembro.

Muitas vezes íamos roubar as maçãs que, no depósito, eram colocadas em cima de telas metálicas, onde perfumavam deliciosamente o ar. E às vezes éramos apanhados em flagrante, o que, como castigo, comportava um pequeno sermão que não impedia a repetição desses pequenos furtos. Na verdade, éramos uma pequena peste, e, quanto mais severo o sermão, mais áspera era nossa "vingança". Eu tinha uma certa habilidade em versificar, o que me permitiu criar poemas satíricos cujas setas venenosas eram dirigidas contra os padres dos quais não gostávamos. Uma vez escrito, o poema circulava, hilariante, entre meus companheiros, e eu gozava de uma fama exagerada. Alguém me delatou depois que as duas folhas manuscritas voltaram para mim; alguém me delatou mas alguém me alertou e eu, para fugir a um inquérito imediato, comi meu "poema". Na falta de "prova" o assunto, com clara demonstração de desconfiança do padre-ministro, foi arquivado.

NADA JUSTIFICAVA A IMPOSIÇÃO DE REGRAS disciplinares que só conseguiram uma obediência estupidamente submissa e atitudes ironicamente respeitosas, que nós entregávamos envolvidas num formalismo pedante que satisfazia a obtusidade dos superiores imediatos. Como os outros, eu também me comportava assim, tentando driblar um esquema do qual era inevitavelmente prisioneiro, na ilusão de manter viva dentro de mim uma postura de independência, uma tentativa de sobrevivência ao achatamento sistemático que a estrutura político-militar impunha.

Mas era torturante ter a noção clara, lúcida e objetiva de minha impotência. Nas raríssimas vezes em que um oficial se deixava arrastar para a pequena análise de um minúsculo problema "cultural", sempre me sentia observado do alto do edifício autoritário sobre o qual, num pedestal, ele pousava, imponente, a mão sobre o estojo do revólver, deixando cair informações que não admitiam réplica ou discordância.

Perambulava, então, mal digerindo o péssimo rancho engordurado, na hora regulamentar do descanso, acabando inevitavelmente ao lado do meu catre de ferro, no dormitório que abrigava mais de quarenta soldados; ficava observando a prateleira em que descansava minha mala de madeira e na qual estavam presos os cabides de ferro que sustentavam, quando em repouso, minha espingarda e minha baioneta. O catre era constituído por uma armação tubular de ferro articulado sobre o qual, quando fechado, ficavam dobrados, na forma regulamentar, o colchão, os cobertores e o travesseiro: tudo pobre, mesquinho, desmoralizante, considerando também que à noite, pontualíssima, receberíamos a visita de uma procissão de percevejos aos quais, como à pátria amada, doávamos, coagidos, nosso sangue.

E assim estava eu numa tarde abafada pelo calor, no dormitório de um quartel militar na Sardenha, cozinhando minha revolta nas possibilidades de alguma reação positiva; olhava para a parede atrás do catre, pintada com tinta a óleo marrom até a sua altura e, depois, seguindo até o teto num tom de cal sujo amarelado. Uma fissura no reboco criava o desenho de um curioso grafito não identificável mas solicitante. De repente a modorra que me invadia foi se dissolvendo, meu olhar ficou mais atento e comecei a perceber uma relação cromática entre os objetos que participavam do meu isolamento: marrom, bege, ocre, preto, cinza, ferrugem *etc.* Uma relação extremamente harmoniosa e coerente que nenhum sistema disciplinar ou coercitivo conseguiria destruir ou modificar. Lembrei-me das composições de Braque, de suas colagens, de seu discurso pictórico e, de repente, me senti como um náufrago que um boto amigo tivesse empurrado para uma luminosa praia tropical.

A partir daquela tarde minha ótica mudou, transformando o cotidiano em poesia.

GIORGIO DE CHIRICO FOI CONVIDADO pela direção artística do Scala de Milão para projetar os cenários e os figurinos de *A lenda de José*, de Richard Strauss. Diretora e coreógrafa, Margherita Wallmann, regente Nino Sanzogno.

Inspirado corretamente nos afrescos do Veronese, De Chirico pintou a óleo seus croquis em cima de tabuletas de mais ou menos trinta centímetros por vinte.

Quando mocinho, recém-chegado à linguagem das artes plásticas, tinha amado as obras dele, que pertenciam ao período surrealista; as praças italianas, solitárias e ensolaradas, me fascinavam e nelas eu reencontrava a poesia de Montale e Ungaretti.

A temporada do espetáculo era a de 1950-1951 e, neste período, De Chirico tinha-se transformado num retratista cujas obras valiam milhões de dólares. Mas o amor e a admiração que eu tinha por ele tinham-se diluído na constatação amarga da decadência de um artista voltado, agora, a uma postura comercial que não condizia com a visão ideal que, jovem, eu tinha criado para mim. Detestava sua pintura a óleo, lambuzada e escorregadia, não mais translúcida como em suas visões surrealistas e, angustiado, carregava minha amargura estética no mundo secreto de minhas avaliações.

Os croquis que De Chirico trouxe, corretíssimos do ponto de vista interpretativo, eram pintados a óleo, na técnica característica do pintor que, na hora de entregá-los para execução, pediu cuidados a fim de que não se perdessem ou ficassem estragados, pois afirmou: “As tintas a óleo são muito caras!” Ninguém que entenda de cenografia pinta um croqui a óleo, pois a técnica de realização é fundamentada no emprego das tintas a têmpera (tintas em pó, cola de pele de coelho e água), cuja textura é mais transparente e leve. Embora eu não tivesse gostado do trabalho, fiquei quieto na hora da entrega, mas, quando a sós com Nicola Benois, diretor técnico do teatro e de quem eu era o vice, comentei meu desgosto e, para meu espanto, ele concordou comigo.

Para realização dos cenários, escolhemos Carlos Ighina e Mario Mantovani, dois artistas executores de excelente qualidade, sensíveis artisticamente e técnicos de alta categoria. Depois de um momento de perplexidade ante a técnica empregada pelo grande pintor, iniciaram sua tarefa com a melhor boa vontade. Quando prontos e montados no palco, convidamos De Chirico para ver o cenário, cujas dimensões reais eram agora, no caso de um telão, de vinte metros por doze. Embora acostumado às execuções primorosas de nossos realizadores, tinha todavia ficado espantado ao ver como eles tinham conseguido transferir para grandes dimensões a própria pincelada e a densidade das tonalidades que, tinha achado, somente a técnica a óleo podia conseguir.

De Chirico veio, acompanhado de pequena coorte de admiradores e bajuladores. Descido um grande telão todos ficaram olhando em silêncio. De Chirico pediu que o telão fosse abaixado até poder ver um ponto específico que ficava a mais de seis metros de altura. De imediato, um pequeno murmúrio de desaprovação se fez ouvir enquanto o grande artista pedia a palheta cenográfica com baldes de tintas e pincéis e trinchas. Num clima de tensa expectativa a coorte nos olhou altiva e criticamente. Chegada a palheta com os apetrechos, no meio de um silêncio respeitoso e místico, o mestre misturou algumas tintas e, levantando o pincel, deu um (um só) rápido toque no telão lá onde seu olho infalível tinha notado uma discrepância. Foi um coro à capela: "Agora sim!" e depois de uns rápidos cumprimentos todo mundo foi embora murmurando e comentando o acontecimento.

Odeio atitudes gratuitas e bajulações; o acontecido me deixou irritado durante alguns dias: ainda não tinha aprendido que a arte não modifica ninguém, e que, separados do momento criativo, os próprios artistas revelam-se mesquinhos e pequenos; tive oportunidade durante toda a minha vida de constatar tal fato e até hoje ainda não me conformei, embora saiba que este tipo de inconformismo está ligado a uma visão ingenuamente romântica.

SOU FILHO DE UMA ESCOLA cujos cânones eram a beleza formal do espetáculo integrada a uma interpretação em profundidade das personagens e da significação do texto.

Vejo hoje que pensar num espetáculo somente sob esta ótica limita inevitavelmente os resultados. Penso que em lugar de pensar ESPETÁCULO deva-se pensar TEATRO. É Teatro, quer dizer, linguagem teatral, quer dizer, postura crítica e agressão ao comum, ao convencional. Pegar um texto e revirá-lo pelo avesso até descobrir as intenções mais secretas ou as intuições não percebidas pelo autor. Ou estruturar um texto próprio sobre o qual dançar uma sarabanda diabólica. Tentar descobrir o homem e seu destino contra uma sociedade que destrói o homem em benefício de indivíduos e instituições.

O documentário realizado por Denis Bablet sobre o trabalho de Tadeusz Kantor é impressionantemente demonstrativo de um critério de trabalho que só obedece a uma solicitação profunda, a uma tomada de posição definitiva. Trata-se de um Teatro que obedece ferozmente a uma postura moral perante o homem e seu universo. O Teatro deixa de ser uma profissão (a não ser de fé) para reassumir suas características ritualísticas. Nenhuma concessão ao "bom gosto", nenhuma cumplicidade equívoca; uma integridade artística que une ao domínio total da linguagem plástica uma visão telúrica do destino do homem.

Esse Teatro de Tadeusz Kantor, tão ligado ao anarquismo dadá, tão contestatário, honesto, agressivo e vital, não se coloca como escola de Espetáculo, mas como lição de moral e integridade artística; é um Teatro que não deve nada a ninguém a não ser à irmandade, com um movimento que talvez somente Duchamp tenha compreendido em profundidade, com uma raiz profunda e fortíssima com a linguagem da marionete, do contador de histórias: épico e telúrico. TEATRO impossível de ter continuidade em outro no que diz respeito à sua forma e linguagem: obra de arte plástica em movimento, agressiva, do contra, implacável e grotesca, irrepetível e, no mesmo tempo, irradiante.

MINHA MÃE FREQUENTAVA muito salas de concerto e sempre me levava com ela. Em Gênova – eu estava com quatorze anos – havia uma grande sala com palco ao fundo capaz de conter uma orquestra de setenta/oitenta pessoas e que, dentro de uma conceituação socialista ainda não esmagada pela censura fascista, era sede da Universidade Popular, entidade cultural sem fins lucrativos de cujas atividades todo mundo podia participar sem ônus ou lucro.

Nessa sala situada no começo da *via* XX Settembre, próxima à *piazza* de Ferrari, bem no centro moderno da cidade, eram realizados, além de palestras, debates e encontros culturais, ciclos de concertos de música sinfônica que lotavam sistematicamente a sala. A atividade cultural, coordenada por uma comissão altamente conceituada, era realizada, dentro de um calendário anual, por professores e artistas voluntários que trabalhavam gratuitamente.

Eu ia ansioso e sempre emocionado, fazendo perguntas e praticamente empurrando minha mãe a fim de que não nos atrasássemos; mas sempre, na hora de sair, já com a porta de entrada aberta, ela pedia-me que esperasse um instante pois precisava fazer pipi. Impaciente, inutilmente impaciente, esperava a sua volta e, deixando que ela chamasse e tomasse o elevador, me precipitava para as escadas descendo aos trambolhões; chegando à rua, mais uma vez, ficava esperando e roendo as unhas. Finalmente, depois de um bonde sacolejante que descia da cidade alta até a baixa, chegávamos, adiantadérrimos, até a sala para aceder à qual era necessário descer uma escada de mais de trinta degraus: mas tudo isso fazia parte do programa, um ritual que se não existisse empobreceria o clima de expectativa dentro do qual eu me envolvia como num casulo fecundo.

E, depois, havia ainda a espera do início do concerto: a entrada progressiva dos professores, a afinação dos instrumentos que o "lá" do primeiro violino solicitava, o silêncio final que precedia a entrada do maestro que, aplaudido, agradecia com uma mesura e, finalmente, o levantar dos braços do regente para dar início à execução. Eu acompanhava essa sequência de acontecimentos com a mesma intensidade e emoção de um fiel que assiste aos rituais de uma função religiosa, querendo, todavia, acelerar seus tempos para que o milagre aconteça.

Desde os primeiros compassos eu esquecia onde estava e com quem estava. A música me envolvia sensorialmente; eu não tinha ainda uma preparação que me permitisse avaliar se a execução estava boa ou não, se os equilíbrios tímbricos eram exatos, se os fraseados corretos. Eu me deixava levar intuitivamente por uma beleza que para mim equivalia, naqueles momentos, ao prazer que eu tinha quando rolava num campo de narcisos ou de alfazemas até um rio gelado. Amava sobretudo as mudanças de intensidade sonora, a passagem de um pianíssimo para um crescendo até uma explosão de trompas, tímpanos, cornos e fagotes. Os movimentos dançantes agitavam meu corpo e, se por acaso já tivesse ouvido a música, a cantava em voz baixa até o momento em que um "shht" aborrecido fazia-me calar envergonhado. E acontecia um fato curioso: ao mesmo tempo que eu desejava que a obra executada nunca terminasse, ansiava pelo fim da sinfonia ou do poema sinfônico para poder aplaudir freneticamente num orgasmo catártico indispensável para o feliz término da minha noite.

Na saída, e era parte do ritual, se fosse inverno íamos tomar um grogue quente de xarope de rosas. Depois, *clopin-clopant*, voltávamos para casa; Leandro, encontrado casualmente no concerto, nos acompanhava até o portão de entrada do prédio no qual morávamos.

Já na cama, eu custava a adormecer, repassando mentalmente uma das linhas melódicas que minha mente tinha gravado, até o momento em que os acordes tocados pela orquestra me apareciam reais, invadindo-me com toda sua sonoridade: aí eu adormecia. Nunca mais no decorrer da minha vida consegui realizar o milagre daquele momento que me conduzia de uma vigília ansiosa para a inconsciência do sono juvenil.

O que reencontro hoje, quando da solidão insone com meu travesseiro, são os suspiros, os gritos e os sussurros das mulheres que amei; jogo de sombras e formas indefinidas de tantos corpos que se uniram ao meu, ansioso por um amor eterno diluído num tempo sem horas, num espaço sem latitude. E, quando os reencontro, mais uma vez adormeço.

A CENOGRAFIA MORREU. A grande, generosa, ambiciosa, monumental, pletórica, ilusionística, maravilhosa e infecta cenografia morreu. Era inevitável, pelo menos no teatro dramático e, também, no lírico. À parte o fato de a dramaturgia contemporânea e a conceituação do espetáculo atual jogarem-no para escanteio; à parte o fato de que desapareceram, pelo menos aqui no Brasil, técnicos e artistas executores; à parte uma série de considerações perfeitamente intuitíveis, deve-se todavia constatar que se, no cinema, na televisão e num determinado tipo de espetáculo, permanece viva, embora vestindo outro tipo de roupagem, ela deu uma volta por cima e mudando de carteira de identidade passou a se chamar *espaço cênico*. Chorar é besteira, querer continuar com uma linguagem cujo formalismo sempre acompanhou os movimentos estéticos, mais do que se preocupar com a essência dramática do espetáculo, seria endossar um reacionarismo artístico que não faz parte de minha realidade interior: o Rei morreu, viva o Rei!

A tecnologia contemporânea oferece, e substitui, as técnicas anteriores. O emprego de materiais antes pouco usados, a função das luzes como elemento dramático determinante, o vazio do palco repleto de vazios e situações como nunca teve antes, a exigência cada vez mais premente de novas áreas de atuação – seja rua, hospital, igreja ou pista de circo, ou arena, ou galpão *etc.* – levam a considerar que a morte da cenografia e de seus conceitos obsoletos era não só inevitável como desejável.

Nunca nada tanto me gratificou como a montagem que realizei pela terceira vez, no Rio de Janeiro, do *Don Giovanni* mozartiano: os cenários do primeiro espetáculo (meus) tinham sido destruídos por um incêndio impiedoso mas, devo reconhecer, providencial porque me obrigou a refletir mais em profundidade sobre a relação que existe entre o que se vê e se ouve ou se escuta. O Theatro Municipal não tinha recursos para a realização do projeto anterior, bastante complexo em seu todo: depois de uma leve hesitação, lembrando-me de que, por razões de sobrevivência, de um lado, e de respeito (errado), de outro, para com o Teatro São Carlos de Lisboa, que tinha me convidado, logo depois da primeira montagem do Rio de Janeiro, para realizar um *Don Giovanni* que inauguraria a temporada oficial daquele ano, eu tinha aceitado a cenografia de um artista alemão:

cenografia intuitivamente inteligente, mas desastrosa, musicalmente falando. Dirigi o espetáculo naqueles cenários pseudoatuais, mas na realidade obsoletos, e, durante o tempo todo de trabalho e olhando o espetáculo que tinha realizado, um pensamento martelava com crueldade minha cabeça: deveria ter realizado meu trabalho sem cenografia, somente usando a luz e poucos elementos indispensáveis à ação. Tinha cometido o mesmo erro (embora por uma premência de tempo que não tinha me permitido tomar uma decisão adequada) com a montagem de *Norma*, de Bellini, da qual cenários e figurinos tinham chegado, em cima da hora, do Rio de Janeiro; deveria tê-los recusado: a produção carioca fornecia roupas – cujos tecidos deveriam ter sido cânhamo, juta ou lã grossa – executadas por específicas exigências do figurinista e cenógrafo, do qual prefiro omitir o nome, em seda, cetim e outros tecidos preciosos.

Beppe (diminutivo de Giuseppe) era muito simpático: sempre alegre, aceitava a vida com simplicidade; sua filosofia pessoal perambulava nos limitados meandros da comida, da saúde e do sexo – sexo, bem entendido, na sua formulação mais primária: trepar, trepar, trepar. Órfão de pai e mãe, tinha sido criado por uma família de camponeses no interior da Sardenha, trabalhando duro desde o amanhecer até à noite, com comida escassa e surras frequentes. Sua experiência sexual limitava-se à paciência secular das poucas cabras do casal; uma flautinha que ele mesmo havia confeccionado com um pedaço de sabugueiro o acompanhava fiel, e nos momentos livres ele se deliciava, e a nós também, com umas melodias estranhas e monódicas. Era amigo de todos, prestativo, e muitas vezes, nas marchas ou nas manobras, ajudava um companheiro cansado carregando seu fuzil ou emprestando a água do cantil. Não sei se pelo uso das cabras ou por deformação natural, era dotado de um membro cujo tamanho excepcional ele exibia sem o menor pudor. À noite, no dormitório, antes do toque de silêncio, mostrava, a pedido, no meio de gargalhadas, seu enorme pênis, e às dúvidas levantadas respondia manipulando-o e fazendo-o erguer-se, para em seguida pendurar nele um capacete cheio de água numa atuação digna de uma farsa atelana ou de um afresco pompeiano. A entrada repentina de um sargento de inspeção interrompia o espetáculo, que quase sempre terminava com a queda inevitável do capacete e consequente derramamento da água nele contida.

Beppe adoeceu; no início uma febrinha insistente, depois começou a emagrecer. Internado na enfermaria do quartel, os médicos diagnosticaram câncer de intestino, que, tratado superficialmente, levou-o a definhar em meio a sofrimentos atrozes. Na última vez em que fui visitá-lo seus cabelos e sua barba tinham crescido desmesuradamente, quase escondendo seu rosto, do qual somente ficavam visíveis os olhos negros e encovados. Morreu dois dias depois e ninguém veio vê-lo: sua ida nos deixou tristes e revoltados.

Quando chegava o período das manobras de guerra (a de 39 ainda não tinha estourado) todos nós, embora soubéssemos quão cansativas seriam, ficávamos mais alegres. Sair do quartel representava quase uma fuga e as longas marchas forçadas para chegar ao lugar dos acampamentos revestiam-se de um sentido quase aventuroso. Foi justamente durante uma dessas longas caminhadas, carregados de fardos e munições, que alguém começou a cantarolar *Bandiera Rossa*, hino da Revolução Russa.

Nos acampamentos tínhamos de fazer tudo, desde as barracas mimetizadas até as fossas higiênicas, profundas e atravessadas por tábuas sobre as quais nos acocorávamos quando necessário. As fossas, aspergidas sistematicamente com cal viva e arejadas pelo vento que cantarolava entre os galhos dos sobreiros e dos carvalhos, eram bem mais atraentes e confortáveis que as latrinas do quartel. À noite, após o toque de silêncio, desafinado e melancólico, deitados sobre as palhas de nossas barracas, ouvíamos saudosos a densidade de um silêncio realçado pelo canto do grilo e o pio da coruja. Embora não fosse permitido, deixávamos uma aba da barraca levantada para participar do brilho do céu gloriosamente estrelado.

Os sobreiros, embora bonitos, com seus troncos vermelhos, quando livres da cortiça, tinham o inconveniente de hospedar centenas de lagartas pretas e peludas que, se não tomássemos cuidado, poderiam cair em nossas gamelas; assim, quando o rancho era distribuído, tampávamos nossos recipientes de alumínio correndo para dentro das barracas ou procurando alguma clareira onde pudéssemos comer tranquilos.

Nas madrugadas, e tanto podia ser às três como às quatro da manhã, o som petulante da corneta nos despertava e, ainda sonolentos, corríamos para receber nosso litro de "café", no qual ensopávamos a sobra (caso houvesse) do pão do dia anterior. O tempo concedido para esta operação não ultrapassava quinze minutos e, logo em seguida, nos precipitávamos, guiados pelos gritos dos sargentos e cabos, para apanhar o fuzil e iniciar nossa jornada.

Às vezes eram exercícios de tiro (os alvos estavam a quase um quilômetro de nossas alças), outras era jogar granadas atrás das quais devíamos correr jogando-nos no chão para não sermos alcançados pelos estilhaços; em outras oportunidades devíamos operar um pequeno morteiro lançador de bombas (o modelo remontava à Primeira Guerra Mundial) cuja característica interessante era conseguir, na hora do lance, jogar a bomba para trás. Também nos exercitávamos no desmonte e remonte, de olhos vendados, de metralhadoras, revólveres e outras armas.

O serviço militar, que, guerra incluída, durou de 1938 até 1945, foi para mim, deixando de lado a revolta contra uma disciplina insuportável e os sofrimentos dela derivados, uma lição de vida como nunca poderia ter tido se não tivesse sido soldado, num primeiro tempo, e oficial, depois. Esses dois períodos se revestiram de características peculiares, diria independentes se não fosse um denominador comum que os interligaram: uma recusa à "ordem estabelecida" – como diria Jack London – determinante de atitudes não ortodoxas que progressivamente me levaram a desertar do exército, na Grécia.

Acho que a descoberta de uma sensibilidade insuspeita num rapaz que até aquele momento tinha considerado grosseiro (o pastor de ovelhas, soldado raso como eu) me fez, pela primeira vez, refletir sobre a condição humana que iguala os seres acima de sua posição social, instrução ou posse de bens. Descobri que nada valia eu ter estudado para chegar à universidade, ter frequentado escolas de arte e de cinema, ter me apaixonado pelo teatro, namorado, ter trabalhado com pessoas de alto nível e frequentado meios onde a educação era, antes de tudo, uma postura cultural, se eu não me libertasse de um certo esnobismo primário tentando me aproximar de verdades que pressentia sem ainda tê-las desvendado.

A partir daí tentei observar melhor, prestar ouvido, olhar mais atentamente, procurando decifrar, atrás de um gesto ou até de um fraseado grosseiro, a presença de uma dimensão que estivesse acima do cotidiano imediato. Não foi fácil; porém, relendo Dos Passos, Steinbeck e Faulkner, que até então não tinham me emocionado intelectualmente; redescobrindo Rousseau, do qual o lado divertido de suas *Confissões* havia desviado minha atenção de valores mais profundos; provocando contatos mais frequentes com meus companheiros no intuito de saber mais, conhecer mais, descobrir mais; fazendo-me confidente, tentando me identificar, ansiando por um sorriso ingênuo ou uma palmada nas costas; saindo com eles, às vezes aconselhando-os, às vezes pedindo conselhos e opiniões, aos poucos, enfim, passei a me sentir parte de uma comunidade que, como eu, sofria pela coação militar, sua injustiça e sua desumanidade social.

O quartel estava situado (e ainda suponho que deva estar) no topo de um morro, afastado do centro da cidade de Cagliari, na Sardenha. Era um quartel muito grande, abrigando mais de mil soldados, além de seus comandantes, estrebarias com uma centena de animais entre cavalos, burros de carga e asnos. Havia um palacete para a administração do Regimento, locais para cozinha, depósitos de materiais e armas, um paiol e uma série de outras dependências que preenchiam funções variadas desde as latrinas, a prisão e a enfermaria.

Lá no alto, o vento soprava com força levantando nuvens de poeira e de palha nos pátios internos e nas estrebarias. Quando ventava, o cheiro das latrinas sempre entupidas – onde enormes ratazanas circulavam ostensivamente – invadia todos os espaços. A "livre saída" – um período de três horas de liberdade fictícia – nos levava a manter uma disciplina igualmente fictícia pelo medo de sermos punidos.

Quando saíamos, era em grupos de três ou quatro, de braços dados, o que não impedia que escorregássemos com nossas botinas cravadas de tachas, nas ladeiras de pedras não aparelhadas que levavam até a cidade baixa. Mas escorregávamos todas as vezes, só não caindo pelo fato de estarmos amigável e desesperadamente amarrados uns aos outros. Este contato físico exacerbado pela aspereza do tecido de nossas fardas criava entre nós um começo de laços de amizade. A baioneta, presa no lado esquerdo de nosso cinturão, batia em nossas coxas numa dança absurda e muitas vezes dolorida.

Antes de sair éramos passados em revista pelo sargento de plantão, e a barba malfeita, os sapatos pouco brilhantes, as luvas não imaculadas, as faixas de pano não enroladas em nossas pernas como o regulamento mandava ou a farda não perfeitamente esticada eram motivo de punição imediata que ia, dependendo do tipo de infração, desde a proibição de sair até um dia de prisão a pão e água: a cidade devia ter de seus soldados a impressão mais favorável possível. Mas a cidade ignorava que o quartel só tinha, para todos os seus hóspedes, uma dúzia de chuveiros de água fria, que os banheiros eram impraticáveis e que os percevejos passavam impunes nas dobras dos colchonetes de nossos catres, e que a péssima e engordurada comida provocava cólicas que se manifestavam à noite, nos dormitórios, em concertos de peidos. E lá íamos nós com nossos barretes rigorosamente esticados, atentos para saudar militarmente qualquer superior com que cruzássemos, para evitar novas punições e vexames. As pretensas três horas de "liberdade" transformavam-se então em verdadeiro pesadelo pelas armadilhas que a "disciplina" criava por meio de graduados ansiosos por ganhar a aprovação dos superiores. Somente alguns meses depois de termos sido arregimentados é que descobriríamos os macetes que nos permitiriam serpentear por entre os meandros de uma estrutura impiedosa.

Foi numa dessas saídas livres que, na fila de entrada de um cinema de terceira categoria, vi um de meus companheiros surrupiar habilidosamente do bolso traseiro da calça de um espectador uma carteira, retirando o dinheiro e deixando-a depois cair no chão cedendo, logo em seguida, cavalheirescamente, seu lugar a uma senhora idosa que estava atrás dele. Percebendo meu espanto, piscou para mim e com a cara mais lavada do mundo falou alto: "Vamos embora, está muito quente aqui." Atordoado, incapaz de reagir, saí com ele, que ria silenciosamente. Acabamos em uma taberna que servia comida e, sentados numa mesa tosca, encomendamos, ou melhor, ele encomendou vinho e um prato de bucho com batatas. "Você está louco?", falei. "Come e cala a boca!", respondeu. Eu comi e calei a boca, mas enquanto isso tentava organizar meus pensamentos e, por mais que tentasse, não conseguia me convencer de que meu amigo era um ladrão.

Voltando para o quartel, falou da pobreza de sua família, das dificuldades que tinha para arranjar trabalho, por não possuir a carteira obrigatória de filiação ao Partido Fascista, e da necessidade que o tinha levado a roubar, todas as noites, canos de chumbo nas obras de sua cidade (canos que revendia a três tostões a um receptador barato); de vez em quando conseguia se apoderar de uma carteira ou furtar algo numa loja; disse que tinha se exercitado muito e que os bondes e ônibus eram os melhores lugares para pôr à prova suas habilidades. "Mas não tem medo?", perguntei. "De quê?", respondeu. "De ser preso? Ainda não nasceu quem vai me prender, e também, se me prenderem, minha vida não será pior do que aquela que até agora vivi, miserável como sou e perseguido politicamente." Eu não conseguia concordar com ele e ao mesmo tempo não tinha coragem de julgá-lo ou condená-lo, percebia obscuramente que as motivações eram corretas embora os atos não o fossem: estava confuso, o rapaz era simpático, me respeitava pelo fato de ter mais instrução do que ele e sempre me oferecia um cigarro ou algo para comer (surrupiado da cozinha), e afinal eu gostava dele, ladrão ou não; quem era eu para julgá-lo, ele que se virasse, personagem de um mundo perverso que roubava a liberdade em troca de prepotência, vexames e imposições, e a tripa que tínhamos comido e o vinho que tínhamos bebido haviam entorpecido minha capacidade de avaliar corretamente a situação. Assim me calei, propondo-me a retomar a conversa num momento mais calmo e mostrar a ele que seus atos, embora errados, não afetavam a amizade que eu tinha por ele e que era justamente por essa amizade que eu falaria sobre o que considerava correto ou não. De braço dado, escorregando e mal nos equilibrando subimos de volta ao quartel pelas ladeiras traidoras e mal iluminadas pelos poucos lampiões a gás. Muitos outros soldados estavam se recolhendo e o ruído dos cravos de sapatos sobre o granito das ladeiras era tão triste quanto um lamento de degredados.

Não lembro o nome do meu companheiro ladrão, nem de seu amigo que, soube-o depois, também o era. Eles constituíam uma dupla engraçada, sempre de bom humor, o primeiro atarracado e o segundo franzino, absolutamente amorais e ao mesmo tempo prestativos, profundamente humanos e sensíveis: como não gostar deles? Tempos depois foram apanhados tentando levar para fora do quartel alguns lençóis enrolados no corpo debaixo da farda; acusados e julgados foram enviados para o cárcere de Gaeta, cidade do sul da Itália, famoso por sua dureza.

E os intendentes, responsáveis pela administração e distribuição dos víveres para os soldados, que roubavam descaradamente nossa comida reduzindo o rancho a uma calda nauseabunda onde boiava um pedaço de carne dura e sebosa? Eles não mereciam cadeia?

Passei quatro anos na Sardenha, subindo primeiro ao grau de cabo, de sargento depois, para, finalmente, tendo conseguido me inscrever na Universidade, frequentar a Escola para Oficiais na cidade de Fano, na costa adriática. Nesse período, circulando diplomaticamente pelos meandros da hierarquia militar, consegui o lugar de escrivão no palacete do Comando do Regimento: tive direito a um cartão que me autorizava a retornar ao quartel até meia-noite, a dormir num quarto com mais de meia dúzia de escrivães e a uma ração suplementar de comida. Isso não me fez feliz mas permitiu-me escrever e desenhar à noite no próprio escritório onde, durante o dia, batia à máquina memorandos e relatórios. E essa não deixava de ser uma vingança contra a obtusidade de meus comandantes. Foi nesse período que, fascinado pela potencialidade da cor no cinema, adaptei *A sonata a Kreutzer*, de Tolstoi, num roteiro onde previa todas as possibilidades técnicas e artísticas que a nova descoberta oferecia.

Todavia, algo de agradável acontecia também aí. As marchas forçadas eram muito cansativas, principalmente quando, além da mochila, cujo peso regulamentar era vinte e cinco quilos, carregávamos caixas de munições e metralhadoras que alcançavam quase cinquenta quilos, fuzil incluído; mas as compensações estavam nas belas paisagens que atravessávamos e nos vilarejos onde os camponeses ainda vestiam os trajes tradicionais de lã caprina, coloridos basicamente nos tons de vermelho, preto e branco. Às vezes as aldeias onde parávamos celebravam a festa em honra de um santo local e então as janelas das casas de pedra exibiam esplêndidos tapetes e alfombras tecidos com desenhos geométricos e cujas tonalidades iam desde o cru de lã natural até azuis e violetas cantantes. Nessas oportunidades até a comida melhorava (as cozinhas de campo seguiam as tropas) graças a algum suplemento que nos permitia superar com mais facilidade os quarenta ou cinquenta quilômetros diários. Caminhávamos em formação livre, os oficiais a cavalo na frente e nós atrás cantando canções grosseiras mas alegres. Uma vez alguém entoou o Hino da Bandeira Vermelha e, aos poucos, todos fomos cantando, cada vez mais alto, formando um coro do qual, involuntariamente, os próprios oficiais participaram. De repente a ordem "Alto!" lançada com voz tonitruante nos fez parar: a tentativa de descobrir como e por que o hino tinha surgido não levou a nada, mas esta parada imprevista nos deu alguns minutos de descanso a mais.

O queijo de cabra e o denso vinho da região, na hora do rancho, se constituíam num suprimento no qual gastávamos os poucos tostões que recebíamos como paga a cada dez dias. As marchas noturnas, com o mistério da escuridão, eram fascinantes: entre olivais, bosques de amendoeiras e sobreiros, andávamos silenciosos e atentos para não pisar em falso; luzes e lamparinas longínquas nos acenavam e tudo era silencioso e imprevisível. Minha imaginação corria desenfreada, sem rumo e, às vezes, os acordes de uma orquestra me faziam esquecer onde estava e com quem; sorria então e conseguia, por instantes, ser feliz.

Todas as quartas-feiras, o professor Baratono, filósofo, catedrático, autor respeitado e apreciado de livros de Estética, reunia no seu apartamento da *via* Casaregis, em Gênova, um grupo de jovens e adultos cuja idade variava entre os quinze e os quarenta anos, todos interessados em cultura e arte.

Eu sabia dessas reuniões porque um amigo, aspirante filósofo de dezoito anos, tinha feito um comentário admirado sobre os encontros dos quais, com uma ponta de vaidade, afirmava participar. Descrevia o professor como uma pessoa luminosa e aberta a todo tipo de comentário; o meu amigo, sensível e simpático de resto, era conhecido pelo hábito que tinha, não de mentir totalmente, mas de arredondar as quinas do que narrava, especialmente quando se tratava de amorecos ou de senhoras amantes de sua juventude.

Para provocá-lo, perguntei se eu, que estava justamente com os meus quinze anos completados em agosto, poderia participar, juntamente com ele, de um desses saraus, e ele, para minha surpresa, disse que achava que sim e que pediria licença ao professor, visto que o número de convidados era obviamente restrito. Na semana seguinte, ele me telefonou comunicando que não só o professor tinha concordado em me convidar como, também, tinha afirmado que seria para ele uma honra poder usufruir de minha presença; aceitei exultante a notícia embora ficasse um tanto em dúvida sobre a "honra de me receber".

Por uma vez, meu amigo não tinha exagerado.

Quando, na quarta seguinte, fomos à casa do professor – um apartamento espartano (ele vivia sozinho) com uma mesa que tanto devia servir para o trabalho como para as refeições (ou, talvez, ele comesse na cozinha ou em algum restaurante a preço fixo) e umas dez cadeiras de palha, daquelas que se encontravam nas igrejas, mais uns dois ou três banquinhos encostados nas paredes (as cadeiras estavam dispostas em círculo e não em volta da mesa) – ele nos recebeu numa pequena sala de entrada com um: "Muita honra em recebê-lo, senhor Giannino" – era assim que naqueles tempos todo mundo me chamava –, "todos nós contamos com a sua valiosa colaboração". Eu, já disse, tinha completado recentemente quinze anos, ele devia estar pelos cinquenta; um belo homem elegante, grisalho, sorrindo um sorriso no qual candura e inteligência se alternavam num desconcertante jogo fisionômico. Olhei encabulado para o meu amigo, que piscou para mim – "Eu não disse?" –, apertei a mão que o professor tinha me estendido e gaguejei um ruborizado "A honra é toda minha".

Frequentei regularmente esses encontros, que tinham início às oito horas da noite. Os temas variavam constantemente; todo mundo tinha direito à palavra e todo mundo podia propor um tema, e os debates se organizavam espontaneamente num clima de respeito que o próprio professor tinha, desde o início, provocado. Às vezes, depois de uma consideração ponderada e solicitante, formava-se um silêncio denso e tangível e uma forte emoção me invadia, pensava em Sócrates, nos grandes canteiros de obras das catedrais medievais, nos poetas que amava, sentindo-me glorioso e insignificante ao mesmo tempo.

Foi justamente num desses silêncios, durante os quais uma energia circulava entre os presentes, que minha barriga decidiu manifestar sua opinião. Foi um leve silvo, inicialmente quase inaudível, que se transformou numa modulação de semitons borbulhantes que cessaram abruptamente. O silêncio permaneceu num tempo que pareceu-me uma eternidade; fiquei sozinho com o sentimento profundo de vergonha e só acordei quando o próprio professor me dirigiu a palavra propondo um novo debate.

Em Cherasco, no período da quaresma, o padre reitor, assim como no colégio de Nervi, costumava convidar um pregador que durante duas horas, na igreja, falava sobre castigos, infernos, penas e indulgências comentando o Novo Testamento, a fuga dos hebreus atravessando o mar Vermelho que abria suas águas para dar passagem fechando-as depois inexoravelmente sobre os brutais adoradores dos deuses com cabeças de cão, os adoradores do bezerro de ouro, as pestes e pestilências, as carestias, as vacas magras, os demônios e as chamas eternas. Os temas, em geral, eram invariáveis nos quatro panegíricos do período pré-pascal, mas as teclas sobre as quais, como num bordão ou num refrão, a dialética do orador sacro batia eram sempre – e em tom maior – o horror do pecado, os terríveis castigos, as cruéis punições, o inculcar (a tentativa de inculcar) em nós a ideia da autopunição, da confissão assustada, do jejum como disciplina, do silício, da vontade de expiar a morte de Cristo como se fôssemos culpados da lança e do vinagre, da Via Crúcis e do Calvário. A palavra pestilência era, entre todas, das mais recorrentes e provocava em nós, atrás de uma falsa compunção, uma irrefreável vontade de rir que deixava o orador perplexo como um ator que, no decorrer de um monólogo enfadonho, para de representar até que termine a onda de espirros e tossidelas de um público desinteressado.

Havia uma razão para que aquela palavra provocasse em nós aquele riso incontrolável; é que, em nosso jargão infantil, a palavra pestilência estava relacionada à emissão de flatulências intestinais especialmente malcheirosas; os castigos que Deus, segundo a visão do panegirista, enviava aos pecadores evocavam em nossas jovens imaginações o quadro de multidões fugindo e procurando abrigo enquanto fechavam o nariz entre o índice e o polegar.

FUI VÍTIMA DE UMA SENHORA SESSENTONA protetora de animais desamparados. Não sei como entrei em contato com ela, talvez por um anúncio do *Corriere*, o fato é que ela me impingiu inicialmente um *boxer* que morreu uma semana depois e, em seguida, um lindo *dobermann* que, pelos lagos lamacentos com os quais cobria o chão de meu apartamento, descobri sofrer de uma incurável disenteria. Quando reclamei e devolvi enfurecido o animal, recebi uma carta, escrita à mão com tinta violeta, insultuosa e acusadora. Decidi, então, não querer mais animal algum; mas uma noite, voltando para casa (estava morando num apartamento cujas janelas olhavam para o Castello Sforzesco, em Milão), encontrei uma pastora belga maltratada, mas linda: fiz um carinho nela, que me seguiu docilmente até o apartamento. Embora já passasse de meia-noite, decidi lavá-la (não foi fácil levantá-la para pô-la na banheira, pois era pesada e fazia corpo mole): tinha um pelo que, quando limpo, revelou-se esplendidamente lustroso; totalmente negra, as patas grandonas e um rabo comprido que mantinha abaixado, com seu olhar atento e suave me conquistou de imediato e decidi ficar com ela. Chamei-a de Gro, pensando que fosse uma *groenendel*, e Gro ficou. Ficou e apoderou-se amistosamente da casa; inteligentíssima, me cutucava quando precisava aliviar-se, eu abria então a porta de entrada e ela se mandava para a relva que rodeia o castelo, voltando depois de algumas correrias, arfante e feliz.

À noite, quando estafado ia para a cama, ela deitava no tapete, mas não por muito tempo. Quando eu tangenciava o sono, ela colocava uma pata em cima da cama, retirando-a quando repreendida, mas logo em seguida repetia o convite com duas patas, ficando sentada no chão e choramingando. O meu "NÃO!" era o sinal; de súbito ela pulava em cima da cama e deitava ao meu lado onde, depois de algum tempo, insatisfeita, levantava-se e, passando por cima de mim, encaixava-se entre o meu corpo e a parede contra a qual a cama estava encostada; folgada e amante da comodidade, apoiava as quatro patas contra o muro empurrando-me com as costas e quase fazendo-me cair. Era demais!; enfurecido, batia nela, que se encolhia, permitindo, finalmente, que me ajeitasse de alguma maneira tentando dormir. Numa calmaria de minha caudalosa jornada de trabalho, levei meu filho Andrea (então com quatro anos), minha empregada-babá e a Gro para um hotelzinho no interior da Ligúria cheio de mães e crianças: foi uma gritaria geral, as mães apavoradas, as crianças felizes. Gro, perante essas manifestações, não teve dúvidas: deitou-se de costas e se deixou invadir, levantando, correndo, agachando-se provocadora, a longa língua vermelha pingando saliva, enquanto a pirralhada toda puxava seu rabo e enfiava a mão na goela do bicho que, alegremente enlouquecido, corria em círculos cada vez mais amplos. Todo mundo amava Gro, e, acho, muitas diferenças banais foram apagadas pela ternura que a cadela despertava.

Retornados a Milão, Gro não voltou de uma de suas saídas "higiênicas". Procurei-a na rua, perguntando a mil pessoas, mas, assim como ela tinha aparecido na minha vida, da minha vida desapareceu e nunca mais soube dela: hoje ela continua uma presença viva e terna.

Vários anos mais tarde, ensinando na Escola de Teatro da Bahia, uma aluna me deu um coelhinho branco de olhos vermelhos. Na escola já havia um veadinho mimado por todos, que comia na mão da gente, e uma família em contínuo crescimento de preás: engraçadíssima; quando se deslocava, a mãe ia na frente ganindo sem parar, seguida pelo marido e pelos filhotinhos, todos com o nariz grudado no traseiro do da frente, formando um trenzinho singular extremamente cômico. Tentei segurar o coelhinho no quarto onde estava hospedado, mas os estragos chegaram a tal nível que me vi obrigado a deixá-lo no jardim onde, quando me via, o bichinho seguia-me como um cachorro. Nada é perfeito neste mundo, como afirma a raposa de *O pequeno príncipe* quando é informada de que no asteroide de onde ele veio não há galinhas; o pequeno veado, talvez por estar longe da mata nativa, morreu, e o coelhinho também. Permaneceram vivos um casal de gansos e a família de preás, que continuou se multiplicando sem piedade.

Depois de quase um ano passado na Itália, voltei para o Brasil, no Rio de Janeiro. Aí aluguei um apartamento de cobertura com um terraço imenso e, naturalmente, procurei um gato; coisa fácil, bastando ir ao jardim público onde tribos inteiras proliferavam, vivendo não sei de quê. Encontrei um pretinho que me escolheu: era muito engraçado, todo negro, com um único tufo branco onde nós, normalmente, temos um preto (ou loiro). Jovem macho, seus instintos se desenvolveram rapidamente e, para evitar que fugisse, trouxe para casa uma gatinha branca, malhada de cinza; graciosíssima, não se enturmou com o meu, aparecendo somente na hora da comida para desaparecer logo em seguida, indiferente aos avanços do pretinho. Depois de alguns dias, me cansei e a levei para longe de casa, de onde não mais voltou. O meu resignou-se a uma viuvez honrada e ficou curiosamente tranquilo, engordando e dormindo na minha cama.

Quando pela terceira vez casei, minha mulher tinha uma *cocker spaniel*, inglesa, inteligentíssima e afetuosa; adorava brincar e, naturalmente, dormir na cama conosco. Silenciosa por natureza, raramente latia, somente cantando (eu disse cantando) quando provocada: eu tinha descoberto isso por acaso, quando um dia, num acesso de alegria infantil, decidi imitar para ela uma soprano dramática; sentada no chão, estava com as patas apoiadas em meus joelhos. Pegando sua cabeça na mão e olhando-a fixamente nos olhos, vocalizei uma série de trinados com voz de falsete: ela respondeu com uma série de "uh-uh-uh" que pararam quando eu parei, para recomeçar quando continuei minha exibição; assim, de vez em quando, cantávamos juntos nossas alegrias e tristezas indiferentes a tudo e a todos.

Seu nome era Petrouchka, nome que minha mulher, apaixonada por balé (tinha chegado a dançar na Companhia do Marquês de Cuevas), tinha-lhe atribuído, esquecendo – ou de propósito – que Petrouchka é o nome do moleque de Stravinsky no balé homônimo. Mas Petrouchka era mulher de fato, se não de nome, e, quando estava no período do cio, pingava o chão com gotinhas vermelhas. Nós não queríamos que cruzasse com qualquer cachorro que não fosse da sua própria raça e começamos a procurar um esposo condizente. O acaso quis que, entrando num armazém, víssemos um embrulho negro como Petrouchka, largado num canto perto de um saco de batatas. Curiosos, fomos ver e lá estava um jovem *cocker* negro esmolambado e sujo. O patrão do armazém, feliz de se ver livre daquele incômodo, deixou que o levássemos, agradecendo-nos com vários "Ora, ora...!".

O veterinário achou o cachorro gravemente debilitado e desnutrido, mas cuidou bem dele, assim como nós, enternecidos e responsabilizados. Petrouchka recebeu bem o novo hóspede, dormindo, à noite, junto com ele, em cima de nossa cama, naturalmente.

O tempo foi passando e o cachorro foi crescendo batizado com o nome de Gayane (outro título de balé) e, crescendo, a vivacidade e a alegria foram dominando-o, assistido nessa característica pela Petrouchka. Mas, se a alegria e a vivacidade o dominavam, ele não conseguia dominar suas exigências fisiológicas, sujando líquida e solidamente a casa. Jornais enrolados batendo no chão, jornais molhados levados no terraço com ele arrastado pelas patas, ameaças e até alguns tapas de nada serviram, pois ele continuou, durante a vida, a depositar nos lugares mais imprevisíveis o que o estava incomodando ou pressionando. Numa conversa tida com o veterinário, ele explicou que o cachorro sofria de uma deficiência mental causada por má alimentação durante o primeiro período do crescimento. Acabamos aceitando a explicação e os problemas de limpeza, pagando um suplemento à empregada que vivia de pá, vassoura, panos e *sprays* desodorantes como uma funcionária de aeroporto encarregada dos sanitários.

Mas, tudo bem. Gayane tinha muitas qualidades, uma das quais era ser totalmente bobo. Quando Petrouchka, toda feliz, ficou no cio, achando ter um marido, circulava em torno dele, obrigando-o a correr pelas escadas e no terraço: mas nada acontecia, ficando ele totalmente indiferente às solicitações da companheira que, frustrada, deitava num canto ganindo melancolicamente.

Os dois cachorros tinham uma bola de borracha com a qual às vezes brincavam. Um dia Petrouchka tomou uma decisão. Pegou a bola na boca e a jogou o mais longe possível; Gayane correu para pegá-la mas Petrouchka, mais rápida, alcançou-a, segurando-a na boca e ficando de costas para Gayane que, escorregando, chegou a encostar o focinho no traseiro dela. Esse jogo foi repetido várias vezes sem resultados, até que Gayane, finalmente solicitado, descobriu que havia algo mais do que a bola em jogo. A partir daí, e enquanto o cio continuou, iniciou-se uma lua de mel que deixava Gayane arfante e estafado, mas não desistente. Finalmente o "período" acabou e um pouco de paz voltou à nossa casa.

Quando algum tempo depois Petrouchka entrou em fase de parto, como sinal de afeição desprezou o caixote que tinha sido cuidadosamente preparado e foi parir na cama, do lado em que eu dormia, me responsabilizando, psicologicamente, pela paternidade. Claro que eu amava a cadela: o parto dela estava sendo dificultado pelo tamanho dos filhotes e eu tive de ajudá-la puxando delicadamente pela cabeça o primeiro, que não estava conseguindo sair. Há algo de emocionante numa operação desse gênero; o animal, por instinto, sabe tudo o que deve fazer e, também por instinto, compreende quando está sendo ajudado. Saído o primeiro filhote, grandão e lustroso, ela cortou cuidadosamente o cordão umbilical e aguardou, suada e arfante, o nascimento dos outros que, naquela primeira vez, se limitaram a três; nervosíssima (também não era muito nova), quando apareceu o terceiro ela cortou erradamente o cordão umbilical, provocando a morte do cachorrinho. Mas depois tudo correu muito bem. Eu carreguei os animais para o caixote predestinado e ela lavou sua cria enquanto a amamentava. Gayane, indiferente a tudo e soberano na casa, continuou sujando o sujável enquanto a empregada resmungava e eu reiterava meus inúteis protestos nos ouvidos indiferentes (minha mulher era filha de um senhor inglês) de minha querida metade.

Enquanto a cria aumentava de volume e peso, uma senhora que ia se transferir para a Europa nos ofereceu um sagui dourado (raridade) que foi por nós recebido com todas as honras. Essa senhora, já de cabelos marcadamente grisalhos, tinha dotado o bichinho de uma pequena gaiola sempre aberta dentro da qual tinha arrumado uma caminha com colchão, lençóis, cobertor e travesseiro; o macaquinho vivia completamente livre, grudado na gente e, à noite, ele mesmo, sozinho, entrava em seu aposento, fechando a portinhola, se enfiando na cama, cobrindo a cabeça com o lençol e o cobertor e dormindo sereno e tranquilo até o dia seguinte.

Aconteceu então que um pequeno gato preto entrou em nossa casa; de onde veio ou como entrou constitui-se até hoje um mistério. Relativo mistério, aliás, porque, por direito adquirido, quando um gato quer entrar numa casa, entra sem pedir licença, acomodando-se no lugar mais agradável para ele e miando para pedir comida. Que fazer? Muito simpático e carinhoso conquistou nossas simpatias e a dos cachorros – estava esquecendo: a do macaquinho também – ficavam todos juntos, se embolavam amigavelmente, gritavam, ganiam e miavam num espetáculo extremamente hilariante e cacofônico, para depois, de tarde, dormirem uns por cima dos outros.

A maritaca – sim, porque também tínhamos uma maritaca – gritava seu grito de bêbada e, quando alguém se aproximava da porta, seus berros eram lancinantes, provocando latidos violentos de Gayane e ganidos do macaquinho: era então um correr pela casa a fim de que calassem a boca, mas a tentativa de silenciar nossos amigos naufragava no meio de risadas incontroláveis.

Uma noite, voltando do teatro, encontramos Petrouchka muito quieta, imóvel, como se dormisse; mas a pose era bizarra e seu peito imóvel: tinha morrido. Já cega havia vários meses, tinha continuado a movimentar-se pela casa como se sua visão fosse perfeita e, já sem ver mais nada, tinha dado à luz nove filhotes lindíssimos, amamentando-os e limpando-os com todo o cuidado e carinho: foi realmente uma perda muito amarga e durante muito tempo evitamos tocar no assunto. Mas ela está hoje presente no meu Éden particular.

Alguns anos mais tarde, vivendo sozinho, me ofereceram um *pointer* alemão puro e lindíssimo; tinha um bom tamanho, cinzento com pequenas manchas pretas, sua inteligência e afeição eram um misto de astúcia, instinto e sonsice. Tinha total confiança em mim e, sempre que não se tratasse de interesses pessoais, pedia-me conselhos. Dormia, naturalmente, na minha cama, comia como um lobo e adorava caçar. Quando, depois da gravíssima crise provocada pela perda do Teatro Novo, decidi me retirar, renunciando à minha atividade teatral, numa praia deserta onde tinha construído uma pequena casa, ele me seguiu entusiasmado (já conhecia o lugar por ter ido várias vezes com meu velho e fiel Jaguar), tendo compreendido que ficaríamos ao observar a movimentação dos homens da mudança. E lá, efetivamente, ficamos mais de um ano, companheiros solitários de uma esplêndida solidão desértica povoada das mais belas e variadas bromélias e de arbustos de pitangas, raras casuarinas e pequenas e engrouvinhadas moitas de mata-anão. Lá, naquela região de praia, eram nossos os mais lindos pores de sol e os amanheceres descortinavam uma paisagem de dezenas de quilômetros, chamando para a vizinha lagoa centenas de garças-brancas. À noite, os quero-queros e as corujinhas da areia criavam linguagens cifradas e, enquanto não se apagassem os lampiões da casa, besouros cascudos invadiriam meus aposentos, batendo duramente nas vidraças e às vezes caindo de costas em nossos pratos, zunindo um sapateado aéreo pouco condizente com suas duras carapaças lustrosas: o jeito era comer numa semiescuridão, deixando um lampião aceso na varanda onde, juntamente a mariposas e bruxinhas, se juntavam para suas danças noturnas.

Quincas Borba, meu *pointer*, teve seu nome abreviado para Quico e, caçador nato, chegava orgulhoso, depois de demoradas fugas, trazendo-me galinhas, gansos e, uma vez, arrastando-o, um carneirinho. Dos distantes povoados chegavam então enfurecidos pescadores que eu acalmava devolvendo a presa e pagando um dinheiro pelos danos provocados. Minhas aulas de moral e decência cívica não adiantavam nada: Quico ficava deitado, a cabeça apoiada nas patas anteriores, me olhando de baixo para cima sem prometer nada mas com um ar que parecia contrito e um evidente olhar de comiseração. Fomos felizes durante mais de um ano; ele corria ao lado do meu carro, com uma velocidade de mais de quarenta quilômetros por hora que eu mantinha regularmente; quando via que ele estava cansado, parava e descia, sentando na relva. Depois de um instante, ele fugia e não adiantava chamá-lo pois não voltaria a não ser quando quisesse. Muito tempo depois, olhando ao redor, o via atrás de mim, arfando, a língua gotejante, a cabeça erguida, rindo descaradamente e dando voltas e voltas a meu redor para me desafiar numa corrida que não me apetecia; mas aí eu subia no carro e ele me acompanhava para o repasto da noite.

Pelo grande areal onde, única, erguia-se minha pequena casa (para usufruir ao máximo meu pequeno lote eu a tinha construído sobre colunas de concreto) circulavam livremente cavalos, éguas, potros e algumas vacas mansas. Quico divertia-se de vez em quando a perseguir um ou outro animal, indiferente aos gritos que do alto da minha varanda lançava para ele. Duas éguas gostavam especialmente de pastar perto da cerca: duas amigas, sempre juntas, uma das quais estava prenhe; bonitas, sem ser de raça, levaram sua mansidão parando de vez em quando onde um pouco de relva oferecia-se resignada. Muitas vezes ficavam paradas, o pescoço de uma apoiado no da outra, numa imobilidade filosófica. Não sei por qual sentido misterioso as respeitava, deitando aleatoriamente ao lado delas, que tranquilamente o ignoravam. Eu gostava de olhar essa cena bucólica, e meu pensamento corria longe sem rumos definidos.

Poucos meses depois, numa tarde quente e sonolenta, fui acordado por uma sequência de latidos esganiçados e longínquos; conhecia o significado de tal linguagem e assustei-me; corri para a varanda e lá longe, numa ilhota no meio da lagoa, vi as duas éguas pastando e Quico fechando em círculos cada vez mais apertados o pequeno potro que lá estava, assustado e inquieto; não adiantava chamá-lo, entrei portanto no carro e a toda velocidade me dirigi para onde os animais estavam; mas, mal eu tinha iniciado minha perseguição, vi, e logicamente parei, Quico correndo pela água baixa da lagoa e as duas éguas, seguidas pelo bobo potrinho, perseguindo o meu ainda mais bobo cachorro. Aguardei parado com as portas do carro abertas. Numa sequência mitológica, o cachorro corria à frente enquanto, galopando e um pouco afastadas uma da outra, as duas éguas, as cabeças erguidas, as bocas abertas como se quisessem morder, tentavam alcançá-lo. Coloquei-me no meio da estrada gritando: "Quico, entra no carro! Entra no carro!", coisa que ele conseguiu fazer enquanto as duas fêmeas enlouquecidas passavam cada uma a meu lado arfando e salivando, levadas pelo impulso da corrida. Eu entrei no carro, fechando as portas e arrancando em direção a nossa casa.

Chegando, tive o impulso de bater nele, mas me faltou coragem: o instinto dele era caçar e caçador ele era, e nato. E, depois, nosso diálogo tinha sido sempre aberto e sincero; ele tinha uma confiança ilimitada em mim e seu desobedecer sempre obedecia às solicitações lógicas pelas quais ele não entenderia minhas eventuais reações aborrecidas. E, depois, ele era muito bonito e, à maneira dele, eu percebia que estava pedindo desculpas e que "nunca mais" faria coisas do gênero, e, afinal, eu era mais amigo das éguas do que dele? Mais uma vez fizemos as pazes.

Eu mandei matar Quico.

Doente, o médico tinha identificado um câncer na garganta dele e o tinha operado aplicando um respiradouro que o fazia arquejar. Quando o vi, depois da operação, estava ainda sob os efeitos da anestesia e caminhava sem responder ao meu chamado; os olhos vidrados esbarrava nos umbrais das portas, mal se sustentando sobre as pernas. Perguntei ao médico se Quincas Borba se recuperaria e a resposta foi que o caso era grave, o câncer maligno e que meu amigo teria mais seis meses de vida antes de uma recaída fatal. "Mate-o!", falei então e fui embora, sem despedidas para que meus olhos marejados de lágrimas não fossem vistos pelo meu amigo nem pelo cirurgião. Desde então, sou a favor da eutanásia e não hesitaria um instante em provocar uma morte indolor em alguém por mim amado, doente terminal.

A morte de um animal é algo insubstituível, mas seu espaço precisa ser ocupado: como um cartaz novo e molhado, colado em cima de um velho o deixa entrever até ficar seco, assim um novo animal demorará um tempo indeterminadamente curto ou longo para apagar a imagem de seu antecessor, sem, todavia, como no caso do cartaz, conseguir-se sobrepor definitivamente.

Depois do Quico, passou muito tempo antes que eu decidisse ter um outro bicho, e desta vez foi um bichano: um filhote puríssimo de siamês, segundo a informação do anúncio do jornal. E era mesmo: um filhote lindo, forte e grande com um curioso ar de desafio. Comprei-o e, pela estruturada cabeça, chamei-o de Mao Tsé-Tung, abreviado mais tarde para Mao. Em casa, adaptou-se imediatamente rondando cuidadosamente por todos os aposentos, cheirando cantos e recantos e acomodando-se na melhor (e única) poltrona da casa. Assim foi crescendo, cada vez mais forte e grande. Já além da puberdade, achei necessário dar a ele uma companheira; mais uma vez um anúncio chamou a minha atenção e eu telefonei ao proprietário, que na realidade era uma proprietária, moça gorda e um tanto grosseira que me trouxe uma fêmea siamesa minguada, vesga e maltratada: os olhos avermelhados, o pelo fosco e uma marca de coleira no pescoço provocaram uma reação da minha parte, à qual a moça respondeu que a gata tinha sido presa numa trela porque a irmã dela, grávida, tinha medo de que por ciúme o bicho pudesse agredir o recém-nascido. Comprei a gata por uma ninharia e, por causa de seus olhos vesgos mas de um azul lindíssimo, batizei-a de Bruxinha.

A Bruxinha iniciou imediatamente uma inspeção pela casa toda, enquanto Mao, num canto, observava desconfiado: território é território, afinal! Mas quando ela desceu, magricela mas elegante, ele não se aguentou e cagou na sala uma caca amarela, biliosa. Limpeza feita, os dois se evitaram durante dois dias, abrindo a boca e bufando ameaçadores. Mas depois de menos de uma semana os ânimos serenaram e um leve namoro teve início; Bruxinha, assistida e medicada por nosso maravilhoso veterinário, melhorava a olhos vistos; começou a engordar e seu pelo ficou lustroso. Miúda de estrutura, era todavia muito linda e afetuosa, e os dois gatos acabaram dormindo juntos, amantes e felizes.

Obviamente, alguns meses depois a gata ficou prenha para, um pouco mais tarde, parir uma ninhada de onze filhotinhos dos quais cuidava com esmero. Viviam na lavanderia num caixote de madeira forrado de papel que era trocado duas vezes por dia. Toda manhã, quando eu descia para tomar café, ia visitar a ninhada que, certo dia, juntamente com a mãe, desapareceu. Procurei por todos os recantos e nada encontrei, começando a ficar seriamente preocupado. Voltei para o andar de cima, entrei nos quartos e no banheiro e nada de gatos. Já estava para novamente descer quando um leve miado chamou minha atenção. No quarto destinado a meu filho havia um armário que ocupava toda uma parede: fui abrindo as portas, uma por uma, e, na última, entre caixas de sapatos, encontrei a ninhada inteira mamando feliz. O veterinário, mais tarde, explicou que as gatas costumam mudar de lugar para proteger a cria.

Mao começou a sair de casa; ficava ausente um ou dois dias, depois voltava faminto, sujo e arranhado, retirado num canto do nosso jardinzinho onde seu lamento não deixava saber se era de dor ou de arrependimento. Bruxinha ficava sentada impassível na soleira da porta de casa e quando finalmente Mao se arriscava, arrastando-se, a entrar em casa, ela o agredia rosnando e a patadas. Aí eu pegava o gato, salvando-o das fúrias conjugais, lavava-o, desinfetava-o e dava-lhe comida. A paz entre os dois se restabelecia rapidamente e Mao, durante uma semana ou pouco mais, ficava quieto em casa. Mas logo depois se mandava de novo, ausentando-se e nos assustando por oito ou mais dias, até que não voltou mais. As buscas foram inúteis e nunca soubemos se tinha morrido ou se tinha sido roubado. Bruxinha ficou sorumbática muito tempo, remoendo a amargura das desventuras conjugais. Um dia uma atriz amiga me telefonou oferecendo de presente uma filhote mestiça de siamês e persa, presente que aceitei, feliz de dar uma companheira a minha linda Bruxinha. A gata era (e já não é mais) lindíssima: o focinho bruno Van Dyck, o corpo todo esfumado em tonalidades que teriam feito a felicidade de Morandi, explodia em dois olhos azuis grandes como duas grandes pedras de ametista; sua postura, embora ainda pequena, era nobre, com a consciência potencial de quem sabe que é belo. Chamei-a de Dondoca e o nome ficou.

As gatas, todo mundo sabe, são caseiras e, sobretudo quando entram no cio, atraem visitas masculinas preocupadas com o prolongamento da espécie. Dificilmente os animais são seletivos, em especial os gatos, que, depois de longos e demorados lamentos amorosos, acabam se acasalando. De repente a nossa casa estava povoada por uma vintena de gatinhos, todos miando, todos famintos, todos para serem vacinados e vitaminados. Se a presença de tantos felinos era preocupante, a variedade de pelo, manchas e características era certamente hilariante, complicando a possibilidade de oferecê-los de presente a amigos e conhecidos: presente de grego, pois alguns dos gatinhos tinham pelagem misturada, branca, cinza, marrom, bege e preta, sem nenhuma organização estética digna deste nome. Uma chácara os recebeu e eles lá viveram felizes.

Depois da última experiência decidi esterilizar as gatas sem, todavia, tirar seus instintos sexuais; isto evidentemente não desencorajava as visitas periódicas, mas eliminou a possibilidade de novas crias.

De repente a Bruxinha resolveu passear, coisa que até então nunca tinha feito. E, como o Mao, suas ausências foram cada vez mais demoradas; procurando-a, sempre a encontrávamos, até que uma vez desapareceu: penso que devia estar procurando seu primeiro e infiel marido. Mas houve um período de chuvas torrenciais e uma tarde, molhada como um trapo velho, a encontramos na porta de casa. Levada imediatamente ao veterinário, não sobreviveu.

Estava esquecendo: durante todo o período gatesco um papagaio enriqueceu meu minizoológico. Sempre achei os papagaios extremamente divertidos e sociáveis e, considerando o fato de que sempre gostei de conversar com meus bichos, nada melhor do que um pertencente à família dos psitacídeos para eventuais dedos de prosa. Na loja onde eu comprava a carne de minhas gatas e que vendia pássaros, perguntei se por acaso não teriam um exemplar e o vendedor, que já me conhecia há muito tempo, segredou-me que tinha um que falava demais e do qual queria se libertar: um Zé Carioca vivacíssimo e novo. Acertamos o negócio, ambos satisfeitos (ele por se ver livre do animal ganhando uma grana e eu por conseguir o que queria a despeito das leis que proíbem esse gênero de comércio); comprei uma gaiolona e voltei, já conversando, para casa. Nunca fiz uma compra melhor. Louro (foi o nome nada original que ganhou – ou já se chamava assim?) impôs de imediato sua forte personalidade revelando dotes inesperados: imitava a voz dos bem-te-vis, miava, gargalhava, pedia café e reproduzia fielmente o esfregar da escova de dentes que a empregada, menina limpa, toda manhã ao despertar usava. "Hilário" deveria ter sido seu nome; vivia livre, com as pontas das penas de uma asa cortadas, o que, sem permitir que fugisse, não impedia de esvoaçar pelo jardim e subir, ajudando-se com o bico, por um eucalipto do qual pulava para um caramanchão onde, às vezes, ficava até a noite, quando, querendo dormir em sua gaiola, murmurava uns "louro, louro..." ternos e angustiados. Eu ou a empregada levávamos então a gaiola aberta até ele, que entrava nela com seu passo de neném de fralda. Mas, fato curioso, ele não gostava de mim, e toda vez que tentava coçar-lhe a cabeça ele me agredia furioso ameaçando bicar-me, coisa que, aliás, um dia realizou a contento, cravando seu bico em meu polegar; nem por isso deixei de gostar dele, que me divertia como um bufão medieval ao qual o magnânimo rei perdoa as faltas de respeito. Meu filho Bernardo também gostava muito do papagaio e, quando uma manhã o encontramos morto (curioso como tão rapidamente os pássaros alcançam a rigidez *post mortem*), chorou rápidas lágrimas: mas Louro foi enterrado com todas as honras num canteiro e sobre seu pequeno túmulo foi colocada uma cruz feita com dois galhos do eucalipto que tanto ele tinha amado.

Tive muito mais bichos, mas falar de todos roubaria muito espaço; rapidamente me lembro de um gato que, subindo pelo eucalipto, pulava para o telhado sem conseguir mais descer senão quando ajudado por mim e a empregada que, num telhadinho mais baixo, segurava uma almofada enquanto eu segurava a mulher. Tive algumas dezenas de pássaros valiosos trazidos do Piauí e que uma ventania cúmplice liberou derrubando todas as gaiolas, deixando-me triste e alegre ao mesmo tempo. Um corrupião lindíssimo era meu amigo, comia na minha mão bicando-a afetuosamente. E mais, e mais: cães, coelhos, gatos, preás, canários-da-terra, periquitos-australianos e até uma coruja e uma espécie de melro que me disseram ser azarento: mas eu não acreditei.

A todos eles vai a gratidão de quem deles recebeu muitas alegrias e muito poucos agradecimentos; todos, de qualquer maneira, autênticos e sinceros como poucos humanos conseguem ser.

A VIAGEM QUE, PARTINDO DE TRIESTE, onde tinha permanecido dois dias desde a minha chegada de Gênova, me levou a Atenas, durou uma semana; mal acomodados e amontoados num vagão de segunda classe, eu e meus companheiros militares, para não pensar na situação, jogávamos cartas, fumávamos e sorteávamos o bagageiro para poder dormir deitados. O trem fez muitas paradas na Iugoslávia, na Croácia, na Bulgária: o percurso, longo e tortuoso, era devido às más condições das vias férreas, muitas vezes danificadas pelas incursões aéreas. Nas paradas descíamos dos vagões malcheirosos para respirar um pouco do ar fumacento das estações e tomar um chá quente nos botecos improvisados: uma vez esqueci num balcão minha carteira, dando-me conta do ocorrido quando já estava no trem, pronto para reiniciar a viagem; corri até o boteco e minha carteira estava lá tranquilamente me aguardando.

Foi logo em seguida que, olhando pelas janelas do trem, vimos as placas da Organização Todd (grande empreiteira alemã) e seus operários, desnudos e desnutridos que, de enxadas, pás e picaretas, estendiam as mãos esqueléticas pedindo um pedaço de pão ou um cigarro. O trem tinha diminuído a velocidade e aproveitamos para jogar pela janela tudo o que podíamos dar, mas um oficial da SS veio correndo e gritando que era proibido dar qualquer coisa que fosse àqueles "porcos judeus". Eu e meus companheiros tentamos discutir mas ele botou a mão no coldre do revólver e nós, estupefatos, nos calamos; mas, logo que ele virou as costas, jogamos de vez tudo o que tínhamos pela janela: e foi pior, porque os guardas que vigiavam os trabalhadores começaram a bater neles, impedindo-os de recolher aquelas poucas coisas.

Pela primeira vez entrei em contato com uma realidade até então mal conhecida: sabia do antissemitismo alemão; a própria Itália mussoliniana tinha entrado no jogo louco e imbecil do racismo até mesmo com a publicação de uma revista cuja finalidade era demonstrar que o italiano "puro" era ariano. E nós, frondistas por excelência, ríamos sem perceber as implicações e as consequências da postura nazifascista. Arianos? A Itália, no decorrer dos séculos, tinha sido invadida por visigodos, suecos, árabes, mouros, franceses, espanhóis, e cada um dos invasores tinha deixado uma herança de bastardos que, sistematicamente, tinham dado origem, não a uma raça, mas a uma mistura tipológica cujas características básicas eram a beleza e o vigor. Arianos, então?, uma piada.

Mas os judeus eram outra história. Desde criança tinha tido amigos judeus e o fato de serem judeus só significava terem eles outra religião. Nunca, ninguém, pelo menos no meio no qual eu vivia, tinha feito alguma observação desabonadora ou preconceituosa, e o máximo que podia acontecer era brincar com a sovinice deles, equivalente, de resto, à dos genoveses.

Repito, pela primeira vez tomei conhecimento de uma realidade brutal e animalesca que me revoltou, deixando-me assustado (e ainda, até então, nada sabia dos campos de concentração). Acho que foi nesse dia, quando me defrontei com uma crueldade que nunca tinha imaginado possível, que uma revolta autêntica nasceu em mim, germe da decisão de desertar quando chegasse à Grécia.

O QUE É MAIS VÁLIDO na estruturação de um espetáculo: ter uma ideia condutora ou um processo criativo que leve a esta ideia; a inspiração tem de preceder a execução ou o próprio trabalho realizador leva a uma visão posterior de como o binômio texto-espetáculo poderá alcançar a finalidade de uma comunicação sem a qual não haverá a indispensável empatia que deve amalgamar plateia e espaço cênico?

Dizemos: o público é amorfo, só quer rir, aplaude por convenção, paga para um produto que ele mesmo deforma à sua imagem e semelhança, compra entrada como uma *pizza* e cumprimenta o *maître* porque é de *bon ton*, suas palmas constituem a gorjeta para os atores, sai satisfeito e refestelado ("mac-donaldado") e arrota a gordura de suas opiniões prevenidas e porco-burguesas. Mas é verdade? Será que o público é tão retardado como pensamos? Que a televisão com suas "praças" e "escolinhas" é culpada de tudo? Que o espectro de uma colonização pombalina reforçada pelo fracassado projeto mobraliano são os únicos responsáveis pelo desalentador comportamento das plateias atuais?

A paixão pelo esporte – futebol, voleibol, basquete, boxe *etc.* – une nosso povo numa comunhão de interesses emocionais de um lado e violentamente financeiros de outro. Eu amo o esporte, mas, como em política, não torço por ninguém a não ser o melhor. Se Maguila perder, eu lamento, mas, se o vencedor venceu corretamente, aplaudo o vencedor; e assim por diante. Mas a paixão está presente em mim. Portanto, o esporte é uma paixão coagulante que me une ao rico e ao pobre, ao culto e ao ignorante por meio de algo que nos identifica e alegra, E no teatro? O teatro é uma arena de ideias e de criatividade que requer cultura e treino técnico e físico. Quem sabe quanto trabalho exige a estruturação de uma personagem, a construção de um espetáculo? Alguém sabe que quatro anos de uma excelente escola de teatro são insuficientes para criar um profissional e que somente uma vida vivida para e pelo teatro constrói, consumindo-os, seres efêmeros chamados atores, diretores, cenógrafos, figurinistas, autores e músicos? – "*Où sont les neiges d'antan*?" Onde está a paixão que levava multidões ao teatro? Onde está aquele público que saía de um teatro no qual tinha assistido a um *Macbeth* para entrar num outro onde a mesma peça era apresentada com outros atores?

Um jogo de futebol difere de outro pelos times, pelo preparador, pelas modalidades técnicas *etc.*; enfim, porque tem uma linguagem, ousaria dizer uma temática. Difere, para quem ouve uma transmissão radiofônica ou televisiva, por seus comentaristas (péssimos, em geral, mas melhores – pelo menos do ponto de vista da competência – do que alguns pseudocríticos teatrais). Mas em qualquer tipo de competição esportiva existe o denominador comum que leva a assistência a se reconhecer no melhor, a levar para casa um pouco da vitória, um pouco da pujança de quem brigou para vencer.

Durante a malfadada ditadura de 1964, por razões imediatas e individuais, houve um surto com o conceito de "liberdade" e os autores, a "gente" de teatro e o público se refletiram num ideal sufocado e conspurcado pelo proposital obscurantismo de quem tinha momentaneamente (um momentaneamente de vinte anos) a faca e o pelourinho na mão. A produção dos autores, sufocados pela censura que caçava os "sófocles" antigovernistas, conseguia driblar por meio de metáforas e alegorias o controle confiado a uma ralé policialesca incapaz de entender as razões da razão, e o espectador deixava de constatar passando a ser atuante, homem da "pólis". Enfim, haviam ideias comuns que podiam, com uma certa boa vontade, ser identificados aos das plateias gregas, elisabetanas, espanholas das épocas de ouro. E hoje? "*Où sont les neiges d'antan*?".

ANTES E DEPOIS DA INAUGURAÇÃO do Piccolo Teatro de Milão, trabalhei com muitos diretores categorizados: Adolfo Celi, com o qual fiz os cenários para o musical *A bela Helena*, de Offenbach, e, mais tarde, para a Companhia Vittorio de Sica, a cenografia para *Nick Bar*, de Saroyan, que, quando no Brasil, Celi realizou para o Teatro Brasileiro de Comédia (TBC). Com Maner Lualdi, piloto que ficou famoso por ter atravessado o Atlântico com um monomotor, filho de um grande musicista italiano, apaixonado por teatro e amigo sincero que muitas vezes matou generosamente minha fome, trabalhamos juntos no Teatro Excelsior numa temporada dedicada exclusivamente a autores italianos e na montagem dirigida por ele de *George Dandin*, de Molière. Vito Pandolfi, importante e seriíssimo crítico e estudioso teatral, convidou-me para projetar o cenário de *La luna è tramontata*, de Steinbeck; para Orazio Costa, num festival dedicado ao tragediógrafo Alfieri, idealizei e executei o cenário para *Filippo*, organizando simultaneamente, na cidade de Asti, pátria do dramaturgo e sede do festival, uma exposição de cenógrafos italianos. Com Salvini projetei e iluminei a cenografia para *Encontro em Senlis*, de Jean Anouilh; nessa oportunidade, quando o diretor viu a iluminação que eu tinha realizado, cheia de recantos sombrios e centros luminosos, me disse: "Gianni, existe no teatro uma lei da qual não se pode escapar: se você não ouve ou não vê, não há espetáculo." Ele tinha razão; corrigi a luz e a voz ficou com ele. Com Gassman, mais tarde, sempre com a direção de Salvini, projetei os inúmeros cenários do *Peer Gynt*, de Ibsen, cenários que não pude ver realizados (o espetáculo estreava em Roma) por estar doente.

Participei de inúmeros outros espetáculos com diretores de categoria diferenciada, mas além de inútil seria uma enumeração excessivamente extensa.

Meu trabalho crescia a olhos vistos, não me dando tempo, muitas vezes, de raciocinar calmamente; numa peça para Bompiani, que, além de editor, era também autor e homem de grande cultura e sensibilidade, decidi abruptamente fazer um projeto em branco e preto, ideia que, por acaso, deu certo.

Eu trabalhava sem parar; cheguei a projetar sete cenários num dia e algumas vezes tinha a ousadia de encomendar a execução de telões para espetáculos de revista telefonicamente (claro que eu dispunha de técnicos competentes e que conheciam meu estilo de trabalho).

Minha conceituação cenográfica, naqueles tempos italianos, era extremamente eclética; achava fundamental passar por diferentes linguagens estilísticas, entrando em polêmica com os que pretendiam impor um estilo pessoal, numa forma de expressão unificada para qualquer tipo de autor. Meu critério era (e ainda hoje mantém-se firme) de que a cenografia não é um fenômeno decorativo e sim uma personagem que se expressa plasticamente, independendo de uma estilística de bom gosto. Sempre pensei que o espaço cênico, cenográfico ou não (no sentido mais banal da palavra), era e é a emanação do mundo interior das personagens que nela vivem, clima e materialização dos valores mais íntimos da obra apresentada.

Hoje acho que a cenografia, no sentido mais corriqueiro da palavra, morreu; morreu como uma *araba fenice** para renascer, renovada e revigorada de suas próprias cinzas. Ela não é mais um problema estrutural ou pictórico: ela é um espaço no qual a luz trabalha cada vez mais em profundidade; podemos até mudar o seu nome, chamá-la de espaço cênico, área de ação, clima tridimensional, atmosfera dramática *etc.*; isso não exclui a possibilidade, num ou noutro caso, de utilizar recursos que pertenceram a um passado recente, mas penso que, falando de perspectiva, por exemplo, será mais lógico pensar numa perspectiva dramática do que num problema de projetiva arquitetônica. Nem por isso todos os conhecimentos acumulados, tanto no plano técnico como no plástico, deverão se abandonados: nada de novo pode ser proposto sem que se tenha um cabedal de noções consideradas hoje acadêmicas ou obsoletas: perguntem a um Schönberg, a um Picasso ou a um Svoboda se estou errado; para tocar um instrumento deve-se partir do do-ré-mi e, para ser um virtuoso, o exercício técnico diário é indispensável.

A FUGA TINHA SIDO CALCULADA CUIDADOSAMENTE. Nossas namoradas gregas (a minha era turca) tinham providenciado o encontro com membros clandestinos da resistência e eu, por ter uma certa autonomia, tinha retirado do depósito, ajudado nisso por um sargento que também queria desertar, um caixote de sapatos e várias armas com suas munições.

* N. do E.: A fênix, pássaro mitológico grego que se incendeia ao morrer e renasce das próprias cinzas, ganha em italiano o epíteto de "árabe", provavelmente pela origem egípcia do mito.

No último encontro antes da fuga tinham comparecido, na tasca fumacenta, dois homens de meia-idade num dos quais reconheci aquele que no cais tinha se machucado e que agora exibia um sorriso malicioso nos lábios enquanto olhava para mim. Este reconhecimento mudo tinha me passado uma noção de tranquilidade pensando eu que tudo seria fácil e sem obstáculos. Não imaginávamos, naquele momento, o que seriam os dois anos a seguir, mas também se o tivéssemos suspeitado nada nos deteria, pois obscuramente percebíamos que estávamos entrando numa fase de nossas vidas que mais nada tinha a ver com a anterior obediência. Essa consciência nebulosa, a visão de uma aventura da qual não conhecíamos as consequências, despertava em mim a lembrança de quando, menino, tinha decidido que não queria mais saber de fadas, princesas e anões e só queria ler livros de aventuras (de Salgari principalmente e menos de J. Verne) cujas personagens inspiravam em todos nós um desejo de combater piratas, fumando, como Sandokan, nosso último cigarro.

Foi sob o signo dessa juventude ainda não totalmente madura (uma juventude porém que estávamos deixando para trás) que alguns dias depois, num amanhecer cinzento de rápidos chuviscos, alcançamos, trajados com as mais do que modestas roupas à paisana que nos tinham sido entregues por nossos amigos gregos, um grupo de trabalhadores que estavam se dirigindo para um campo à margem da cidade.

A travessia de Atenas estava cheia de armadilhas: havia um movimento de tropas alemãs motorizadas (talvez se preparassem para uma de suas costumeiras revoadas incendiárias) e o medo de sermos reconhecidos e apanhados nos fazia manter os olhos abaixados para o chão fingindo uma fraqueza física condizente com o papel de trabalhadores famintos; mas passamos sem ser parados, escórias humanas (para eles), como éramos. Quem nos conduzia era um cabo alemão de origem italiana que tinha se revelado nosso amigo (um tio dele, judeu, tinha sido barbaramente espancado pela SS em Munique). Com ele chegamos ao local de trabalho onde, aos berros, nos enviou, carregando uns baldes providenciais, apanhar água num riacho ao fundo de um barranco.

E lá fomos nós (éramos três oficiais e um sargento), largando os baldes nos arbustos, e seguindo, protegidos pela encosta de barro e pedra, para um caminho sem rumo definido que nos levaria até as montanhas e que teria a duração, com várias paradas, de dois anos até a chegada dos ingleses que nos reconduziriam, reintegrados hierarquicamente, para uma Itália arrasada pelos bombardeios americanos.

Andamos naquele primeiro dia sem parar, chegando, antes que a noite caísse, a um bosque onde pela primeira vez descansamos fumando um cigarro, comendo um pouco das nossas modestas provisões. Nossas mochilas tinham sido levadas por um homem que não conhecíamos e que nos tinha dito que as receberíamos chegando a uma determinada aldeia: claro que nunca mais as vimos, mas naquele momento não o sabíamos; despreocupados, portanto, e alegres por nossa fuga ter tido êxito, começamos a cantarolar. Foi nesse momento que três homens armados de espingarda (reconhecemos imediatamente os fuzis regulamentares "mod. 91" do exército italiano) apareceram no meio das árvores pedindo peremptoriamente que entregássemos para eles tudo o que tínhamos: muito pouco, na realidade, mas bom para eles, que levaram nossos cigarros, as poucas moedas e os sapatos que trocaram com os deles, bem mais velhos e fedorentos. Este contato – primeiro contato – com a realidade, que nada tinha de romântica ou aventurosa, nos deixou incrédulos e duvidosos. Nosso sonho nos pareceu de repente muito frágil e enganador, mas retomamos nosso caminho contentes de estar vivos, pois a agressão sofrida era, afinal, a manifestação modesta de uma relação humana, condenável mas compreensível. Antes de os homens irem embora perguntamos com calma britânica qual o caminho correto para chegarmos ao lugar do primeiro encontro, explicando que estávamos fugindo dos alemães para nos unirmos aos guerrilheiros nas montanhas. A resposta foi surpreendente: eles se ofereceram para nos acompanhar durante um primeiro trecho e ainda nos deram alguns cigarros dos que nos tinham roubado. E fomos andando, conversando como velhos conhecidos, até nos despedirmos cordialmente na descida para um vale. Eu estava perplexo; este encontro inesperado, esta agressão (mas era realmente uma agressão ou a exigência dura de uma fome provocada por uma guerra da qual, embora indiretamente, eu também tinha uma certa dose de responsabilidade?), este defrontar-me de repente com uma realidade dura que não conhecia levaram meu pensamento à viagem de trem que da Itália tinha me trazido até o Peloponeso e durante a qual tinha esbarrado com a violência brutal contra aqueles escravos que, nus e famintos, descalços sobre os trilhos da estrada de ferro, pediam a esmola de um pedaço de qualquer coisa que pudesse ser engolida: uma vergonha que até hoje não consegui esquecer. E, por incrível que pareça, a imagem do sofrimento alheio me deu um certo alívio.

Quando passamos à aldeia de nosso primeiro encontro nos deram um passe que nos permitia atravessar todo o país. O barbudo comandante, o peito cruzado por cartucheira, o cinto ornamentado com pistola e punhal, nos ofereceu um pouco de *bobota* (uma espécie de polenta aguada) e, a uma nossa pergunta preocupada, respondeu que encontraríamos nossas mochilas na próxima etapa.

Nunca mais as encontramos, mas também nunca mais perdemos o caminho, sendo conduzidos e aumentando numericamente nosso grupo à medida que procedíamos. Uma noite, tentando descansar no meio de um olival e tiritando de frio, ganhei de um companheiro de viagem, emprestado, um pedaço de cobertor; desde então, até a chegada dos ingleses, não parei de me coçar furiosamente: os piolhos, gordos de meu sangue, tinham tomado conta de mim.

ÀS VEZES UM OBJETO PUXA O OUTRO sem que nenhuma relação exista entre eles. Encontro aqui o rabisco de um desenho que fiz para um dos meus primeiros cenários: *Desejo sob os olmos,* de Eugene O'Neill. Foi em 46 no Teatro Odeon em Milão, um teatro de novecentos lugares onde, anteriormente, tinha assumido minha primeira responsabilidade profissional com a montagem de *O luto assenta a Electra*, também de O'Neill. Naquela ocasião (a do *Luto...*), com uma irresponsabilidade total, por causa de um namoro também irresponsável, tinha largado a execução da carpintaria nas mãos da firma construtora (Rancati e Cia.), mandando-me para fora de Milão com minha paixão do momento.

O rabisco (já tinha uma consciência profissional mais apurada), uma aquarela sobre papel Fabriano, está colado no cartão de um *dépliant* que contém planta baixa, desenhos executivos e figurinos: um trabalho caprichado, um pouco ingênuo mas claro nas ideias e na execução. Como não desapareceu não sei. Acontece muito que, de repente – como com as flores diáfanas que encontramos em velhos livros e que levantam a poeira de um tempo passado – cartões, recibos, barbantes, canivetes se misturam, cada um tentando falar mais alto para afirmar identidades e direitos de presença já esquecidas, e esta balbúrdia, esta confusão, este vozerio de tonalidades diferenciadas e esmaecidas mais se parecem com a afinação preliminar de uma orquestra do que com a execução da obra...

Sento e tento me organizar: desenhei aquele projeto no quarto de um apartamento agradável e quase vazio pertencente a um amável casal de meia-idade (o marido era *maître* de um restaurante de luxo) que locava um dos aposentos para que a mulher não se sentisse muito sozinha quando o marido trabalhava até tarde da noite. Conversava muito com eles e eles me encorajavam extasiados com o meu trabalho: na Itália a cenografia sempre foi tida em alta consideração e as perguntas que eles me faziam superavam muitas vezes minha competência. Para desenhar as aquarelas passei a noite em branco usando uma técnica aprendida na escola de arte, segundo a qual estica-se, depois de molhada, e colando-as pelas bordas conservadas secas, uma folha de papel canson granulado sobre o qual, depois de seco, é realizado, decalcando-o, o desenho e, em seguida, a pintura propriamente dita; esta, por sua vez, é lavada sucessivamente para obter as transparências desejadas. Um processo de trabalho demorado, como é fácil constatar, mas, naquele tempo, inseguro como estava, não tinha coragem de testar novas técnicas. Assim passei a noite em branco.

Vejo hoje que aquela noite foi o prenúncio, o preâmbulo de toda minha atividade futura e de sua fisionomia: mudei a técnica do trabalho mas não o hábito das noites – e dos dias – brancas.

Tonio. Seu nome era Tonio, uma alimária italiana que, não sei por qual desígnio do destino, tinha acabado sendo propriedade daqueles pobres camponeses com os quais, durante minha andança para o norte, em direção à Tessália, onde diziam haver um comando de italianos revolucionários, estava convivendo, ajudando-os em sua pequena lavoura.

Mas pediram então para levar dois sacos de trigo para um destacamento de guerrilheiros esquerdistas, acampados a quatro horas de distância. Deveria, com Tonio, entregar o trigo e voltar com os dois sacos vazios. A família estava furiosa: os guerrilheiros, que operavam em bandos independentes, pertenciam ou ao lado democrático – representante do governo clandestino – ou então à oposição esquerdista. Todos eles, motivados pela guerrilha em defesa do povo, exigiam que os camponeses os abastecessem de trigo, milho, azeitonas, queijos e outras vitualhas: imposto pesado, se considerarmos as dificuldades que a lavoura enfrentava, das quais as mais graves eram as inesperadas, rápidas e destruidoras incursões que os alemães realizavam queimando tudo com que deparassem em seu caminho, destruindo e matando sem piedade. O mais grave, todavia, era o fato de que as duas facções se combatiam impiedosamente usando as armas que os aliados paraquedavam para elas em lugar de utilizá-las contra os invasores.

Carregados com firmeza os dois sacos no lombo do animal, segurando-o pelo cabresto, iniciei minha caminhada. Tonio, em sua convivência com os donos gregos, tinha trabalhado basicamente para levar o trigo ao moinho perto do qual nós iríamos passar. Os mulos são animais mais inteligentes e de fácil condicionamento: tendo passado dois sacos nas costas, nada mais lógico para ele do que se dirigir ao moinho: foi difícil convencê-lo do erro, mas, afinal, falando com ele em italiano e acariciando seu pescoço, consegui fazê-lo mudar de ideia.

Os animais sabem, ou intuem, quando alguém gosta deles. O camponês, seu dono, costumava bater nele e sua mulher gritava sem parar. Eu gostava de afagá-lo e trocava ideias com ele, que, concordando ou não, agitava suas grandes orelhas, às vezes bufando ou virando-me as costas: mas éramos amigos e sua paciência me dava serenidade.

E assim fomos andando até chegar ao acampamento dos guerrilheiros.

Lá a balbúrdia era total: gritarias, animais sendo descarregados de seus impostos alimentares, neve se derretendo, lama, palha, palavrões, gargalhadas, agressividade generalizada; dois homens barbudos, cartucheiras cruzadas sobre o peito, punhal na cintura, vieram apanhar a carga de trigo anotando o nome de quem o tinha enviado. Permaneci um tempo esperando a devolução dos sacos que não voltavam e fui pedi-los de volta. Não consegui; já estava anoitecendo, portanto iniciei meu caminho de volta subindo no mulo que me esperava paciente pastando o pouco que havia.

Na ida eu tinha prestado atenção numa sequência de velhos postes de luz, quebrados, com a fiação emaranhada no chão, que, pensava, me serviriam como elemento de orientação para voltar à casa dos camponeses que eu estava ajudando. Aproveitando a pouco claridade que a chegada da noite ainda não tinha apagado, mal protegido do frio intenso, faminto e sem nada para comer, tentei todavia a caminhada do retorno. E fui guiando meu animal que, despreocupado, seguia uma trilha cada vez menos visível. Mas a noite foi logo caindo e a escuridão, como uma mancha de tinta num mata-borrão, invadiu o espaço. Os velhos postes, que até aquele momento ainda estávamos enxergando, fizeram-se invisíveis e nossa andança complicou-se. Tonio, cautelosamente, colocava suas patas no solo acidentado e eu prestava atenção, protegendo-me com o braço, para não esbarrar com o rosto nos galhos invisíveis das árvores.

Era uma noite sem lua e só de vez em quando enxergava-se ao longe o tremelicar de uma lamparina. O silêncio só era rompido pelas batidas dos cascos de Tonio. Mas era muito silêncio; eu mal enxergava a cabeça de meu amigo, que de vez em quando bufava. Comecei a conversar com ele uma filosofia sem pé nem cabeça e adivinhei, mais do que ver, o abanar de suas orelhas; assim iniciamos um diálogo durante o qual eu falava e ele respondia agitando sua bela cabeça para cima e para baixo; às vezes parava de andar como para escolher o melhor caminho e só reiniciava sua andança quando achasse oportuno, surdo às minhas solicitações, cabeçudo, irritante e indispensável. E assim andamos, durante horas, tendo perdido o caminho "*nel mezzo di una selva oscura*" (Dante Alighieri) e não adiantando eu querer guiá-lo, pois nem eu conhecia a justa direção nem ele obedecia à rédea de corda que eu segurava. Embora negra e gelada, a noite não me assustava e o calor do corpo do animal entre as minhas pernas era extremamente confortador. Às vezes cantarolava enquanto tentava me localizar, e a visão repentina das bruxuleantes e pálidas luzes de algum povoado constituía-se na miragem da casa para a qual estávamos voltando. Começava a ficar preocupado. Na noite a noção de tempo desaparece e um átimo tanto pode ser um segundo como uma hora. Fiquei irritado com Tonio, como se a culpa de todo aquele tempo perdido fosse dele; batia com os calcanhares em sua barriga e com a palma da mão em seu quadril, mas ele se fazia de desentendido com sua inabalável paciência de Jó.

De repente estacou. Parou e recusou-se a prosseguir o caminho. Não adiantaram meus protestos nem minhas tentativas de convencê-lo: agitava para cima e para baixo sua cabeça e as orelhas pareciam radares em busca de algum sinal; a escuridão continuava total e, depois de um tempo de dúvidas, decidi apear, sem ter certeza de conseguir montar novamente meu companheiro. Com a mão direita encostada no corpo de Tonio, fui me aproximando devagar até onde ele tinha parado. Não conseguia enxergar nada mas tive a impressão de que à frente do mulo a escuridão era maior, mais densa. Ajoelhei-me e fui apalpando com a mão para sentir o terreno e ouvi uma pedra na qual tinha esbarrado cair no vazio pulando e esbarrando em outras que, com ela, caíram numa barulheira cujo som era inequívoco: Tonio tinha parado exatamente na beira de um precipício. Emocionado, abracei seu pescoço pedindo desculpas por ter tentado conduzi-lo afirmando, enternecido, que de agora em diante ele poderia seguir o caminho que achasse melhor.

Bem ou mal consegui subir nele e, de rédea solta, retomamos o caminho de volta. Andamos ainda por muito tempo, mas eu estava confiante e, parecia-me, Tonio também.

Enfim chegamos. A família inteira estava nos esperando e a primeira pergunta foi: "Onde estão os sacos?". "Ficaram com os guerrilheiros", respondi; aí as lamentações começaram e continuaram enquanto davam de comer a meu amigo e eu esperava: finalmente recebi uma tigela de farinha cozida na água depois de que fomos todos dormir, não sem eu ter dado um beijo no focinho úmido de meu amigo Tonio, navegador de primeira.

Em 1941 fui admitido na Escola para Oficiais de Fano, cidade situada na região denominada Marche, no Adriático. Meu interesse não era de caráter patriótico ou político (naquele tempo minha consciência sociopolítica era muito limitada) mas sim motivado pelo desejo de sair de uma rotina mesquinha, de um meio medíocre onde não havia possibilidade de diálogo ou de sobrevivência interior.

Na escola militar, as coisas não foram melhores, pelo menos num primeiro tempo. A disciplina era férrea, a mentalidade generalizada idêntica senão pior que a do Regimento da Sardenha, e os treinos, duríssimos, iam desde a ginástica até as manobras de guerra: estafantes. Mas a vontade de ganhar uma independência maior, um salário mais condizente e um novo *status* nos dava forças das quais até aquele momento não nos tínhamos dado conta. Apertávamos os dentes e aguentávamos como prisioneiros o passar de cada dia fazendo um risco na parede. Mas não era fácil e talvez não tivesse tido a força de prosseguir se um amigo, diretor de um teatro experimental em Gênova (Giannino Galloni), não me tivesse posto em contato com Paolo Grassi, que eu ainda não conhecia e que, como eu, estava na mesma escola militar, embora numa outra companhia. Galloni escreveu a ambos simultaneamente e ambos, no mesmo dia, recebemos seu cartão. Encontrei-me com Paolo na hora da "saída livre" e desde então, rapidamente amigos, nos frequentamos diariamente.

Paolo tinha contato, desde a Universidade, com todos que tivessem interesses teatrais; todos os dias escrevia pelo menos uns vinte cartões para todas as cidades onde houvesse alguém que lidasse com música, literatura, dramaturgia, jornalismo ou qualquer interesse cultural que fosse. Falávamos muito sobre a falência do teatro profissional no qual o "divismo" ainda imperava e da literatura dramática que estava restrita aos escritores não discriminados pela censura fascista. Sonhávamos, guerra terminada, com a possibilidade de termos teatros livres onde pudéssemos ter uma dramaturgia autenticamente nossa, intérprete de nossos anseios, capaz de despertar uma dinâmica de ideias num público que queríamos participante e não somente espectador.

Grassi, já naquele tempo vulcânico e generoso, conseguia se movimentar com facilidade pelos meandros da burocracia militar. Sabedor de que, no fim do curso, tradicionalmente o Comando Superior autorizava a montagem de um espetáculo musical satírico (uma sátira moderada, evidentemente, que não ferisse eventuais suscetibilidades), o que, pelos critérios da etiqueta militar, representava a aceitação dos formandos na categoria de oficiais, conseguiu assumir a formulação e a direção do acontecimento, autorizado a escolher seus colaboradores, e eu, por causa da cenografia, passei a ser seu alter ego. Imediatamente dispensados de qualquer tarefa militar, conseguimos licença para ir a Milão alugar material e, na volta, dar início aos ensaios no Teatro della Fortuna, obra de um dos grandes Bibiena e que, salvo dos bombardeios, está de pé até hoje. O Teatro della Fortuna é um edifício de 1700, elegantemente concebido e construído: todo branco, vermelho e ouro, tem, se a memória não me falha, duas ordens de camarotes sustentados por colunas e o que vulgarmente é chamado de poleiro é complementado por estátuas brancas que não têm função de sustento, dando ao todo uma atmosfera de leveza inesperada. Um teatro lindo com um ligeiro cheiro de mofo devido à madeira antiga e às cordoalhas. Mas era lá que cada noite íamos ensaiar com um passe livre que nos permitia voltar ao quartel sem horário marcado. E era lá que eu gostava de permanecer por alguns minutos na escuridão do teatro vazio e onde o vigia da noite, trajado com uma velha capa militar, fiscalizava fantasmaticamente a saída de todo mundo.

Durante o dia eu executava os cenários para o espetáculo na grande sala onde normalmente eram realizadas as aulas de esgrima; no meio de velhas camisas que, reduzidas a tiras, me permitiam reforçar meus painéis pintados (Steinberg e Munari eram meus inspiradores), desenhava e pintava engatinhando. Foi aí que Grassi, entrando um dia para ver meu trabalho, me alcunhou de *formichieri* (tamanduá).

Para o espetáculo, Paolo imaginava uma abertura que satirizava as apresentações da Metro Goldwyn Mayer: um coro interno entoava o trombetear da música de abertura enquanto nós entrávamos, um de cada lado do palco, ele fechando lateralmente os braços em círculo e eu introduzindo no centro deles minha cabeça, rugindo como, ou quase, o famoso leão. O espetáculo foi freneticamente aplaudido com um entusiasmo que só uma massa estudantil sabe expressar. E também até o fim do curso ninguém deixava de rugir na minha cara.

Pelo sucesso do espetáculo, que na opinião dos oficiais superiores tinha sido um dos melhores, ganhamos sem esforço nossos galões.

CANSAÇO, FOME, SURDO DESESPERO, nada na nossa frente a não ser a íngreme e árida subida amarela de erva seca; nenhum sinal de vida e, todavia, a cada passo a visão enganadora de casebres inexistentes, de moradas que se dissolviam ao menor movimento da cabeça; e todavia andávamos, curvados e em desequilíbrio, apoiando-nos com as mãos no chão, os pés nos impelindo teimosamente para a frente na esperança de encontrar algo para comer, um cigarro para fumar, uma água para beber.

Desde o dia anterior nada tínhamos comido, andando sem parar naquela paisagem seca, naquela atmosfera imóvel e translúcida na qual nem a visão da encosta de abetos que do outro lado do vale se mostrava imponente como o peito de medalhas de um general conseguia aliviar minha angústia. Minha e dos meus três companheiros, espalhados em ordem solta por este espaço queimado.

Caí no chão me recusando a continuar o caminho, cego de sono, indiferente a tudo. E, comigo, todos, todos derrubados como pinos de boliche. Todos menos um que, indo além do cume do morro no qual estávamos situados, de repente gritou chamando-nos e insistindo e gritando e correndo (de onde tinha saído sua energia?) e descendo a largos passos e sacudindo-nos até que levantássemos e o seguíssemos. E lá fomos, resmungando e cambaleantes, além do cume onde uma enorme pedra ainda vedava a vista do outro lado; mas só por um instante, pois logo vimos que, numa clareira pouco abaixo da rocha, a cabana de um pastor, única e abençoada, deixava sair do centro de seu telhado de sapé uma confortável trança de fumaça.

Nossos gritos deviam ter despertado a atenção de quem estava na cabana, pois, em silêncio, majestoso e encanecido, um comprido cajado na mão, um homem alto e magro, rijo como um galho seco, vestido de uma dignidade ancestral (lembrei-me na hora de desenhos vasculares micênicos), coberto com uma velha capa militar, apareceu na abertura da cabana e deu dois passos em nossa direção convidando-nos silenciosamente a entrar.

Respondeu ao nosso *kalispera* (boa tarde) com um leve balançar da cabeça e seguiu nossos passos entrando na cabana e convidando-nos com um gesto de mão a sentar no chão.

A cabana, agora reparamos, era circular. Ao centro estava um fogo de brasas acesas no chão, que ali era de pedras. O teto tinha uma inteligente estrutura de galhos fortes entrelaçados entre si e amarrados com um tipo de palha dura muito parecida com vime. O centro desse teto tinha uma abertura que permitia a saída da fumaça e, logo abaixo dela, um engradado circular sustentava queijos de todos os tamanhos ali postos para serem defumados. Contrariamente ao mormaço que lá fora nos tinha atormentado, a penumbra no interior dava uma sensação de frescor.

Do outro lado da lareira, sem nenhuma proteção, um pequeno rebanho de ovelhas tosadas dormia.

O homem voltou (não o tínhamos visto sair nem reentrar) com um pedaço de tábua sobre o qual estavam postos queijos em pedaços, uma broa de milho, um punhado de azeitonas e uma jarra de água; pousou tudo no chão, acocorou-se e aguardou que comêssemos. Não sei como aconteceu, mas com um requinte formal e todavia espontâneo nos juntamos em volta da tábua e, refreando nossa voracidade, comemos e bebemos lenta e educadamente. O velho nos observava sorrateiro enquanto preparava um cigarro picando um pedaço de fumo na mão e enrolando a escura serragem numa espiga de milho. Quando pronto, torceu as pontas da trouxinha e o entregou para o que mais próximo dele estava. Fumamos em silêncio passando o cigarro de mão em mão; tendo-o acabado, levantamo-nos agradecendo-lhe reconfortados. Na hora de sair, passando pelo cobertor que protegia a entrada da cabana, o homem levantou-se e também saiu: quando já estávamos um pouco mais afastados, ele falou, num tom de voz que somente aquele ar rarefeito fazia audível: "*Kali patrida*!" (Boa pátria!), permanecendo no lugar onde estava até desaparecermos.

Como a velhinha de riso caprino que tempo atrás tinha amarrado o burro para mim, este velho de rico silêncio me faz sorrir ternamente até hoje, reconfortando-me nos momentos de desalento.

Quase ninguém tomou conhecimento do que foi, nem de como nasceu, nem de como foi assassinado o Teatro Novo. Ele tinha sido a concretização de um projeto por mim acalentado há muito tempo e que, milagrosa e racionalmente, eu tinha conseguido realizar graças a uma série de circunstâncias das quais tinha sabido aproveitar com paciência e diplomacia.

Conversando, durante o intervalo de um ensaio de dança, com Regina Ferraz, primeira bailarina do Theatro Municipal do Rio de Janeiro, soube dela que seu marido, Paulinho Ferraz, estava organizando uma companhia de balé onde ela teria mais oportunidades do que no próprio Theatro.

Desde que cheguei ao Brasil, sempre desejei, entre outras coisas, formar uma companhia teatral destinada exclusivamente a representar autores brasileiros. O que Regina me disse me fez refletir: por que não conversar com Paulinho?

No dia seguinte, procurei Regina e perguntei se seu marido poderia me receber, visto ter eu um assunto que talvez o interessasse. Foi fácil; dois dias depois, com hora marcada, fui à casa dos Ferraz onde, com toda a cortesia, fui recebido e ouvido durante meia hora na qual expliquei minha ideia e minha proposta.

Paulinho – foi assim que passei a chamá-lo pouco tempo depois – não me interrompeu uma só vez e, quando terminei, depois de curto silêncio, disse: "Não." Gelei, mas logo em seguida acrescentou: "O senhor gostaria de ser o diretor de minha companhia de dança?" Passei do gelo ao espanto, meu silêncio foi um pouco mais demorado do que o dele, somei quatro mais quatro e respondi que sim, que estava interessado. Comemos algumas *tartines* de caviar, bebemos um pouco de vinho branco e conversamos sobre as responsabilidades que me caberiam.

Saí da casa dele exultante: o homem tinha sido um cavalheiro e meu "oito" estava potencialmente pronto para se multiplicar. Se dissesse que aquela noite dormi, mentiria, mas minha agitação foi grande e mil possibilidades se apresentaram à minha mente. E fiquei quieto, não falando com ninguém sobre o acontecido. Só agradeci à Regina pela cortesia do marido, perguntando quando aconteceria o próximo ensaio.

Fui lá recebido com alegria: conhecia todo mundo, já havia trabalhado com eles, alguns mais outros menos, tinha uma relação de amizade. Foi tudo muito simples. O ensaio era na realidade uma aula de técnica. Paulinho chegou uma meia hora depois e comunicou oficialmente o que eu iria fazer: palmas.

Aí a aventura começou. Digo aventura porque as circunstâncias foram múltiplas, alentadoras, desesperadas e conclusivas: pelo menos a partir do dia em que fui apresentado à companhia até a estreia do teatro, o planejamento de suas atividades, o desenvolvimento de planos previstos e, no final, o desfecho brutal: a passo de carga, armas em riste, numa estratégia que realizou a invasão pelas duas ruas opostas que davam entrada ao teatro, obrigando uma vintena de alunos, que assistiam a uma aula de comunicação, a se encostarem, pernas abertas e mãos apoiadas nas paredes, enquanto aos berros um comandante atarracado e de cabeça raspada, orgulhoso do sucesso da operação, gritava ordem não se sabe para quem, obrigando os jovens que logicamente apavorados olhavam para o reboco a ficarem calados.

Mas vamos por partes.

Quando aceitei o convite de Paulinho, entrevi a possibilidade de ampliar o campo da minha atividade, aliando meus interesses teatrais aos da companhia de dança.

O Balé do Rio de Janeiro não tinha sede própria e ensaiava em salas alugadas ou emprestadas; também não tinha uma sala fixa para se apresentar. Com a vinda do *maître de ballet* e coreógrafo americano Mitchell, a situação ficou mais delicada pela montagem de novas coreografias que pediam um palco e uma sede definitivos. Apresentei o problema a Paulinho, que concordou; mas onde encontrar um espaço que obedecesse às exigências de um corpo dançante, um espaço com camarins, salas de aula e ensaio, atendimento médico, sem falar dos consequentes serviços técnicos, administrativos *etc.*?

Evidentemente, consideradas também as lógicas ambições de tal conjunto artístico, precisávamos de um teatro. Pamplona, o carnavalesco Pamplona, é um homem de amplas capacidades técnicas e artísticas (tinha sido chefe do setor de cenografia do Theatro Municipal) e era, ainda o é, espero, meu amigo. Homem inteligente e dinâmico, foi meu aliado desde o início no projeto de conquistar um teatro.

Anos atrás, um belíssimo teatro situado nas proximidades imediatas da Cinelândia tinha sido demolido, contrariando brutalmente uma lei que proibia a derrubada de edifícios para espetáculos, com um ilusório compromisso de construir outro, com as mesmas características técnicas. O teatro canalhamente eliminado chamava-se Teatro Phoenix: uma belíssima sala do século XIX ou do começo do século XX, toda trabalhada com elementos dourados, de estrutura tradicional, com frisas e camarotes, com um palco de grande área construído por cima de uma caixa d'água que garantia uma acústica perfeita, e, raridade, com dois níveis de urdimentos metálicos, que permitiam o uso de maquinárias destinadas à movimentação de cenários. Este teatro, cuja lotação não era grande, constituía-se todavia uma raridade histórica e arquitetônica que deveria ter sido preservada e tombada.

No lugar dos escombros foi levantado um edifício comercial.

A tarefa de encontrar um local adequado não era fácil; Pamplona lembrou que o Phoenix na realidade tinha sido reconstruído: um edifício no Leblon, fechado e sem utilização nenhuma.

Corremos os três – Paulinho, eu e Pamplona, depois de ter conseguido a autorização para a visita, para ver o teatro que, naquele momento, para mim, era mais importante do que o Coliseu de Roma.

Realmente não tinham economizado dinheiro: todo de mármore branco, com cerca de novecentos lugares e um palco invejável. Achei o conjunto um pouco frio mas pensei que os "espetáculos" o aqueceriam. (Estou colocando a palavra "espetáculos" entre aspas de propósito.)

A partir daquele momento, Paulinho passou a ser uma mãe infernizada por dois pirralhos exigentes. O teatro poderia ser comprado? Quando? Por quanto? O teatro estava pronto, por que não entrar logo nele? Precisava checar a aparelhagem de luz, a acústica, o "habite-se", quem eram os donos? Eles não estavam utilizando o teatro, então porque não o vendiam logo; seria a sede ideal para a companhia de balé, ele era o tudo e o todo... Todas essas perguntas eram formuladas diariamente, todos os dias as palavras "contrato de venda", "contrato de locação por dez anos renováveis" eram repetidamente formuladas – já entrou em acordo? Quando vai assinar? Ainda não?

Mas o que é que eles querem? –, como se essa compra fosse comparável a um brinquedo um pouco mais caro, que deixa a mãe contando seus tostões.

Paulinho era dono (ou presidente) dos estaleiros Mauá: a comparação com a mãe que conta seus tostões é realmente ridícula, mas os climas de esperança, euforia, desalento, entusiasmo se alternavam angustiados e Paulinho, homem muito paciente e calmo, respondia ou ficava calado, conforme o humor do momento.

Durante um longo período (talvez dois meses) os dias se alternavam entre alegrias esfuziantes e frustrações determinadas por adiamentos que não conseguíamos entender: até que um dia ficou claro que os donos, definitivamente, não venderiam, e que as negociações estavam encerradas. Hoje, aquele teatro virou auditório da Globo para as *performances* de um gordo animador de programas de prêmios (contra o qual não tenho reclamações a fazer, que fique claro).

E agora? Mais uma vez Pamplona, que conhecia tudo e todos no Rio de Janeiro, descobriu que na rua Gomes Freire havia um teatro, situado num quarteirão entre duas ruas opostas e quase paralelas, cuja única utilização era um baile de carnaval de travestis e algumas magras apresentações de igualmente magros espetáculos de revista: esse lugar – hoje ocupado pela TV Educativa* – estava à venda.

Os três mosqueteiros foram visitar o local: imenso, com grandes espaços inutilizados, com um palco de medidas excelentes, com uma lotação de quase mil lugares, uma plateia, dois balcões, frisas, saguões e dependências variadas, quase completamente abandonado e sujo, com um ou dois vigias sonolentos, vagarosos e incomodados pela intrusão que, com muito esforço, conseguimos convencer a nos mostrar o que queríamos.

"Se tirássemos o segundo balcão, se substituíssemos o forro atual por um acústico, se forrássemos a parede de painéis de madeira em consonância com os do forro, se, se, se..." Muitos "ses", realmente, mas o lugar realmente valia a pena embora a localização não fosse tão

* N. do E.: A rede de televisão TV Educativa do Rio de Janeiro (ou simplesmente TVE) entrou no ar em 1975 e foi extinta em 2007, dando lugar à TV Brasil.

charmosa como a do Leblon, onde nossas esperanças iniciais tinham sido frustradas. Mas que valia a pena, valia. Com todas as reformas necessárias, o custo geral, incluindo a compra, era muito inferior ao do outro teatro.

O palco, enquanto o projeto de reforma estaria sendo formulado no papel, já permitia os ensaios, e o gosto de termos uma sede própria era como o sabor de um primeiro beijo de amor.

Toda manhã, às oito horas, eu, Pamplona e um grupo de carpinteiros, que tínhamos contratado para a desmontagem das partes de madeira que não serviriam para a reforma, estávamos lá. O chefe dos carpinteiros era o "Delfim", alcunha que o acompanhou a vida toda, português naturalizado brasileiro, formava com o irmão Eduardo uma dupla rara de autênticos "maquinistas teatrais", quer dizer, homens que sabiam construir máquinas teatrais e estruturas de palco: um gênero de profissional hoje praticamente extinto, aqui no Brasil pelo menos, visto que os outros poucos bons, como eles, morreram sem deixar seguidores. Trabalhar com eles era um autêntico prazer, a gente falava a mesma língua, os problemas técnicos, analisados em conjunto, eram executados com perfeição, a perfeição do anônimo artesão medieval: neles eu me identificava e deles era amigo sincero, plena e generosamente retribuído.

Então, bem cedo, lá estávamos nós, analisando o projeto que Pamplona estava conduzindo para remodelar o teatro e acompanhando também a execução, num dos grandes pátios cobertos que faziam parte do edifício, da sala para os ensaios do balé. Para ter a ideia das dimensões desse pátio é suficiente imaginar que a sala de ensaio, do tamanho de um grande palco, se constituía num edifício de madeira, tão alto quanto era necessário para os *grands jetés* e tão amplo quanto um palco normal, capaz de receber a movimentação de um corpo de baile de cinquenta bailarinos. Abastecido com barras fixas e móveis, tinha as paredes forradas de espelhos e era equipado com duchas e banheiros. Com tudo isso, ainda sobrava espaço em volta desse bem estruturado edifício.

Uma das primeiras coisas que foram feitas foi a eliminação das frisas e o fechamento frontal do segundo balcão onde, depois, seria instalada a sala de projeção, a cabine de luz e a do som. No restante do espaço estava previsto um estúdio de gravação.

O trabalho andava a todo vapor. Eu, por meu lado, planejava, no escritório que Paulinho tinha mandado fazer, as atividades do primeiro ano e as dos próximos dois: depois desse período eu tinha prometido que começaríamos a ter lucros financeiros e Paulinho, que de negócios entendia, tinha concordado. Um dos aspectos do planejamento era justamente a ideia de que no decorrer dos três anos conseguiríamos criar um público amplo e diferenciado que frequentaria regularmente nossa sala.

O que eu queria realizar era um centro de atividades diferenciadas, todas compatíveis com o espaço do qual dispúnhamos, teóricas e práticas, com a participação de personalidades de cultura humanista, nacionais e estrangeiras. O potencial, a partir da posse de um edifício, era enorme. Não conseguia conceber um teatro que, dedicado ao balé, abrisse às nove da noite, fechando duas horas depois, independendo do fato de ter uma sala de ensaio destinada ao corpo de baile, que ocuparia as horas da manhã.

Minha aspiração era chegar a ter todos os espaços disponíveis ativos a partir das oito da manhã até meia-noite.

Planejei cursos de cultura musical, de história da arte, de história do teatro; previ a possibilidade de festivais de música popular, de espetáculos de bonecos e marionetes... e aqui parei para refletir: precisava falar seriamente com Paulinho, séria e diplomaticamente.

Troquei ideias com Pamplona, que ficou entusiasmado.

Na conversa com Paulinho coloquei a ideia de uma utilização maior das áreas disponíveis; propus criar cursos para jovens atores selecionados por provas de admissão qualitativas; sugeri que depois de um certo treino talvez pudéssemos tentar uma programação experimental, complementando que, por se tratar de jovens estudantes, o custo seria mínimo; propus a contratação de espetáculos estrangeiros que, passando pela América Latina, poderiam fazer escala em nosso teatro... e parei por aí para não carregar demais a mão. Mas Paulinho entendeu muito bem o que eu queria e concordou: acho que dificilmente encontrarei outra pessoa tão receptiva e generosa como ele.

Os trabalhos de reforma caminhavam a todo vapor; a parte administrativa, situada no primeiro andar, já estava pronta, com telefones, máquinas de escrever e aparelhagens de ar-condicionado (indispensáveis pelo calor sufocante do verão). Uma secretária executiva, sem a qual nosso trabalho tornar-se-ia impraticável, foi contratada e mais uma vez a sugestão de Pamplona foi perfeita: Tatiana Memória, ex-produtora executiva da Rede Globo, aceitou entusiasmada nosso convite depois que eu lhe expus o plano de trabalho.

Tornou-se evidente a necessidade de um consultório médico especializado para atendimento tanto do corpo do baile como dos operários que trabalhavam na reforma do teatro.

Abrimos as inscrições para a seleção de jovens elementos para a formação de um primeiro núcleo teatral, e o resultado superou as expectativas: dezenas, entre moças e rapazes, se apresentaram e os testes tiveram início. Não foi um trabalho fácil, se se pensa que a ideia de um espetáculo específico já rondava em minha cabeça. Os testes eram três: um texto previamente preparado por eles e que admitia um interlocutor, a leitura de um trecho dramático ou poético por mim escolhido e uma improvisação mímica sobre tema preestabelecido. Foi um trabalho exaustivo que durante vários dias ocupou mais de três horas. Mas, finalmente, chegamos a um resultado: escolhemos vinte jovens que a partir daquele momento passaram a fazer parte do Teatro Novo. Para evitar deserções e dar, desde o início, um caráter profissional ao trabalho das aulas, ficou combinado que os alunos receberiam uma ajuda de custo e uma refeição diária que a cozinha recém-organizada já preparava para todo o pessoal atuante.

Para começar a atrair um público diferenciado e relançar o ex-Teatro República com seu novo nome de Teatro Novo, concordamos em organizar um festival de música popular (uso a palavra "popular" na sua significação mais nobre, pois do meu ponto de vista a música é uma e sem distinções quando, qualitativamente, é música). Levantamos nomes – coisa naquele tempo bastante fácil visto haver muitos compositores de alto nível e, depois de muitas consultas e arranjos de programação, convidamos, como apresentador e comentarista, Haroldo Costa, personalidade competente que traria para os espetáculos inaugurais um clima extremamente positivo.

Tatiana Memória foi incansável: telefonemas, contatos pessoais, controle de organização, tipografia, programas, folhetos, cartazes, tudo que dizia respeito a sua posição de executiva era encarado e assumido até as últimas consequências; não havia horários a não ser para o trabalho, seguidos, nesse critério, por todos os que no teatro estavam trabalhando, desde o Paulinho até o Delfim.

Mas aí cometemos nosso primeiro erro: um erro involuntário e generoso: nos cartazes de rua colocamos as datas e o horário das manifestações, os nomes (todos) dos participantes, mas não especificamos quem atuaria em tal dia, dando a sensação de que, no período previsto, todos os convidados participariam simultânea e diariamente. Claro, no dia de abertura houve tumultos e reclamações: todos queriam ver tudo de uma vez a cada noite. Explicações cuidadosas foram acalmando os ânimos, aplacados também pela beleza das execuções individuais.

A esta altura já tínhamos preparado o "visual" que identificaria a sala e suas manifestações: logotipos, programas definindo o tipo de atividade pela cor específica (eram quadrados, em folha dupla – com uma gravura seiscentista onde música, dança e representação teatral estavam reunidas num desenho especialmente criativo), papel de carta, tipos de cartazes *etc.*

Finalmente a inauguração aconteceu com o comparecimento da Orquestra Sinfônica Brasileira e a presença da grande pianista Magdalena Tagliaferro. No folheto de apresentação eu tinha feito uma rápida exposição das intenções do novo teatro usando a expressão "Com este programa...". Isto criou um estúpido equívoco pelo qual alguns pensaram que o estilo de nosso trabalho estaria ligado às músicas executadas no concerto (músicas de excelente categoria, fique claro, mas que esteticamente nada tinham a ver com o programa que nós pretendíamos realizar).

No dia seguinte *Ralé*, de Máximo Gorki, estreou com sala lotada e com um êxito – principalmente se considerarmos a jovem idade dos intérpretes – superior a qualquer previsão. Em clara polêmica com o empresariado do setor que cobrava preços que o público pagava com muita dificuldade, tinha sugerido a Paulinho, obtendo de imediato sua aprovação, que as entradas para os nossos espetáculos fossem mantidas num nível ao alcance de todos os bolsos: durante toda a temporada nossa sala ficou esgotada e as filas de quem queria comprar ingresso davam a volta em dois quarteirões. Com a estreia do teatro tínhamos dado também início a uma atividade editorial que pretendia, entre outras coisas, chegar a publicar uma revista de teatro de alto nível e em três línguas. Nessa primeira oportunidade, com a colaboração do *Correio da Manhã*, tínhamos editado um pequeno volume *in foglio*, dedicado a Máximo Gorki, e para o qual tinham generosamente colaborado Antônio Houaiss, Clarice Lispector, eu, José Lino Grünewald, Otto Maria Carpeaux e Walmir Ayala.

A companhia de balé produzia seus espetáculos acompanhados com o maior interesse pelos amantes e profissionais da dança e o teatro para criança, com a participação do elenco adulto, preparava um espetáculo – que foi apresentado com êxito e salas lotadas: a adaptação de *O pequeno príncipe*, de Saint-Exupéry. O mesmo resultado foi conseguido com o Festival Nacional de Bonecos e Marionetes, que reuniu vários conjuntos entre os melhores do país.

A passagem pelo Rio de Pablo Neruda, amigo pessoal de dona Maria da Graça Chagas, mãe de Tatiana Memória, me deu a oportunidade de pedir ao poeta chileno que me concedesse os direitos de montagem de uma saga dramática – um autêntico musical esplêndido e dinâmico – de sua autoria. Direitos concedidos, o texto ficou aguardando a possibilidade de ser montado no prazo estipulado.

Simultaneamente, tinha convidado Millôr Fernandes – para cujo talento não há suficientes palavras – a fim de que escrevesse o texto para um musical que eu queria fazer sobre a Lapa do Rio de Janeiro, bairro de boêmios e compositores populares. (Nesta oportunidade Belá Paes Leme, já convidada para trabalhar conosco, indicou-me alguns ensaios e estudos sobre esse bairro que estava desaparecendo.) Millôr aceitou o convite e recebeu um *à valoir* sobre os direitos autorais futuros. Quando, muitos meses depois, solicitei algum material, ele devolveu o cheque, que não tinha sido trocado, alegando com pesar uma série de problemas que tinham impedido a realização do projeto.

Enquanto isso eu tinha iniciado a tradução de *Ubu rei*, de Jarry, um trabalho complexo devido à linguagem do autor, uma linguagem, diga-se de passagem, que mereceu amplos estudos que foram publicados na França. Este trabalho tanto me absorvia que eu não tinha mais tempo de comparecer aos ensaios de balé (para o qual, todavia, não deixava de desenhar cenários), o que criou uma situação de relações difíceis com Arthur Mitchell, *maître de ballet*, bailarino e coreógrafo da companhia.

O teatro iniciava suas atividades às oito da manhã (eu e os maquinistas éramos os primeiros a chegar) e as encerrava à meia-noite, e às vezes até mais tarde. Cursos de interpretação, estética musical, comunicação e dança eram ministrados diariamente, de manhã e de tarde. A atividade era intensa e os resultados gratificantes. Estávamos iniciando contato no exterior (Jacques Lecocq na França, os teatros de Praga, o Piccolo de Milão *etc.*) para intercâmbios culturais e técnicos. Merce Cunningham foi convidado para atuar em nosso teatro e aceitou, apresentando uma série de espetáculos. Enfim, trabalhávamos seriamente e, segundo os meus cálculos e os de Paulinho, o teatro começaria a dar lucro no espaço de três anos. Pela primeira vez no teatro profissional uma empresa dava a seus contratados todas as vantagens trabalhistas de lei: décimo-terceiro salário, seguro sobre acidentes, assistência médica permanente no próprio consultório do teatro, férias pagas, uma refeição por dia *etc.*

Realmente era bom e honesto demais; não poderia durar. Ainda não havia terminado nosso primeiro ano de atividades quando, numa tarde escaldante, Pamplona me avisou pelo interfone que milícias enviadas pelo Dops tinham, numa brilhante operação tática evidentemente planejada, entrado pelos dois acessos do teatro, invadindo nossos espaços a passo de carga, metralhadoras em riste. Na plateia, uma dúzia de jovens, moças e rapazes, cujas idades variavam entre dezoito e vinte e um anos (entre eles, lembro, estava a filha do editor Gasparian, Helena), participavam de uma aula de comunicação ministrada por um jornalista do *Correio da Manhã* (essa aula seria complementada por mim, que falaria da comunicação palco-plateia).

Desci correndo e me deparei horrorizado com nossos alunos: as mãos encostadas na parede direita da sala, as pernas afastadas, o corpo inclinado na mesma postura à qual são obrigados os delinquentes.

Pamplona e Tatiana estavam falando agitadíssimos com o glorioso comandante da "operação", um sujeito atarracado, de axilas suadas, rosto avermelhado e cabelos de um loiro desbotado cortados curtinho rente ao crânio. Fui oficial do exército e sei usar o tom de comando, mas só disse "É minha hora; vou dar aula" e indiquei os meninos. Fui para o palco e, confesso, não esperava tanto: os jovens tão estupidamente humilhados vieram se sentar na minha frente. Comecei a falar e daí a pouco o próprio generalíssimo aproximou-se e, interrompendo-me no meio de uma palavra, afirmou magnanimamente: "Por hoje fica assim, mas da próxima vez...", acrescentando: "Entenderam?" E, sendo que todo mundo ficou calado, abaixando ou virando o rosto, achou por bem completar: "Entenderam bem?", encostando seu rosto congestionado ao da menina mais próxima. Alguns segundos depois, empertigado, reuniu seu exército e foi embora.

Algumas horas depois, Paulinho me comunicou que, por ordem superior, o teatro estava definitivamente fechado com consequente interrupção de todas as suas atividades.

Paulinho foi corretíssimo, honrando todos os compromissos contratuais com técnicos e artistas.

Eu até hoje não entendi direito se o fechamento do teatro deveu-se a interesses ligados aos estaleiros de Paulinho ou a alguma denúncia de posturas esquerdistas nossas. O fato é que, como tantas outras tentativas que naufragaram, o Teatro Novo foi um sonho que terminou em pesadelo.

Depois da corajosamente gloriosa invasão das milícias políticas ao Teatro Novo, Paulinho tentou se matar durante um passeio em sua lancha (não sei se só por esse motivo ou por outros adicionais) e só escapou da morte porque o marinheiro, virando-se casualmente, percebeu o mal-estar de seu patrão.

Eu tinha muito respeito por Paulo Ferraz, mecenas do século XX; muito respeito e carinho, ambos merecidos: um homem cuja cultura estava acima da banalidade, um homem cuja visão ia além do imediato, do dia a dia. Não sei qual a postura dele em relação à ditadura pois ele tinha tido a inteligência de não falar de política comigo e eu nunca tinha me preocupado em saber o que ele pensava a respeito da situação do país. Cada um na sua, cada um respeitando o outro e o seu silêncio.

A tentativa de suicídio de Paulinho, noticiada com estardalhaço pelos cotidianos cariocas, deixou todo mundo atordoado e meio perdido. A companhia de dança (que tanto tinha trabalhado com Arthur Mitchell) dissolveu-se e a maioria dos bailarinos voltou para o Municipal, que tinha sido abandonado na esperança de uma carreira internacional. Meus alunos-atores se reuniram a minha volta e eu, na tentativa de manter coesa e viva uma ideia, propus prosseguir com a montagem de *Ubu rei*, iniciada antes que o teatro fosse fechado. Não tínhamos recursos financeiros, mas isso, no momento, não nos pareceu grave.

Viajei para São Paulo e solicitei à Comissão Estadual de Teatro uma subvenção, comprometendo-me a estrear meu espetáculo nessa cidade. Fui recebido cordialmente e minha proposta foi analisada com todo o respeito: a subvenção foi concedida mas quanto a conseguir recebê-la (e a recebemos) foi outra história: uma história digna de Gogol.

Ubu, que se o Teatro Novo tivesse continuado sua atividade seria o segundo espetáculo de minha jovem companhia, foi preparado e ensaiado cuidadosamente para que a ideia de Jarry (o grotesco da ditadura aliado ao trágico de suas consequências) tivesse todo o espaço necessário para se comunicar. Eu tinha lido tudo o que podia ler e tinha me posto em contato com a sociedade francesa ligada ao autor. Ilo Krugli, artista esplêndido com o qual já havia trabalhado na montagem de *El retablo de maese Pedro*, de Falla, desenhou, para a ideia de que eu tinha de fazer um espetáculo onde marionetes, bonecos e títeres se misturassem com atores e personagem, máscaras, figurinos e adereços que complementavam, enriquecendo-a, a conceituação do espetáculo. Catamos dinheiro por todo o lado e Tatiana Memória, mulher generosa tanto quanto era explosiva, colaborou com o pouco dinheiro que tinha e que tanto significou para nós. Aos trancos e barrancos os ensaios foram adiante; eu viajei novamente para São Paulo a fim de encontrar um teatro disponível para apresentar nosso espetáculo, que estrearia em agosto (mês infeliz). Recusei o Sesc Anchieta pois o contrato exigia uma censura prévia do espetáculo (foi besteira, pois aquelas cláusulas eram pró-forma, mas eu não o sabia) e, afinal, me decidi pelo Teatro Itália, gerido pelo meu amigo, o prof. Bizzarri, homem de alta cultura e inteligência, infelizmente hoje falecido. E foi outra besteira, pois eu não sabia, à parte o problema da subvenção, que só seria paga depois de realizados os espetáculos, com demonstração cabal dos anúncios de preços reduzidos, que a administração do Teatro Itália era mais dura e exigente do que qualquer outro dono de salas de espetáculos, e que o pobre Bizzarri, que sabia da subvenção que tínhamos obtido, teve de fazer os mais acrobáticos malabarismos para evitar que, com o fracasso da bilheteria, fôssemos expulsos como os italianos do Palais de Bourgogne.

Expulsos o fomos, mas do hotel no qual estávamos hospedados, pois Tatiana, que administrava a companhia, tendo ido para o Rio catar recursos, se esqueceu de pagar a semana e a gerência do hotel (semivagabundo) achou por bem nos jogar na rua, não sem antes reter nossas bagagens. Mas a vontade de realizar o espetáculo era mais forte do que qualquer inconveniente e lá fomos nós chegando até a estreia, esperando também que a bilheteria poria fim a nossas vicissitudes.

A temporada em São Paulo foi péssima. O público ignorou o espetáculo que, todavia, tinha recebido ótimas críticas. As porcentagens que cada um recebia sobre a receita da bilheteria eram irrisórias e, para receber a subvenção que seria paga pelo Banco do Estado de São Paulo, era necessário fazer uma temporada popular num dos teatros da Prefeitura; o preço dos ingressos aliado ao custo da mídia para um teatro que notoriamente não tinha público (naquele tempo, pois hoje o Teatro João Caetano tem uma frequência privilegiada) complicaram ainda mais a situação financeira da companhia que, terminadas suas obrigações, voltou aliviada para o Rio de Janeiro. Quem ficou em São Paulo, com o encargo de receber a subvenção e pagar o Teatro Itália, que aguardava impaciente, foi Tatiana Memória, que, instalada num modesto e compreensivo hotel da avenida São João, alimentava-se com o café da manhã para depois passar o dia tentando ser recebida por algum diretor do banco, que sempre encontrava pequenos erros na documentação, o que adiava cruelmente um pagamento ao qual nossa companhia tinha mais do que direito. Tatiana não desistia, chegou a procurar um importante diretor em sua própria casa. Todos gentilíssimos, sorridentes, sempre adiando, sempre lamentando. Até que enfim (eu acompanhava os acontecimentos telefonando sem parar do Rio) o pagamento foi realizado, a dívida do Teatro Itália liquidada e o pequeno hotel da avenida São João quitado.

Ninguém, a não ser eu, soube avaliar quão dura foi a experiência de Tatiana que, além do mais, tinha jogado todas as suas economias no espetáculo.

"PODIA TER MORRIDO", disse, e ela me olhou com aquele sorriso entre terno e irônico que muitas vezes tinha me irritado. Mas os olhos desmentiam a boca, doces e afetuosos como quando era criança, então abracei-a, emocionado.

Eu amo os genoveses: são durões mas generosos, embora não queiram admiti-lo. Disfarçam sua generosidade atrás de uma sovinice proverbial e de uma sisudez desmentida por um profundo senso de hospitalidade; guardam seus sentimentos como se o fato de externá-los pudesse enfraquecê-los perante os olhos dos outros genoveses que se comportam, evidentemente, do mesmo modo. Não sei se hoje ainda é assim, mas um compromisso era fechado com um aperto de mão, sem necessidade de assinar papel.

Abri o baú; minha mãe estava magra como nunca a tinha visto e seus olhos, marcados pelas vicissitudes da guerra, se arregalaram ao ver tudo o que havia lá dentro e que eu ia tirando aos poucos: leite em pó, pão branco, carne enlatada, açúcar, chocolate, verduras desidratadas, azeite da Toscana, cigarros e tantas outras coisas de que não me lembro mais; mas ela, como uma criança, foi direta ao chocolate, que gulosamente começou a comer. Assim ficamos, silenciosos e sem necessidade de perguntas; ela levantou e foi fazer um café; voltando, me disse: "Giorgio, o filho do arquiteto Labò, foi torturado pelos alemães e assassinado, junto com outros sabotadores, nas fossas ardeatinas." Olhamo-nos em silêncio e ela se aproximou de mim, que estava sentado, pondo a mão na minha cabeça. Nesse momento chegou Leandro, seu marido, e aquele instante no qual nos tínhamos encontrado por uma dor comum fragmentou-se.

Quando fui pela primeira vez à casa do arquiteto, Giorgio estava acamado por ter quebrado uma perna esquiando. Muitas vezes, enquanto desenhava, ouvi-o chamar a mãe pedindo algo; um mês depois levantou; ainda de perna engessada, ficava conversando comigo, queria jogar cartas e eu tinha de trabalhar, mas ele não via razões e eu acabava cedendo. Ficamos amigos e à noite, muitas vezes, saíamos juntos andando pelos becos da região portuária, atravessando densas paredes de cheiros de gatos e ignorando as prostitutas. Acabávamos em alguma taberna bebendo vinho, comendo pão e parmesão e conversando de arte e arquitetura.

O pai de Giorgio tinha sido para mim o pai que eu não tivera. Sem ostentação, quando eu estava cursando cinema e ele ia a Roma, sempre me procurava levando-me para almoçar e, quando voltava para Gênova, depois de avisar Enrica, sua mulher, da hora da chegada, no cais da estação, ainda me dava um dinheirinho. Mas não era por isso que eu o amava; ele sabia ser severo quando necessário e, aparentemente, nunca tinha me ensinado nada ostensivamente: acho que ele me assumira, passando para mim, de forma indireta, noções e conhecimentos que nenhuma aula teria conseguido transmitir. Quando, por ter sido aceito no Centro Sperimentale di Cinematografia, eu tive de ir a Roma, me dei conta de sua tristeza; quando, ainda na Sardenha, quis participar de um concurso universitário de cenografia, mandei-lhe o projeto e ele, com a colaboração de meu amigo Nino, realizou a maquete. Emprestava-me livros, analisava meus quadros, sem piedade mas bondosamente e com um senso crítico profundo e sereno. Como, agora, falar com ele, eu que estava vivo e Giorgio não mais? Mas precisava falar, então o chamei pelo telefone...

O EXERCÍCIO DA AUTOCRÍTICA é fundamental para o bom desenvolvimento do trabalho, mas é perigoso quando se torna obsessivo e quase sempre isto acontece. Há uma certa complacência nesta postura que me dá muitas vezes a sensação de que minha objetividade é limitação e não qualidade.

A preocupação do espetáculo formal, o anseio de uma perfeição visual e interpretativa, a subserviência à fidelidade do texto, o cuidado de nunca entrar em choque com o pensamento do autor foram elementos negativos de uma atividade de espetáculos cujo sucesso, paradoxalmente, foi indiscutível. Minha preocupação antipartidária foi mal compreendida, assim como minha postura política.

Sempre me preocupei com a lisura do meu trabalho, com a honestidade dos meios empregados para a realização da minha atividade artística. Recusei o fácil e o truque; nunca aceitei a maquiagem do erro nem mesmo quando este viesse a beneficiar a ideia central do autor. O autor, para mim, foi durante muito tempo o elemento sagrado do espetáculo, dono de uma palavra que nos revelava conceitos, ideias, critérios e temas que nós, filtros mediadores, deveríamos entregar, prontos e embrulhados em papel de presente, ao espectador. Não percebi, durante muito tempo, que, quanto mais rico o material recebido, mais possibilidades interpretativas ele oferecia, e que a minha preocupação de fidelidade estava fundamentada no equívoco de uma falsa objetividade. Para esta postura existem muitas explicações – explicações que me parecem claras hoje mas que naqueles anos não conseguia enxergar. Quando perguntaram a Toscanini (que eu amava) qual o segredo de suas grandes interpretações, ele respondeu que a leitura fiel da partitura era o patamar sobre o qual estavam construídas suas regências; os retratos dos grandes pintores – desde Antonello da Messina, passando por Goya, até Toulouse-Lautrec, sempre tinham chamado minha atenção pela fidelidade psicológica, fidelidade e intuição, ao modelo; o exemplo de grandíssimos cenógrafos como os Bibiena, cuja capacidade ilusionística alcançava as raias do malabarismo, obcecava meu anseio de perfeição; a genialidade dos grandes intérpretes dramáticos que tinham acalentado minha juventude estimulava (e ainda estimula) meu desejo de trabalhar a pedra bruta de jovens atores para poli-los e, como pedras preciosas, fazê-los brilhar da luz que o pensamento do autor joga sobre elas. Tudo isso e muitos outros equívocos tinham norteado meu trabalho que, embora contestável, repito, estava baseado numa alucinada honestidade. O conceito de uma direção que usava o texto como pretexto para a construção de um espetáculo de "autor" não me convencia e eu batia obstinadamente na tecla de uma direção criativa mas cegamente fiel. Todavia, os espetáculos alcançavam um êxito gratificante que acariciava meu ego, impedindo-me uma visão realmente objetiva do problema, um pouco como um amante competente que não percebe que embates da cama não levam necessariamente a um entendimento profundo entre os amantes.

Além do mais, minha postura crítica em relação aos outros ficava distorcida pela ótica egocêntrica que eu tinha do espetáculo. Entendam bem, não que eu não compreendesse o trabalho dos outros nem soubesse apreciar a beleza, às vezes áspera, de espetáculos que, embora muitas vezes experimentais, continham todos os germes de um futuro e grandioso desenvolvimento; mas meu erro grave residia na consciência que eu tinha de minha competência técnica, que muitas vezes me levava a condenar erros de ortografia onde um sopro de poesia os apagava gloriosamente. Não há nenhum ato de coragem nestas afirmações; o que há é uma constatação tardia, mas não demais, de equívocos que somente a mim prejudicaram, atrasando uma liberdade de expressão, um prazer de descobertas que hoje estão presentes em minha atividade.

O teatro não tem idade; o decorrer dos séculos somente representa um longo discurso que nunca vai acabar, uma longa polêmica na qual teorias, técnicas, ideias, temáticas e propostas se articulam em diálogos muitas vezes desconexos mas sempre direcionados para um fim inevitável: a empatia indispensável entre dois grupos atuantes e indissolúveis – o público e os atores. E aqui vale uma constatação desalentadora: depois de tantas teorias, debates e discussões, todas as tentativas de levar o público (não espectador) a participar e a se manifestar naufragaram melancolicamente. Hoje a pessoa que paga o preço de seu ingresso vai ao teatro exclusivamente para rir e ri de tudo como se o preço que pagou lhe desse, por direito – e se esse direito não for "respeitado", ele o "malabariza" –, um produto hilariante que o leva, sistemática e indiferentemente, a levantar-se no final do espetáculo, aplaudindo de pé não o que ele viu mas o que ele achou que viu e, mais, aplaudindo a si mesmo por se considerar esclarecido como quem, após comer num restaurante, deixa uma gorjeta para um garçom que mal olhou e do qual nunca mais vai se lembrar.

Desculpem a digressão, mas é altamente desalentador como o ator caça o aplauso e como o público gosta de aplaudir. Ninguém mais vaia: o comportamento conscientemente passivo, que presenciei, de uma plateia perante um determinado espetáculo claramente canalha é um exemplo alvissareiro mas isolado, e, como banalmente se costuma dizer, uma andorinha não faz verão.

SALVADOR, BAHIA: dois nomes mágicos, luminosos, solares; cheiro de maresia, ladeiras, vendedoras de acarajé, negras bonitas de pele lustrosa, sorrisos faiscantes, grandes anáguas, olhos de candomblé; capoeiras esporádicas, caipirinhas traiçoeiras: só?, claro que não: uma gigantesca Ouro Preto na beira do mar, cidade baixa e alta, um horrendo elevador, esplêndidas igrejas, grandes escadarias, madeiras lavradas, ouro e mais ouro, um velho mercado, um único Grand Hotel, muitas hospedarias, repúblicas barulhentamente alegres, um misto de metrópole e cidade interiorana, restaurantes de luxo e freges, cheiros violentos de óleo fritado, suor e sabonete; um sabor de império, de ex-capital que mantém, como uma bela senhora, um *aplomb* que nenhuma jovenzinha conseguiria; a alegre arrogância de quem não desistiu de ser o que foi, com seus fortes, seus faróis, sua generosa empáfia que derrete ao luar da lagoa do Abaeté, que se emociona com as jangadas e seus saveiros, todos aparentemente iguais numa distinção social disfarçada que aceita – que fazer? –, suas inevitáveis miscigenações.

Vivi um ano na Bahia, ensinando na Escola de Teatro da Universidade, convidado por seu diretor, Martim Gonçalves, homem de cultura requintadíssima, sensibilidade aguda e total descompasso em suas relações humanas. A escola, por seus alunos, me deu as maiores alegrias e, por seu diretor, os maiores desgostos. Autoritário, estupidamente autoritário, exigia que as pessoas se levantassem quando ele passava; não admitia opiniões contrárias às dele ("a sua opinião não me interessa", dizia), mas, com todos esses e mais defeitos, tinha tido o mérito de organizar uma escola de primeiríssima categoria, onde todas as disciplinas necessárias à formação de atores, diretores, cenógrafos, figurinistas e técnicos estavam contempladas e ministradas por pessoas competentes e abalizadas. Uma pena que tanta capacidade administrativa e criadora estivesse aliada a um temperamento tão descompassado. Alguns anos atrás morreu, parece, de um tumor no cérebro, e isto explica tudo e me faz sentir constrangido por ter falado mal dele e, uma vez, depois de uma estúpida discussão, ter ameaçado surrá-lo. Como toda personalidade ditatorial, era bifronte, admirável e difícil de aturar.

Eu amava a cidade, a escola e os alunos. Tinha colegas de primeira categoria: Domitila do Amaral, professora de interpretação; Ana Edler, atriz, como Domitila do Amaral; Brutus Pedreira, crítico e tradutor de alta categoria, que ensinava dramaturgia juntamente com João Augusto Azevedo; Luciana Petruccelli, figurinista, que ensinava história do traje e da confecção; J. H. Koellreuter, diretor da Escola de Música; Yanka Rudzka, professora de dança e expressão corporal *etc.*, pessoas de convivência fácil e generosa, com as quais realizei um trabalho concatenado, evitando o compartimento estanque das "matérias" isoladas. Da mesma forma, amei os alunos, a maioria talentosa como somente os baianos sabem ser, e que deram à cena nacional nomes como o de Othon Bastos, Geraldo del Rey, Sônia Robatto e outros.

Sempre tenho a impressão de que a sequência cronológica dos acontecimentos – grandiosos ou modestos que sejam – não contém grandes significações (mudar a moda, utilizar o carro em lugar da biga, fazer a guerra com a clava ou com os mísseis teleguiados, modificar as estéticas *etc.*). Parece-me que a grande história é um tempo sempre presente determinado pelas obras do homem e não pela lembrança do homem que as produziu. Cometer erros de cronologia não é grave. Grave, para mim, é não conseguir reencontrar o fio de um pensamento que conduziu, como o de Ariadne, por caminhos desconhecidos, através dos séculos, "por mares nunca dantes navegados", à descoberta dos destinos do homem futuro.

Se Colombo tivesse suspeitado Álamo, se Leonardo tivesse intuído a energia atômica, se Brunellesco tivesse tido a previsão da decadência da arquitetura urbanística contemporânea, eles, e tantos outros, teriam continuado a obra iniciada? Acho que sim. O homem é como uma térmita: produz, produz e não se dá conta de que tudo o que faz pertence a um desenho cósmico que o leva a acumular, selecionando o que é válido e indestrutível: como os grafitos africanos, a música concreta, as Green-Coca-Cola Bottles de Andy Warhol, a *Divina comédia*, *Dom Quixote* e, por que não?, as pernas de Marlene Dietrich.

A moralidade do indivíduo nada tem a ver com seus valores criativos, assim como a moralidade de uma personagem nada tem a ver com a do ator que a interpreta. Não me importo com o fato de Strindberg ser louco, Genet um criminoso, Leonardo homossexual, Oscar Wilde pervertido, etcétera, etcétera, etcétera.

A obra de arte, a verdadeira obra de arte, não precisa de nome nem de assinatura, nem nós temos de nos preocupar com que ela o tenha. A obra de arte muda-se para o anonimato graças ao tempo que destrói a matéria humana que a produziu, salvaguardando todavia o resultado vivo de um labor premeditado, sim, mas basicamente conduzido por um caminho que o próprio artista criador desconhece. As grandes obras eternas não têm nome: "anônimo do século XI", "pintura da escola romana", "música da Corte", "danças populares irlandesas", "violino da escola de Cremona", e assim por diante: quando o nome existe, a tendência é esquecê-lo.

Quem construiu os monumentos druidas? Quem calculou as pirâmides? Quem inventou o teatro? Quem esculpiu os blocos da ilha de Páscoa? As corporações medievais preocupavam-se com o nome de seus artesãos? Claro, no momento fugaz durante o qual a obra estava sendo realizada e na hora do pagamento. Mas, depois, a construção demorava tanto que os nomes de quem nela tinham trabalhado caíam no esquecimento: mas, lembrá-los era importante? A obra sempre foi mais importante que seu obreiro e o homem mais do que o indivíduo. Quantas pessoas morreram na abertura do canal de Suez ou na construção da ponte Rio-Niterói? E quem se lembra delas? E quem quer se lembrar delas? A história da humanidade não é a de seus homens, mas a das obras que eles deixaram, perenes e indestrutíveis. A História da Arte não precisa de nomes, precisa de obras.

Anos atrás, viajando pelo estado de Pernambuco, subindo uma ladeira poeirenta e íngreme em busca de vasos antropomorfos, produção de artesãos locais, uma mancha preta, semiescondida entre pedras e pequenos tufos de capim raquítico, chamou minha atenção: soltei-a com a ponta do sapato e vi que se tratava de uma pequena cabeça modelada em barro preto, evidentemente cozida; suas características eram as de uma escultura micênica: o sorriso, quase oriental, os cabelos tratados como cordões, a forma do crânio *etc.* Não comprei o vaso antropomorfo pois, naquele período, os artesãos não estavam produzindo, mas, em compensação, ganhei a obra anônima de um artista cujo nome não me interessava, mas que certamente tinha atravessado os séculos e o espaço com a clara intenção de me emocionar, e conseguiu. Conservo até hoje, e não quero perdê-la, esta obra de arte.

Realizei tantos cenários em minha vida que se conseguisse juntar toda a madeira que neles foi empregada (e que misteriosamente desaparece quando o espetáculo termina sua carreira, assim como as interpretações dos atores) poderia construir uma cidade. Talvez uma cidade teatral, com um teatro de madeira onde, em lugar de atores, atuariam marionetes e bonecos que, para dizê-lo com Jacques Chesnais, "preparariam o acontecer de uma nova forma dramática estruturada no passado mais longínquo... Esta tomada de consciência do sobrenatural e do abstrato que colocará as marionetes – teatro de expressão popular – no nível de uma Arte (...) com meios de evasão impossíveis de serem imaginados no teatro humano... Lá onde o homem não pode chegar, a marionete, liberada das leis humanas e de suas contingências, alcança níveis que somente o espírito pode alcançar e acompanhar, seguindo o caminho do sonho e da fantasia".

CRISTO BALLAFUTIS ERA UM CAMPONÊS que possuía alguns animais; mas morava bem no alto de uma pequena montanha da cadeia do Olimpo e lá não havia pasto, razão pela qual todos os dias eu levava uma reduzida procissão equibovina para a planície onde possuía uns mil metros quadrados de terra na qual o capim crescia à vontade.

Montado numa gorda égua de amplas ilhargas, segurando o cabresto de um mulo na mão esquerda, acompanhado por uma vaca pachorrenta com seu bezerrinho e um jovem potro que nos seguia quase colado na barriga da mãe, junto descíamos as íngremes encostas para chegar até o vale onde, depois de ter amarrado os animais em longas cordas a fim de que, pastando, não entrassem em terrenos de outros proprietários, deitava tranquilamente gozando do sol de outono e atrasando a hora de minha refeição frugal (geralmente um pedaço de queijo de cabra ou berinjela e cebola conservadas em vinagre). Essa planície, de resto nem tão grande assim, era dominada por um morro de média altura que no fim do dia acabava ficando na contraluz do pôr do sol.

Numa tarde em que, pelo calor seco do ar, eu modorrava de olhos semicerrados, ouvi confusamente uns gritos longínquos e repetitivos que só me fizeram levantar por serem cada vez mais insistentes e categóricos; prestando atenção identifiquei nos sons o nome Ballafutis e, olhando em volta, vi, lá no alto do morro, a minúscula figura de um homem agitando os braços e dando pulos como num primitivo desenho animado; e, prestando mais atenção, percebi que esse hieróglifo em movimento estava se dirigindo a mim, indicando insistentemente lá onde os animais deveriam estar. Efetivamente a égua e o burro, acompanhados pelo potrinho, tinham soltado o piquete que segurava a corda e tinham invadido o território de outro proprietário. O homem, soube depois quando fui cordialmente repreendido por Cristo, era um camponês encarregado pelo povoado de fiscalizar os modestos pastos a fim de evitar que alguns poucos e pouco escrupulosos proprietários de animais invadissem os territórios alheios para alimentá-los.

Corri e trouxe de volta, sem muita complicação, os animais, fincando no terreno mais atenta e profundamente os longos piquetes de madeira, e, mais uma vez, deitei no capim, encostado numa pedra. Foi um momento mágico; essa voz longínqua e insistente, os animais mansos que continuavam pastando indiferentes ao ocorrido, aquela atmosfera ainda quente de um sol não totalmente posto, o ruído de um riacho nas proximidades, os próprios nomes Ballafutis e Cristo e a solidão daquele espaço no qual os pássaros ainda estavam calados me levaram, fechando levemente os olhos, a um mundo mitológico que tinha permanecido imutável até aquele dia. Deixei que os raios do sol criassem ramagens entre meus cílios e aguardei inutilmente a chegada de algum mítico híbrido; mas nada aconteceu e, o frio começando a se manifestar, reuni minha manada, subi na égua e iniciei meu caminho de volta.

Fiquei com Cristo vários meses e o inverno chegou abruptamente depois de um outono suave; um inverno agressivo, ventoso e carregado de nevascas que logo se transformaram em tempestades que acolchoaram de branco o povoado todo. Eu, que tinha raspado a cabeça com medo de apanhar outros piolhos, de manhã, com grande espanto da família, saía de casa e quando a água não congelava enfiava a cabeça num córrego barulhento mas transparente para voltar depois correndo para comer a polenta torrada na lareira e beber o *tchai* que fervia numa panela de barro. A família de Cristo, como ele, era bondosa: todos eles sabiam que as guerras não dependiam dos soldados e sim de seus governantes, e o próprio Ballafutis, que já tinha combatido contra os turcos, tinha uma visão clara das responsabilidades individuais e coletivas.

Sem nada para fazer a não ser juntar e cortar lenha para o fogo, ficávamos sentados no chão, em semicírculo, falando, fumando e tomando uzo. Às vezes algum vizinho chegava para prosear um pouco, acocorando-se e fazendo perguntas às quais eu tinha de responder com uma certa diplomacia: "Na Itália vocês têm galinhas?" "Temos", respondia, "mas elas não são tão bonitas como as de vocês". "E copos, copos de vidro, vocês têm?" "Sim", respondia, "mas os vidros estão reservados para os graúdos. Os pobres, o povo, só usam canecas de flandres que enferrujam muito e queimam os dedos quando a gente toma uma bebida quente". "Você era carabineiro?" A pergunta era maliciosa porque os carabineiros, na hora da ocupação do país, tinham-se comportado de maneira cruel e sanguinária. Mas eu estava limpo. Quando enviado para a Grécia, o país já estava ocupado e, embora a fome levasse muitas moças de ótima família a se prostituir para conseguir um pão ou uma lata de carne em conserva, existia uma aparente tranquilidade. "Você é casado?" Eu não o era mas afirmava o contrário, informando que tinha dois filhos e que um terceiro devia ter nascido enquanto estava longe. Um clima de cordialidade se estabelecia então e o dia passava serenamente enquanto os camponeses picavam as folhas do tabaco que secavam penduradas em molhos dourados nas paredes de casa. Fumava-se em silêncio aquele cigarro enrolado em palha de milho e todos ficávamos à vontade.

Dezembro estava correndo e o Natal se aproximando. No povoado não havia nem igreja nem capela, mas quase todas as casas tinham um ícone sempre iluminado por uma lamparina. Uma noite Cristo me disse: "Amanhã iremos ao teatro." Eu não entendi, mas concordei. E no dia seguinte, à noite, lá fomos, todos nós.

Em toda aldeia, em todo povoado, há uma taberna, pequena ou grande, que serve vinho resinado, uzo e queijo de cabra, azeitonas e berinjela e pimentões e cebolas e um grosso toucinho de porco conservado no vinagre. Nessa taberna, onde entramos no meio da forte fumaça dos cigarros e das lamparinas, é que aconteceria o teatro.

Entramos, sentamos e aguardamos. Quando já todos tinham chegado, um homem começou a tocar uma cítara e, sem que ninguém se levantasse, alguém cantou um canto ritmado e um tanto melancólico. Outros responderam: o ritmo foi acelerando, marcado por um bater de palmas até que um homem levantou dançando com um copo cheio de vinho colocado em equilíbrio por cima da cabeça; mais homens saíram de seus lugares juntando-se numa roda onde cada um realizava malabarismos complicados. As mulheres riam, semiescondidas por trás dos xales pretos, e as horas se passaram entre cantorias e danças e amplas rodadas de bebida. Mas, se todos estavam alegres e ruidosos, ninguém estava bêbado e um profundo respeito caracterizava aquele convívio. E, como sempre acontece, um silêncio profundo criou-se de repente. Ballafutis perguntou-me então: "Você não vai contar nada?" Todos, no decorrer na noite, tinham relatado algum acontecimento, narrado algum episódio às vezes engraçado, às vezes fanfarrão, sempre provocando risadas ou apupos, e eu que, aliás, me expressava muito mal na língua deles, vi-me num beco sem saída e, como um Carlitos desajeitado, improvisei uma história de Natal que terminava numa fogueira de agulhas de pinheiros.

Assim terminou nosso teatro, que foi um teatro de verdade durante o qual cada um deu ao outro o melhor de si, num diálogo singelo e autêntico raramente por mim encontrado.

DESDE QUE INVENTARAM AS ARTES GRÁFICAS, quem quis sacanear os outros, servindo-se do anonimato, pode fazê-lo despreocupada e sadicamente protegido pelo limite que a lei estabelece entre a crítica e o insulto.

Assim vemos que a minguada coluna teatral é gasta, salvo raras e encomiáveis exceções, em louvores ou censuras distribuídos entre amigos e inimigos.

Desde que a honra do contemplado não seja afetada, desde que a calúnia não se configure, o garatuja – foca ou cronista que seja – pode escrever o que quiser, com a sádica satisfação de quem, nunca tendo feito nada de positivo na vida, serve-se da página que lhe é concedida para pontificar, enaltecer ou destruir o que os outros construíram. Essa espécie de sanguessuga, de parasita, de carrapato que vive à custa do trabalho alheio e que sem ele morreria de fome, prolifera no meio dos poucos críticos honestos preocupados em colaborar com a atividade criativa de artistas plásticos e teatrais, poetas, literatos, dramaturgos, músicos *etc.* Assim vemos, de repente, que o sentido de "popular", pertencente à música categorizada de Chico, Caetano, Milton e tantos outros por nós amados e admirados, mais não é – atribuída a um falso sertanejo – senão um vulgar problema de *marketing* e que, por esse motivo, é propagandeada, enaltecida e impingida a plateias ignorantes por colunistas e animadores que fedem a feijoada rança.

Da mesma forma constatamos, e com muito desgosto, que se valoriza uma ação pornoteatral pois ela solicita e satisfaz o ego de pessoas que não têm coragem de assumir suas medíocres perversões sexuais. Na realidade, poucos veem grande, e o pequeno gesto de masturbar a própria mãe ou de pôr à vista um pálido sexo masculino com o intento de penetrar uma fêmea que abre condescendentemente as pernas é elevado, por um certo tipo de jornal, à dimensão do infanticídio que Medeia pratica.

Estou um pouco cansado de assistir impotente a essa mesquinharia teatral vestida de empáfia e maquilada de arte. Pegar um texto ruim e fazer dele um "grande" espetáculo pode até ser uma demonstração de "grande" capacidade profissional. Mas o que resta disso? Como exercício didático pode até ser útil, mas em relação à arte do espetáculo o que é que representa? A execução de um trecho do *Gradus ad Parnassum* não pode fazer parte da programação de um concerto pianístico. O teatro não é o mundo de *A filosofia da alcova* e, afinal, eu ainda acredito (reacionariamente?) no valor da poesia e da palavra.

NO FIM DO INVERNO, quando já havia um prenúncio de primavera, amávamos fugir das aulas do Liceu. O vento ainda castigava mas o sol conseguia se infiltrar nas leves pausas entre as rajadas; comprávamos pacotes de bacalhau frito, de castanhas secas e, fumando algum cigarro bem barato, íamos para os morros, de onde, quando chegássemos lá no alto, veríamos a cidade em toda a sua amplitude, o mar e a Lanterna, o farol-símbolo da cidade. Andávamos em formação livre, arfando pelas subidas íngremes mas respirando um ar cada vez mais puro e rarefeito, o perfume de uma liberdade ainda sem flores ou relva, invadidos por sensações que somente a solidão e o silêncio daqueles espaços podiam nos dar.

Andávamos soltos mas não independentes e quem estava na frente de vez em quando olhava para trás como para ver se estávamos todos presentes. Os namoricos, as mãos dadas, eram raros, não por recato ou pudor, mas porque aqueles espaços, aquela solidão, mais levavam a um silêncio cujo significado não compreendíamos totalmente, ainda que fosse intuído e assimilado. Às vezes parávamos e sentávamos no chão comendo o que tínhamos trazido, mas também não falávamos muito, trocando algum sorriso, uma piscadela. Mas logo retomávamos nosso caminho enregelados de repente pelo vento que recomeçava a uivar, e, se já tivéssemos chegado ao topo da pequena montanha, começávamos a correr descontroladamente, cabelos e saias esvoaçando enlouquecidos. Foi num desses momentos que uma garota que, como eu, tinha se distanciado dos outros, embora estando na minha frente, teve a saia levantada por um pé de vento curioso que me revelou suas pernas bonitas, embora ainda um tanto infantis. E com elas o vento também me revelou sua calcinha preta, me deixando espantado porque sempre tinha acreditado que a roupa de baixo devia ser branca. Eu gostava da menina, mas aquela peça, que mais se parecia com um calção de banho do que com uma roupa íntima, provocou um riso que me levou a correr e a empurrá-la, quase jogando-a no chão enquanto tentava alcançar meus companheiros.

Voltávamos à cidade cantando, gritando e pulando como índios enlouquecidos, escorregando em pedregulhos, segurando-nos nos galhos dos arbustos, empurrando os outros às gargalhadas, numa corrida desenfreada pois já era hora do almoço e chegaríamos em casa atrasados, tendo de dar explicações sobre nossas roupas empoeiradas e nossos rostos afogueados.

Chegando à rua, tentávamos nos recompor, cada um limpando o outro, as moças afastando as mãos malandras que, com a desculpa de tirar poeira, apalpavam seus jovens traseirinhos.

Tentei, brincando, pedir desculpas à menina que eu tinha empurrado, mas ela virou-se de costas e durante muito tempo não quis falar comigo.

Mais comportados, agora, tchau-tchau, cada um ia para a sua casa, faminto e mentiroso.

FUI ENCARREGADO DE LEVAR MEUS SOLDADOS para visitar as famílias que não viam há mais de dois anos: eram todos setentrionais. As tropas fascistas e alemãs tinham-se entrincheirado, cortando literalmente a Itália em dois, na chamada "*Linea Gotica*", que ia desde o mar Tirreno até o Adriático atravessando as regiões da Toscana, Umbria e Abruzzo, na tentativa desesperada e suicida de impedir ou, pelo menos, retardar o avanço da 5ª Armada Americana. Esta, por sua vez, só se movimentava depois de pesados bombardeios aéreos e terrestres, que garantiam a possibilidade de avançar com um mínimo de perdas humanas. Quebrada a "*Gotica*", nós, pelotão autônomo de topógrafos, seguimos, com nossa unidade de caminhões, a infantaria motorizada que lentamente se deslocava na direção de Verona praticamente sem sermos incomodados pelo exército inimigo, em fuga e acovardado.

Depois desse passeio tranquilo e bem alimentado, através de regiões que, agora massacradas pela guerra, nada tinham perdido de sua beleza áspera e extremamente doce, chegamos à região do Vêneto e paramos, como previsto, à margem do lago de Garda. Verona estava próxima e o comando americano, ciente do problema, autorizou uma licença de três dias, mais a viagem, para os soldados do norte da Itália.

Deram-me um jipão com o tanque cheio de gasolina, bônus para reabastecê-lo durante o percurso, alimentos para a viagem (pão branco, latas de mantimentos, cigarros, goma e fumo para mascar, preservativos, chocolate *etc.*: que diferença com os suprimentos com os quais o Exército italiano abastecia seus homens...) e uma dotação de armas individuais: granadas, revólveres e mosquetes – afinal a guerra ainda não tinha acabado. Assim equipados, seguimos para as aldeias e cidadezinhas onde meus homens moravam. A viagem foi gratificante; a planície do rio Pó é muito suave com suas leves neblinas, suas alamedas de olmos e os largos casarões das fazendas. O coração se apertava vendo as crateras abertas pelos bombardeios americanos, os trilhos retorcidos das estradas de ferro, o amontoado de máquinas e motores destruídos pelas explosões: mas o espetáculo terrificante de uma Itália semidestruída era suavizado pelo bem próximo encontro das nossas famílias.

No decorrer da viagem, nos campos, homens e mulheres paravam por uns instantes seu trabalho para agitar as mãos em saudações afetuosas e, chegando ao destino, os homens se levantavam gritando o nome de alguém da família, e pulavam da camioneta correndo na direção de quem já estava chegando, rindo e chorando, sem acreditar que aquele rapagão vestido com a farda americana estava vivo e forte. Todos devíamos descer para tomar um copo de vinho de um garrafão guardado para as grandes ocasiões e generosamente distribuído e compartilhado entre nós, a família, e os vizinhos, que tinham acorrido para abraçar o amado e inesperado parente e amigo. Mas não podíamos permanecer muito tempo: embora a viagem não fosse longa, as paradas eram muitas e, se em cada lugar permanecêssemos mais do que o mínimo necessário, gastaríamos só nisso todo nosso tempo de licença. Forçoso era partir, mas o coração estava cheio de alegria; sentíamos, quase tínhamos certeza, de que a guerra iria acabar logo e finalmente poderíamos reiniciar nossas vidas.

O motorista era um homem de quarenta anos chamado às armas nas últimas levas que, juntamente com rapazes de dezessete anos, tinham sido mobilizadas. Dirigia muito bem mas gostava de beber, o que me deixava apreensivo embora meus companheiros achassem engraçadíssimas as curvas tomadas em alta velocidade e as freadas repentinas provocadas por estúpidas galinhas: todo o mundo ria às gargalhadas e cantava: afinal, depois de tantos anos de sofrimento, estávamos voltando para casa.

Em cada lugar onde parávamos a cena era a mesma, mas nem por isso menos emocionante; finalmente embocamos para a rodovia caminhoneira que de Milão ia para Gênova, cidade na qual eu morava. Cristóforo, o motorista, iria para Sestri Levante, na Riviera Lígure; portanto, depois de me deixar em casa, ele prosseguiria até lá para se encontrar com a mulher e o filho que já devia estar com quatro anos. Combinamos o horário de seu retorno e ele se foi, me deixando na porta do prédio no qual minha mãe residia. O zelador me ajudou a carregar o baú cheio de mantimentos que estava comigo desde Florença, tomei o elevador e, arrastando minha carga, toquei a campainha. Eu não havia avisado ninguém da minha chegada e tinha pedido ao zelador que não chamasse minha mãe pelo interfone: queria fazer uma surpresa, mas a surpresa foi minha vendo a acolhida absolutamente tranquila e ouvindo, depois dos abraços, a informação de que meu quarto estava pronto e com a cama feita desde o dia em que eu tinha viajado para a Grécia.

TRABALHEI ALGUMAS VEZES com Belá Paes Leme. Quando a conheci, ela morava numa bela rua que une os bairros de Flamengo e Botafogo, no Rio de Janeiro. Morava num palacete que devia datar do começo do século, pelo desenho de sua arquitetura e pela organização de seus interiores. Não sei por quê, mas quando entrava naquela casa (hoje não mais existe, vendida como foi, grande demais para uma só pessoa, para ceder lugar a um prédio) tinha a sensação de ser absorvido por um clima proustiano, sensação esta que ia se rarefazendo quando, depois de ter utilizado o pequeno elevador, chegava ao ateliê onde ela trabalhava. Ali tudo era elegante e franciscanamente organizado: mesa de desenho (horizontal, se não me engano), potinhos de tinta, lápis, papéis e uma porção de outros apetrechos indispensáveis ao seu trabalho. Belá se mexia no meio de suas coisas como um gato acostumado à casa que o recebeu, silenciosa e elegante, senhora e tranquila.

Desde o primeiro momento gostei dela. Seu trabalho refletia sua personalidade; artista plástica dona de uma técnica segura, os projetos de seus cenários e a concepção de seus figurinos iam além da simples enunciação do tema, identificados por uma criatividade interpretativa que os liberava de qualquer adjetivação imediata.

Mulher educada como poucas pessoas eu vi em minha vida, Belá nunca levantava a voz, que tinha suave e delicada, assim como seu físico lembrava uma falena, e seus gestos comedidos conduziam a um convívio e a um diálogo no qual as pausas e os silêncios eram tão e às vezes mais importantes que as palavras. Proust, em meus encontros de trabalho com ela, se insinuava no mundo lúcido e rarefeito de nosso diálogo. Instintivamente meu tom de voz baixava e meus gestos ficavam mais cuidadosos e minha atenção ficava delicadamente conduzida para uma forma, uma tonalidade, uma soma de valores vibrantes ou tranquilos.

Mas Belá, além de artista, tem a qualidade de um artesão renascentista; as maquetes de seus cenários primam pela execução exata, pela transposição de uma linguagem de planos e volumes. O gosto das texturas, a escolha das tonalidades, a distribuição equilibrada dos volumes dão a seus projetos o valor de uma partitura musical barroca.

Trabalhamos juntos várias vezes; quando, a convite de Bárbara Heliodora, diretora naquele momento do Serviço Nacional de Teatro, projetamos a montagem de *O auto da alma*, de Gil Vicente, na Escola de Teatro e com seus alunos, a proposta dela para o cenário e os figurinos (eu a dirigir) foi de uma extrema simplicidade e inteligência, utilizando a arquitetura semidestruída da sala de espetáculos e introduzindo no palco rampas cobertas de cânhamo que sustentariam as tonalidades ocres, bege e terra dos figurinos.

FOI REALMENTE TERRÍVEL. Eu vi de repente toda a minha provável carreira, tão brilhantemente iniciada, destruída pela má execução de um projeto que tinha sido concebido, planejado e executado no papel com todo cuidado. Estávamos às vésperas da estreia do espetáculo de revista da mais importante companhia italiana: Wanda Osiris-Viarísio-Agus. Orquestra, corpo de baile, solistas, estrelas, *sketchs*, mudanças de cenários, tudo tinha sido ensaiado com plena satisfação dos autores-diretores (Giovannini e Garinei), e eu tinha sido calorosamente cumprimentado por todos, e também pela Wanda, estrela máxima, a vedete Wandíssima. Só faltava montar o final do segundo tempo, o complexo cenário mecanizado que com tanto cuidado eu tinha projetado.

A expectativa de todos era grande, e eu já estava exultante. Influenciado pelos musicais americanos que naquele período evidenciavam efeitos cenográficos e coreografias cujas estruturações geométricas me fascinavam, meu projeto era um pouco a resultante assimilada do que tinha visto aplicada às exigências grandiosas de nosso espetáculo, tendo em conta que a execução prática no palco estaria confiada a uma equipe de maquinistas especializados.

Meu projeto comportava oito movimentos básicos fundamentados em trilhos, plataformas giratórias e carros deslizantes. Esclarecendo: depois do último quadro cômico do espetáculo, estava previsto um escurecimento progressivo que, sustentado pela orquestra, mostraria o palco totalmente negro no qual aos poucos seria revelada, pela luz e pelo movimento circular em volta de seu eixo, uma coluna de dois metros e meio de altura e um metro de diâmetro, sobre a qual um *pas de deux* erótico estava sendo dançado; à medida que este cilindro rodava, lateralmente, das coxias esquerda e direita, em movimento rotatório, entravam duas plataformas cuja estrutura em degraus permitia a ligação com o cilindro inicial e com outras duas plataformas mais baixas que, também estruturadas em degraus e com um movimento igualmente rotatório, iam se juntar às anteriores; uma plataforma circular elevava-se do piso do palco alcançando uma altura de quarenta centímetros e unindo-se a dois carros (estes se movimentando paralelamente à ribalta) que entravam em primeiro plano pelos bastidores esquerdo e direito. A resultante de toda esta movimentação, complementada pela presença do corpo de baile, deveria ter sido um grande cenário branco articulado em plataformas e escadaria.

Deveria.

Fora dado um descanso de duas horas à companhia para permitir ao chefe da maquinaria e seus auxiliares montarem o jogo de trilhos (que ficaria pronto desde o início do espetáculo) sobre os quais, suavemente lubrificadas, deslizariam as estruturas da minha cenografia. Eu já havia explicado para todo o elenco a ideia do projeto, e na plateia conversávamos tranquilos enquanto no palco os homens trabalhavam. Todas as luzes estavam acesas, café, chá e biscoitos estavam sendo servidos e o clima era de confiante euforia.

De repente, olhando para o palco, reparei que o chefe da maquinaria, embora de voz baixa, estava discutindo com alguém; pedi licença e fui ver o que estava acontecendo. Da plateia chegavam vozes e risos e a fumaça dos cigarros envolvia tudo numa atmosfera dublinense. Tudo para mim, naquele tempo, era mágico e eu emprestava aos mínimos acontecimentos uma importância que me gratificava profundamente. Hoje tudo o que acontece num teatro continua mágico como antes, mas com uma conotação diversa, como se, à distância do tempo, estivesse lendo e relendo a mesma partitura orquestral na qual, a cada vez, descobrisse novos valores e intenções insuspeitas.

Os trilhos, que seriam encaixados no piso sobreposto ao palco para a movimentação de meu *gran finale*, tinham chegado e nosso técnico estava tentando montar uma parte deles para experimentar o movimento de alguns dos carros. Digo tentando porque curvas e retas diferiam, na posição de ajuste, em um ou dois milímetros, e um dos carros usado para o teste não conseguia seguir caminho, esbarrando inevitavelmente nos pontos de junção.

Sempre fui um homem calmo no meu trabalho, preferindo procurar soluções sem brigas ou violências verbais: mas naquele momento fiquei paralisado. Perguntei ao serralheiro que havia entregado os trilhos qual era o motivo do erro e ele confessou que, por falta de tempo, tinha dividido o trabalho com outros três serralheiros, entregando para cada um parte da planta baixa por mim desenhada e por ele recortada. "Nada vai dar certo", disse então. "Se cada serralheiro errou um ou dois milímetros o desencontro será total!"

Se tivéssemos uma semana pela frente, tudo se resolveria facilmente, trabalhando dia e noite; mas a estreia estava marcada para o dia seguinte e eu, que em parte ainda era calouro em matéria de técnica de palco, não encontrava solução para o espetáculo, considerando-me, além do mais, responsável pelo acontecido. Nosso técnico, embora traumatizado, sugeriu com um certo cinismo que, alongando em dois minutos o quadro que precedia o final, ele conseguiria montar o meu "cinematográfico" cenário, apresentando-o pronto. "E imóvel!", acrescentei. Aí a fúria me assaltou, chamei-o de irresponsável e incompetente e que nunca mais iria trabalhar com ele; minha violência foi tamanha que sua mão correu para o martelo que estava pendurado em seu cinto de trabalho. Foi uma cena grotesca. Aquela mágica que a fumaça dos cigarros tinha criado foi destruída pelo silêncio mortal da plateia repentinamente silenciosa. Desci e, quase gritando, tentei relatar o acontecido, mas um nó me subiu na garganta, levando-me a um choro convulsivo e desesperado.

Preciso esclarecer que na segunda parte da década de quarenta (e talvez ainda hoje) preparava-se um espetáculo musical (cenários, figurinos, efeitos especiais, direção, interpretação, música *etc.*) num máximo de trinta a trinta e cinco dias, o que explicava, embora não justificasse, os eventuais erros. Também é necessário que se saiba que, uma vez entregues os projetos, as responsabilidades caíam exclusivamente em cima de quem assumisse a empreitada técnica.

A companhia inteira veio para perto de mim, solidarizando-se com minha pena; minhas lágrimas enxugadas, a direção da companhia quis despedir o maquinista-chefe, mas intercedi por ele e, afinal, a sugestão que ele tinha dado de montar meu branco cenário durante o quadro "curto" foi aceita. E o espetáculo estreou com o sucesso esperado. Mas a partir daquele momento nunca mais projetei algo sem acompanhar a realização do começo ao fim.

Construí uma torre maravilhosa
com trilhos e folhas de flandres
retalhos industriais
sacos de cimento e farinha
secos e molhados
fragmentos de velhas portas

porcas e parafusos
umbrais e trincos quebrados
fiapos de tapetes
velhas chaves
uma coluna de concreto
e até um arco romano.
Não havia escada
mas subi pelos andaimes
para olhar de cima
a estrutura e o horizonte.
Uma turma de cães passou correndo
e derrubou tudo:
agora eu sei; construirei mais longe,
no fundo de um vulcão
cavando até o outro lado da terra.

PERMANECI EM GÊNOVA, semidestruída pelos bombardeios marítimos e aéreos, visitando amigos, sabendo de famílias conhecidas totalmente arrasadas, de companheiros desaparecidos, da tragédia que matou centenas de pessoas (elas haviam corrido para um túnel-abrigo cujas cancelas, por uma pane técnica, não puderam ser abertas, e, na tentativa de derrubá-las, tinham sido empurradas e pisoteadas pelos que estavam atrás). O Carlo Felice, teatro lírico de grandes tradições, nada mais era senão um amontoado de escombros (alguns anos mais tarde eu faria parte da comissão julgadora do concurso internacional para a sua reconstrução); ruas inteiras obstruídas, encanamentos quebrados, hospitais destroçados, e, principalmente, mortos inocentes, mortos, mortos, mortos... E, todavia, uma esperança, quase uma certeza, dava ânimo e força para continuar: a guerra estava terminando; os alemães, que haviam aterrorizado e destruído povos, aldeias, cidades e nações, estavam se retirando; as milícias fascistas fugiam, mudando de roupagem ou escondendo-se covardemente. Ainda não se sabia dos assassinatos em massa dos judeus confinados nos campos de concentração, mas as notícias, desencontradas e contendentes, começavam a circular. O mais surpreendente era que, malgrado a situação caótica na qual a cidade se encontrava, os telefones funcionavam, ônibus circulavam e o serviço de abastecimento de água e luz, embora precariamente, estava sendo reativado. A comida era pouca, mas, com a chegada dos americanos, as coisas estavam melhorando e a população começava a se alimentar com mais regularidade.

TODA VEZ QUE TOQUEI NO ASSUNTO da integração das artes fui contestado com "mas isto é o critério operístico wagneriano, o teatro total".

O teatro, seja lírico ou dramático, é um cadinho em que valores e linguagens diferentes se fundem para criar uma forma de expressão que nada mais tem a ver com os valores originais.

A música, a pintura, a arquitetura, o artesanato, a luz, os adereços fornecem um instrumental que o espetáculo recebe e manipula para um resultado irrepetível e único.

Aconteceu-me de ver mobiliários teatrais utilizados para decorar um apartamento e não havia condições de harmonizar a vida que lá havia com esses objetos estranhos, assim como não haveria convivência possível entre um ator que vivesse em casa, representando permanentemente para seus familiares.

Já vi obras de artes plásticas especialmente projetadas para o palco que, transferidas para salas de exposição, não conseguiam afirmar sua personalidade por terem sido retiradas de um contexto específico. E assim por diante, passando por todos os setores que compõem o mosaico do espetáculo.

Quando trabalho, para exemplificar um clima ou um andamento, cito uma obra de arte, um autor ou uma composição musical e, quase sempre, encontro uma parede de incompreensão. O hábito de trabalhar com um instrumento de muitos teclados não faz parte da prática teatral. Digo mais: não há aceitação para este tipo de argumento. Ator é ator, pintor é pintor *etc.*, como se a Arte fosse feita de compartimentos estanques e o Teatro se servisse desses compartimentos como um belchior preocupado em abastecer sua loja.

Os artistas que se reúnem para realizar um espetáculo devem renunciar às suas personalidades para pôr-se ao serviço de algo novo;

um produto capaz, como uma alta temperatura, de fundir e repropor os produtos de origem.

O critério da integração das artes está ligado a um processo de trabalho cuja espinha dorsal é a poética e a temática do texto.

A roupa que o ator veste é a segunda pele do personagem, assim como o espaço no qual ele se move é sua respiração dramática e a música que ele canta, a projeção de todo o seu ser.

DESMOBILIZADO COM O TÉRMINO DA GUERRA, ainda fiquei alguns meses em Gênova, trabalhando como desenhista com o arquiteto Mario e mantendo contato com meus amigos que atuavam em teatro. A relação afetiva com minha mãe permanecia, depois da felicidade do reencontro, difícil como antes; tentei um contato com Roma, mas lá as oportunidades de trabalho eram muito precárias.

Em Milão eu tinha dois amigos: Nino Bonamici, meu companheiro de Liceu Artístico e de guerra, ao qual ligava-me e liga-me até hoje uma amizade fraternal, Paulo Grassi que, por intermédio de um diretor teatral genovês (Giannino Galloni), tinha encontrado na Escola de Guerra, em Fano.

Paulo trabalhava na editora Rosa e Ballo coordenando a publicação de uma série de autores, a maioria dos quais tinha sido censurada na época do fascismo. Eu esperava que ele, pela amizade que havia se estabelecido entre nós, pudesse me ajudar de alguma maneira – coisa que mais tarde aconteceu realmente e com resultados acima de qualquer expectativa.

Com Nino, não havia dúvidas, encontraria apoio, estímulo e afeto: coisas das quais, tendo me transferido para aquela cidade com a importante soma correspondente, mais ou menos, a cem dólares, tinha necessidade absoluta.

Nino, contrariando os pais dela por não ter uma profissão fixa, havia se casado com Mara, uma linda moça que ele conhecera antes da guerra e que eu admirava. Pela ausência de trabalho, Nino morava no escritório do sogro que, envolvido com um cassino na Suíça, não tinha tempo de ocupá-lo, esperando que a utilização do nome de sua firma de publicidade viesse a ter alguma utilidade para o genro e, consequentemente, para a filha. Foi nesse escritório, quase um apartamento, situado no centro sensível de Milão, que nós tentamos uma série de atividades que deram em nada. Os tempos eram difíceis, nós não tínhamos capitais e, principalmente, nos faltava experiência para qualquer tipo de trabalho. Alguns bicos esporádicos nos permitiam sobreviver (a comida básica era sopa de semolina e alguma modesta verdura que cozinhávamos num fogareiro a querosene, numa saleta do escritório que, obviamente, não tinha cozinha). De vez em quando minha mãe me mandava um dinheirinho e Nino também recebia alguma ajuda. Mas alegria e otimismo não nos faltavam, e as dificuldades materiais (dormíamos alternadamente numa poltrona e quatro cadeiras) eram esquecidas no acordar para enfrentar um novo dia. A situação era totalmente absurda. Sobrevivíamos num escritório elegante, com telefone e aquecimento central, num prédio de primeira categoria (um dos poucos que tinham escapado aos bombardeios) com elevador, porteiro, serviço de limpeza e interfone; todos os dias, chegava um *office-boy* que nada tinha a fazer senão sentar atrás de uma mesinha atendendo a eventuais telefonemas... mas não tínhamos o que comer, tomávamos banho com água de torneira e ficávamos horas seguidas pensando no que poderíamos fazer, sem conseguir fazer nada.

Como os gatos famintos do Fórum romano, modorrávamos aguardando algo que não sabíamos o que seria. Acordávamos cheios de uma energia inútil e atravessávamos o dia aguardando um eventual cinema noturno para o qual sacrificaríamos uma parte de nossa já magra alimentação.

Numa dessas noites fomos agredidos por uma neblina densa, pior do que a escuridão absoluta; saindo de um cinema popular onde, além do filme, podíamos, pelo módico preço de uma lira, assistir a uma hora de *variété*, as últimas luzes da sala apagando-se, entramos, sendo rapidamente engolidos, enquanto ríamos e conversávamos, num espaço sem horizontes. A luz dos postes era mancha opaca naquela atmosfera e não adiantava a busca instintiva da marquise do cinema, ela também apagada. Ruídos longínquos de carros, o martelar desafinado da campana de um bonde, tudo nos fazia sobressaltar

O canto da cotovia, de Jean Anouilh, peça dirigida por Gianni Ratto, que inaugurou o Teatro Maria della Costa, em São Paulo, 1954.

assustados. Como lobos lunares, emitíamos uivos terríveis e gritos de pessoas assassinadas, parados todavia no lugar onde nos tínhamos encontrado à saída do cinema. As luzes de um bonde que avançava cautelosamente no escuro batendo sem parar seu sino de ferro nos fizeram pular para trás como se fosse nos atropelar: mas ele parou convidativo como uma água-viva translúcida. Subimos e a visão do condutor, magro, pálido, esquelético e com a barba de pelo menos uma semana provocou em nós um acesso de riso incontrolável e tranquilizador.

CONHECI FLÁVIO RANGEL num debate público promovido numa das apresentações de *O canto da cotovia*, espetáculo inaugural do Teatro Maria della Costa e minha primeira direção. Além de dirigir, eu também tinha projetado o cenário, e os figurinos tinham sido desenhados por Luciana Petruccelli.

Os debates estavam muito em moda, e o Teatro, genericamente falando, muito mais atuante do que hoje.

A sala estava repleta: o espetáculo tinha ganhado quatro Sacis (prêmio atribuído pelo jornal *O Estado de S. Paulo*) e, acredito, tratava-se de um bom espetáculo. A moda atribuía aos diretores e cenógrafos italianos uma categoria profissional à parte, mas somente em parte justificada. Havia com relação a tudo o que era feito aqui uma curiosa postura negativista, que se expressava com uma certa hipócrita e falsa modéstia na frase: "Sabe, é que nós ainda somos terceiro mundo..." Ao que eu retrucava, irritado, que enquanto assim se considerassem, terciários ficariam.

Mas, enfim, o anúncio do debate depois do espetáculo, divulgado pela imprensa, tinha colaborado para lotar a sala. Terminada a apresentação, depois da última cortina, dispusemos uma fileira de cadeiras e lá, aberto mais uma vez o pano de boca, sentamos, dando eu início ao debate e oferecendo a palavra ao público. Muitas foram as intervenções depois de alguns minutos de silêncio embaraçoso; algumas interessantes, outras banais, até que um jovem, elegante e de belo aspecto, levantou-se – lembro como se fosse hoje – de sua poltrona situada no canto direito da sala e, educadissimamente, formulou uma pergunta circunstanciada e intrigante que provocou em nós um diálogo rico e, na plateia, um pipocar de outras perguntas, dirigidas a mim e aos atores. A intervenção de Flávio foi empolgante e quando ele afirmou que desejava se dedicar à arte do espetáculo, facilmente previ para ele um futuro brilhante.

Durante toda sua, infelizmente, curta vida, Flávio desenvolveu uma atividade frenética, coerente e criativa, atuando tanto no campo do espetáculo como no do jornalismo e da dramaturgia. Homem permanentemente lançado para o futuro, com um claro conceito da liberdade (postura esta que, durante a famigerada ditadura, o levou para a cadeia juntamente com Callado e outros intelectuais), impôs, todavia, em seu trabalho, uma postura ditatorial fundada no absoluto convencimento que tinha de seus valores. E não sem razão: sabia o que queria e como o queria; e se, algumas vezes, bateu a cabeça, isso correspondeu para ele ao erro de um atleta em fase de treinamento.

A partir de um certo momento da minha vida ficamos amigos (isto aconteceu muitos anos depois da noite daquele famoso debate), respeitosos de nossas categorias profissionais, admiradores de nossos sucessos. Durante anos trabalhei para ele como cenógrafo e, afora Tullio Costa, que ambos admirávamos e eu continuo admirando, Flávio só se sentia bem trabalhando comigo. O curioso é que na postura que ele tinha de dominador total do espetáculo, quando eu esboçava a planta de um cenário, ele sempre tentava corrigi-la; me explico melhor: num palco italiano, a cenografia, num certo sentido clássico, deve ser concebida oferecendo uma visão equivalente para cada espectador, e a estrutura de sua planta, assim como da elevação do cenário, deve obedecer a uma conformação perspéctica que somente uma longa prática permite dominar. Eu tinha esta prática que exclui a visão de um projeto concebido com os critérios ortogonais da arquitetura, mas minhas plantas, todas traçadas segundo linhas inclinadas e não perpendiculares, deixavam-no perplexo e, no dia seguinte, na falsa-riga do que eu tinha projetado, ele me apresentava uma outra planta na qual os ângulos retos predominavam, harmoniosamente organizados numa cacofonia visual. Pacientemente, régua na mão, mostrava a ele que, segundo seu desenho, o lado esquerdo da plateia não enxergaria o que iria acontecer no lado direito e vice-versa. A conversa e o debate eram pontuados por risadas e afinal ele se rendia de bom grado às minhas argumentações. Isso não impedia que, uma vez montado o cenário no palco, ele não se movimentasse por todos os pontos da plateia observando se todos os espectadores teriam uma visão satisfatória de seu espetáculo. Mas era honesto e dava a mão à palmatória.

Generoso e egoísta, homem que enxergava o trabalho de todos dentro de uma conceituação de alto respeito para com a atividade alheia, tinha uma visão empresarial que fazia de cada componente de suas produções um participante porcentual das receitas de bilheteria. Honesto consigo mesmo e com os outros, não se rendia facilmente a um insucesso, reelaborando imediatamente o espetáculo para corrigir seus equívocos eventuais. Mas às vezes não aceitava uma crítica negativa, principalmente quando era injusta ou tendenciosa, como no caso do musical *Pippin*, de Roger O. Hirson & Stephen Schwartz, no qual, segundo algum jornal, eu teria reproduzido os cenários americanos, afirmação mentirosa que junto a outras tendenciosas sobre a postura de Flávio – diziam que se tinha vendido à empresa Bloch desmentindo suas posições políticas – provocaram, da parte dele, uma violenta e um tanto descontrolada resposta.

Flávio, direta ou indiretamente, valorizava todos os que trabalhavam com ele; assim como nos contratos todos recebiam uma porcentagem sobre as receitas, também nos resultados artísticos todos eram profissionalmente beneficiados. Nunca o ouvi responsabilizar alguém por um mau resultado num de seus espetáculos. Mas, orgulhoso por natureza, altivo como um Cyrano, não admitia facilmente o êxito alheio, e sua crítica dura alcançava facilmente os tendões de Aquiles. Achava ter direito a determinados espetáculos e, quando fui contratado para montar *Gota d'água*, ele se ressentiu profundamente. Voltarei

O canto da cotovia, de Jean Anouilh, com direção e cenários de Gianni Ratto, recebeu quatro Sacis (melhor espetáculo, direção, cenografia e atriz), prêmio atribuído pelo jornal O Estado de S. Paulo.

a falar desse espetáculo, mas, no momento, somente quero dizer que alguns anos depois de eu tê-lo dirigido ele me declarou que minha forma de trabalho tinha sido correta.

Uma das cabeçadas que ele me deu foi quando, no Copacabana Palace, montou a *História de um soldado*, de Stravinsky, transformando uma obra característica por sua secura criativa num espetáculo quase operístico, no pior sentido da palavra: o sentido musical não era o forte de Flávio, muito mais propenso a uma permanente dialética política e a uma visão de megaespetáculo. Eu admirava profun0damente sua vitalidade fundamentada na consciência de seus próprios valores organizativos. Quando preparava a luz de um espetáculo não se permitia rompantes românticos de criatividade improvisada: traçava planos em grandes folhas de papel, trabalhando com canetas de cor, formulando diagramas e sequências; isto às vezes o levava a um certo esquematismo repetitivo de tonalidades e efeitos, a uma certa simetria formal que, muitas vezes, quando o espetáculo era de grande tamanho, se traduzia numa espécie de ordem unida em detrimento de um aprofundamento maior de determinados valores dramáticos. Mas quando o espetáculo se articulava sobre planos de sensibilidade psicológica, eliminando qualquer possibilidade de fogos de artifício, seu trabalho era esplêndido, como no caso de *À margem da vida*, de Tennessee Williams.

Era empreendedor e com um sentido empresarial raro. Quando, raptando-me da praia na qual eu viva exilado depois do drama do Teatro Novo, voltei com ele para São Paulo para dar início aos trabalhos da montagem de *Abelardo e Heloísa*, de Ronald Millar, ele, prevendo a complexidade do espetáculo, já havia convencido Miriam Mehler (que seria a protagonista) da necessidade de transformar o palco, elevando a nove metros sua altura (que naquele momento não era superior a quatro).

Abelardo e Heloísa foi um grande êxito como espetáculo e uma aventura alucinada do ponto de vista de sua preparação. O Teatro Paiol parecia uma ruína romana, semiderrubado como estava, para sua reforma. Francisco Giacchieri, encarregado das alterações, trabalhava com carpinteiros, serralheiros e pedreiros enquanto a peça estava sendo ensaiada e eu providenciava os cenários na própria plateia desmontada. Encarregado também do setor de adereços, a problemática técnica e organizativa do meu trabalho era realmente complexa. Nos últimos dias, eu e Flávio dormíamos alternadamente duas horas por noite, sustentando-nos com estimulantes facilmente adquiríveis em qualquer farmácia. Na véspera do espetáculo ainda faltava executar a caminha de vime do filho de Abelardo e Heloísa. Eu sabia que estaria sendo acabada durante o primeiro ato, tendo em vista que só entraria no segundo, mas, aproveitando um momento em que Flávio estava passando, chamei-o dizendo: "Flávio, você não tem berço...", ao que ele se virou, retrucando: "Tenho berço, sim...", mas eu, sem deixá-lo terminar, completei: "Não tem, não, só estará pronto mais tarde...". Mas ambos estávamos cansados e nem tivemos vontade de rir.

Reconheceu imediatamente minha voz: pediu que fosse visitá-lo. Não falamos de Giorgio, mas ele me deu o novo endereço de onde estava morando. Ingenuamente perguntei a razão da mudança e ele me disse que o apartamento onde o tinha conhecido e trabalhado, um lugar cheio de livros e obras de arte, tinha sido destruído durante um bombardeio aéreo, do qual eles escaparam por terem ido à Albissola, cidadezinha do litoral da Ligúria, onde residia um irmão de Enrica, um excelente pintor com o qual eu tinha também colaborado.

Fui visitá-lo levando um pacote de cigarros americanos, chocolate e biscoitos. Eu não sabia o que dizer, estava confuso, principalmente com a aparente tranquilidade do casal; mas notei a roupa preta que ela vestia – não por ostentação de luto – meio suja, o cabelo um tanto desgrenhado – ela andava sempre arrumada – e a seriedade controlada dele e percebi quão profunda devia ser a dor, quão estraçalhante o reviver a cada instante, e em silêncio, a revelação do que tinha acontecido. Somente mais tarde vim a saber da odisseia do pai viajando para Roma num Itália vigiada pelas polícias políticas, passando de escritório em escritório alemão em busca de uma informação que o levasse até onde o filho estava sepultado.

Ficamos um pouco em casa, eu falando cautelosamente de meu passado recente, de minha estada em Florença antes do avanço das tropas americanas para o norte, e ele me perguntou se, por acaso, eu tinha uma revista cultural que, no meio das dificuldades criadas pela guerra, estava sendo publicada naquela cidade. Eu havia efetivamente comprado alguns números e, como sempre acontece, não os tinha lido inteiramente, interessando-me mais pelos assuntos literários. Saímos para tomar um aperitivo antes do almoço e, em seguida, corri para apanhar a publicação.

No dia seguinte ele me telefonou agradecendo a oportunidade que eu lhe dera de conhecer em detalhes o que tinha acontecido com Giorgio; diante do meu silêncio espantado comentou, em dialeto genovês: "Você é um bom menino." Num dos números da revista havia um artigo relatando as torturas às quais um pequeno grupo de sabotadores tinha sido submetido (dez dias de horrores com unhas arrancadas, choques elétricos e mais...), para depois serem mortos com um tiro na nuca à beira daquelas fossas cujo nome é Ardeatinas. Somente depois, com a devolução dos fascículos, eu li o artigo, me amaldiçoando pela minha estupidez. Não compreendi no momento, e somente mais tarde me dei conta, que "saber" era fundamental para os pais e que qualquer informação, por mais trágica ou cruel que fosse, qualquer detalhe mórbido ou revoltante era uma forma de tê-lo presente e fazê-lo viver.

Mario Labó publicou, pouco tempo depois, um pequeno e tocante livro com o relato de sua viagem, de sua busca no meio de uma Itália vigiada pelas polícias políticas, e do reencontro com o filho propiciado pela piedade de um capitão que tinha guardado de todos os assassinados um objeto que permitisse uma identificação eventual. O livro, que guardo e releio emocionado, tem fotografias do filho que o próprio pai tinha tirado.

Giorgio, como herói da Resistência, foi condecorado, *post mortem*, com a Medalha de Ouro, e seu nome foi dado a uma praça contígua ao Teatro Carlo Felice, no centro dinâmico da cidade e próximo à Academia de Belas-Artes onde, no início de sua carreira, o pai havia lecionado.

Isso evidentemente não lhe devolveu a vida nem a serenidade aos pais, que guardaram sua dor sem fazer alarde.

Giorgio teria sido um grande arquiteto; além do talento que possuía, a convivência com uma geração de criadores como Giò Ponti, Argan, Zanuso, Montale, Ungaretti *etc.* e a sólida base cultural que o pai lhe propiciara tinham criado os alicerces de sua vida futura. Os ensaios que já havia publicado sobre Sant'Elia – só para citar o genial arquiteto futurista – mais o frescor de uma juventude exuberante e racional ao mesmo tempo, uma honestidade congênita... Enfim, ele foi arrasado pelas forças que seu pai sempre tinha odiado, sem delatar, sem se acovardar, não permitindo que sua mãe judia fosse perturbada.

Giorgio e seus pais, Mario e Enrica, são algumas das poucas presenças em minha vida com as quais dialogo.

O EDIFÍCIO TEATRAL ESTÁ FALIDO; carrega até suas características dos séculos passados, quando uma sociedade eminentemente classista determinou, por intermédio de seus arquitetos, uma estrutura que, incorreta tecnicamente, deturpava visualmente os espetáculos apresentados.

Hoje – refiro-me sobretudo ao Brasil – não existe uma arquitetura especificamente teatral. As universidades, pelo que me consta, não dão a devida importância a um problema que, ligado diretamente à dramaturgia, tem todavia, em seu estudo preliminar, fundamentos básicos de relação com a coletividade. Não há teatros, portanto, dignos deste nome. Há reminiscências nos Municipais de algumas grandes cidades, relíquias de patrimônios artísticos nos quais se perpetua uma obsoleta mediocridade de atuações.

São Paulo, para ficar na cidade onde estou vivendo, tem aproximadamente setenta salas de espetáculo. A maioria são fundos de quintal adaptados, com alguns refletores, muita boa vontade e pequenos *bordereaux* resultantes de pequenas lotações. Os teatros de maiores dimensões são todos, salvo duas ou três exceções, estruturas que prolongam o conceito de sala "à italiana": plateias e palcos se defrontando como a cozinha e a sala de um restaurante.

Alguns grupos teatrais tentam romper o ritualismo "sala de espera–plateia–três sinais–*black out*–início do espetáculo *etc.*". Outros saem dos obsoletos edifícios buscando, com sucesso, outros espaços: hospital, moradia particular, galpões de fábrica, edifícios desabitados ou em ruínas, praça pública, circo *etc.* Mas estas buscas de linguagem em outras escrituras ficam limitadas ao inédito, ao poético transitório e, também, seus resultados, na maioria dos casos de alto nível, na relação com o "grande" público, têm uma força de penetração muito limitada, sem um impacto real que leve os que têm sorte de assistir a exigir mais, sem conseguir provocar um movimento de fãs que obrigue os autores a criar condições potenciais para um novo tipo de espetáculo.

Pois é, porque enquanto o autor continuar a escrever como escrevendo está, os espetáculos continuarão a ser realizados com os mesmos cânones convencionais, nas mesmas salas convencionais, para o mesmo público convencional.

E aqui intervém o problema da dramaturgia, primeira responsável pelo conservadorismo generalizado do espetáculo.

Mas intervém também a indiferença, o desinteresse e, principalmente, a desmotivação de um público pronto a se entusiasmar por um mirabolante bingo, a promoção de um grande magazine, ou a gastar seus últimos tostões para assistir a um campeonato de futebol – indiscutivelmente importantes mas, nem por isso, mais do que uma atuação dramática de alto nível temático e artístico.

Existe uma mídia para promover bingos em benefício de clubes esportivos que negociam, na base de centenas de milhares de dólares, seus jogadores numa compra e venda que transforma o esporte numa espécie de multinacional de atletas. Se abrirmos qualquer jornal encontraremos "cadernos" inteiramente dedicados ao esporte, à economia, ao turismo, aos restaurantes *etc.*; mas ao teatro poucas e minguadas linhas são dedicadas, em contraposição aos noticiários dedicados à televisão, e, quando um ator teatral morre, um rápido resumo de sua vida consegue ocupar um relegado espaço impresso em pequenos caracteres. Para que o teatro ganhe direito a uma certa atenção é necessário que alguém seja flagrado fumando maconha ou que um obscuro ator tenha esfaqueado sua amante. Ou, então, que o diretor, ou dono que seja, de um jornal escreva uma peça destinada ao fracasso.

Bingos, futebol, boxe, convocações oceânicas de seitas assim chamadas religiosas provocam paixões equivocadas ou interesseiras. Por que o teatro não consegue atrair as multidões que lotam os estádios ou os pátios das basílicas? É o público o culpado? O público é incompetente ou ignorante? O erro, parece-me, reside na própria potencialidade de paixão que o homem-povo tem. Uma leve batida de carro consegue, em poucos instantes, reunir dezenas ou centenas de curiosos, reduzir a velocidade de marcha dos carros, cujos motoristas "precisam" ver. Ver e ouvir. Um binômio fundamental em teatro, aliado a uma motivação dramática que não difere do acidente de trânsito nem da disputa esportiva.

Mais uma vez o problema se põe: afinal, o que é o teatro?

A RELVA EXERCE SOBRE MIM UM FASCÍNIO do qual não consigo me subtrair. A relva e o musgo também, e os liquens que nascem nas pedras ou nos troncos caídos e podres.

À primeira vista um prado, uma encosta ou um jardim parecem somente verdes do verde da grama ou do capim; mas, se olharmos melhor, poderemos descobrir toda uma vegetação rasteira que, num determinado período do ano, floresce gloriosa, produzindo flores de mil desenhos e cores, entre as quais predominam os brancos, os amarelos, os lilases, os azuis (vermelhos não, porque destoariam). As flores, realmente muito pequenas, se escondem entre o verde da relva e só de vez em quando aparecem, penduradas em frágeis estelos, em delicadíssimos estames. Esbeltas e delicadas, às vezes únicas, outras agrupadas, pacientemente absorvem o calor do sol, a umidade do solo. Se arrancadas murcham rapidamente; cortá-las também não vale, pois, vista sua fragilidade, definham melancólicas e abandonadas. Portanto o melhor é olhá-las dando-lhes a oportunidade de também nos olhar. Neste diálogo silencioso, mágico e sem tempo, esqueço minhas mágoas: gostaria de deslizar um pouco acima do chão para não machucar um tapete tão precioso, mas não posso e procuro então apoio em pedras ou pequenas áreas secas para poder ir embora sem nada prejudicar.

Penso no delicado equilíbrio constituído pelo frágil tecido dos jogos interpretativos e o sentido da responsabilidade me agride; percebo o quanto é fácil perturbar a criatividade de um ator, como é provável desviar-se de uma visão objetiva quando se trata de desvendar um pensamento, uma insinuação poética ou a estrutura global de um texto. E percebo que quando olho para a relva a vejo em seu todo, é sua harmônica composição que atrai minha comovida atenção e que somente depois que me deixei envolver por sua atmosfera é que os detalhes me aparecem em sua frágil e constantemente renovada beleza.

ONTEM REGINA, assistente, me telefonou: durante a noite, depois do espetáculo de domingo, Isaac Farc, o nosso administrador, morreu enquanto dormia. Regina estava desolada porque, me disse, esta morte seguia com alguns dias de distância a de uma atriz que tinha sido minha aluna, anos atrás, e por quem, além de grande carinho, eu tinha grande admiração: Ileana Kwasinski.

Regina não se conformava com a ideia de que, em tão pouco tempo, quatro colegas nossos tivessem desaparecido repentinamente: a Ileana, o Isaac, Felipe Carone e Pietro Maranca, pianista e ator assassinado pela Aids.

O falecimento de Isaac, pessoa boníssima, profundamente honesta e gentil, me deixou mudo de espanto. A notícia relativa a Felipe Carone, com o qual tinha trabalhando nos meus primeiros anos de Brasil e que não via há mais de duas décadas, tinha chegado ao meu conhecimento pela televisão e só não me deixou indiferente por ser um colega de trabalho; mas o que tinha acontecido com Ileana, que o câncer tinha destruído sem que ninguém, por sua expressa vontade, tivesse suspeitado da doença, e o fato de vir a saber como, até morrer, Pietro Maranca tinha sido sistemática e impiedosamente levado a desaparecer, tudo isto e a lembrança da morte, também por causa de um câncer impiedoso, de Flávio Rangel, me deixou num verdadeiro estado de choque do qual ainda não me recuperei.

Não tenho, nem nunca tive, medo da morte, da minha morte; não choro a morte dos outros com lágrimas ou atos de desespero; se forem pessoas amigas, queridas ou amadas, as fecho em mim e as acalento no decorrer das horas, dos dias e dos anos: passam a ser presenças e não lembranças e com o fluir do tempo estreitam laços que a vida talvez não estivesse conseguindo estabelecer... E assim dialogo com elas e elas me respondem e nunca me ignoram. Elas constituem um pequeno núcleo de entidades ao mesmo tempo incorpóreas e concretas, diáfanas e intangíveis, e todavia presentes e atuantes, mesmo se na vida real nem sempre mereci o carinho que, hoje, me demonstram.

Mas, inesperadamente, a ida de Ileana, de Pietro e de Isaac fez com que chorasse: amadurecimento ou velhice?

A PERSPECTIVA É UMA ARMA DE DOIS GUMES: de um lado ela rompe os limites geométricos do palco avançando generosamente para o infinito, ampliando os espaços, criando ilusões e cumplicidades visuais; do outro, justamente por suas características ilusórias, ela leva o projetista a se comprazer do que ele pode conseguir nesse mundo feito de enganos e repleto de armadilhas. E é realmente o que se poderia chamar de reação em cadeia o processo criativo baseado exclusivamente na técnica perspéctica. O malabarismo ao qual o projetista é levado tem as mesmas características de uma alta acrobacia na qual basta um piscar de olhos para cair em parafuso ou se elevar para os cúmulos mais altos ou para os horizontes mais longínquos.

A perspectiva, descoberta renascentista, técnica que rompeu a barreira filosófica herdada dos bizantinos, abriu, é o caso de dizer, os limites de uma linguagem plana, ortogonal. O espaço destruiu a superfície eliminando seus dois lados e penetrando numa terceira dimensão até então reservada às hierarquias místicas: ela conseguiu transferir para o quadro, a parede, a cúpula e o palco – e com a maior exatidão – o que o olho vê quando um espectador se defronta com uma rua, uma praça, uma arquitetura ou uma paisagem. O caminho para o realismo estava aberto com todas suas consequências nefastas. O século XIX foi o registro fiel do naufrágio de uma descoberta genial que alterou a linguagem visual do teatro a ponto de se sobrepor à própria dramaturgia.

O século XVII, o chamado Século de Ouro, foi talvez o período de maior criatividade da cenografia teatral. O *inganno* (a técnica que cria espaços ilusórios com malabarismos que a cenografia humanista não permitia) contém em seu próprio nome a possibilidade de um deterioramento estético que os séculos posteriores se encarregariam de evidenciar inconscientemente. E foi justamente o sentido de alto risco (basta um erro de cálculo para destruir todo um jogo de grandes ilusões) que acabou levando o processo cenográfico, enriquecido (ou empobrecido) pela aquisição de uma linguagem pictórica acadêmica, ao desastre operístico de 1800. Mas no século XVII os cenógrafos eram geniais e seus projetos, ao mesmo tempo em que utilizavam corretamente todas as regras que a perspectiva oferecia, tinham uma linguagem gráfica que faziam esquecer a técnica em benefício da linguagem plástica. Seus projetos, desenhos e croquis tinham, e mantêm até hoje, o valor de uma obra de arte que o tempo não esmorece.

A cenografia levou a perspectiva pictórica e arquitetônica à conquista de processos muito mais complexos pela necessidade de ter de multiplicar em vários planos o que estava desenhado em duas dimensões: se cada setor do desenho inicial fosse transferido para o palco, para a sua execução, na medida exata indicada pelo croqui, o resultado seria inevitavelmente desastroso. A intuição de que o ponto de vista do espectador obedece a um ângulo fixo, que abre progressivamente à medida que o plano se afasta do espectador, levou os projetistas e executores de cenários a ampliar seus desenhos para a medida real do palco, não mais na proporcional quadrangulação, mas segundo a visão de quem, olhando, realiza instintiva e ilusoriamente uma inversão dimensional. Para ser mais claro: como se o olho se comportasse (e se comporta) como uma máquina de projeção que, lançando sua imagem interceptada por vários planos, veria consequentemente, a cada plano mais afastado, as dimensões de suas imagens ampliadas. Quer dizer, para concluir, que, para realizar corretamente o processo perspéctico, à medida que os planos do desenho se aproximam do horizonte, suas dimensões reais deverão aumentar proporcionalmente para depois serem ilusoriamente reconduzidas às proporções corretas propostas pelo *inganno*. Isso, evidentemente, implica processos dos quais uma superfície não precisa, sendo suficiente, para ela, a utilização de um horizonte e de um ou mais pontos de fuga.

Mas também no projeto cenográfico o artista age de forma diferente do arquiteto ou do pintor porque, para conseguir seus "efeitos", ele terá que utilizar vários horizontes e múltiplos pontos de fuga. Exemplificando: se nós quisermos realizar no palco a parte interior de um cubo, dando a ilusão de um ponto de vista centralizado (o que comportaria normalmente um único horizonte e um único ponto de fuga), deveremos eventualmente trabalhar com três horizontes e quatro pontos de fuga, que serão determinados no espaço pelo encontro das linhas do teto, do chão e das paredes. No caso de um conjunto arquitetônico, é fácil imaginar a complexidade do desenho perspéctico e a transferência para a maquete ou para o palco das medidas executivas.

Os dois gumes estão aqui. De um lado o aspecto mágico e ilusionista que serve para "enganar" o espectador, do outro, o fascínio que este poder determina no projetista que, por sua vez, fica envolvido num processo que, cada vez mais, o afasta da descoberta, ou intuição, dos valores que um cenário deve conter: os de uma interpretação correta da proposta dramatúrgica.

NAQUELE DIA, O MAESTRO NINO STINCO me telefonou; pareceu-me um tanto sem jeito e perguntei se estava com algum problema no Theatro Municipal, do qual era diretor artístico e regente titular. Uma boa e madura amizade nos ligava: tínhamos trabalhado juntos na Itália no complicado mas bem-sucedido *Carosello napoletano* e, mais tarde, no Uruguai, no Teatro Sodre, para o qual eu tinha sido convidado para dirigir e projetar os cenários e figurinos da ópera *Werther*, de Massenet.

Pouco tempo atrás, eu tinha assinado um compromisso com o Theatro Municipal do Rio de Janeiro, como diretor e cenógrafo, para montar a *Italiana em Algeri*, de Gioacchino Rossini, com um elenco nacional.

O telefonema de Nino deixou-me inicialmente intrigado também pela reticência implícita em sua voz. Depois de cinco minutos embaraçosos, o maestro abriu o jogo. Na Bienal de São Paulo, que naquele ano contemplava um pavilhão dedicado ao teatro, Svoboda, o grande artista e técnico tchecoslovaco, tinha ganhado o prêmio internacional de cenografia. O prêmio recomendava um contrato para projetar os cenários para uma ópera num dos teatros líricos de São Paulo ou do Rio de Janeiro. São Paulo, não tendo condições, a cidade escolhida foi o Rio de Janeiro.

A única nova montagem prevista era, justamente, a da *Italiana em Algeri*, e Nino não sabia como resolver esse problema de caráter diplomático: três nações envolvidas (Itália, Brasil e Tchecoslováquia), o vencedor de um prêmio internacional, um diretor-cenógrafo praticamente contratado e o diretor artístico do Theatro Municipal: uma situação que ao maestro Stinco deve ter parecido insolúvel. Mas eu, quando Nino pronunciou: "Svoboda", dei um grito: "SVOBODA?! Qual é o problema! Claro que eu quero trabalhar com ele, é uma oportunidade rara! É maravilhoso. Ele está aqui? Em que hotel?" "Ele está no Teatro. Pedi que me esperasse um momento pois queria falar com você." "Já estou indo!" E me mandei a todo vapor.

Stinco, aliviado, nos ofereceu um excelente almoço. Tudo ficou resolvido. Svoboda falava inglês, alemão, tcheco e russo; eu falava italiano, francês, português e espanhol. Dialogar não era fácil, mas, com um pouco de boa vontade, com o uso de algumas palavras conhecidas das línguas que não falávamos, mas um rico emprego de mímica, conseguimos no entender ajudados, também, pelo regente, que falava inglês. Marcamos encontro para o dia seguinte e cada um foi para a sua residência.

Em geral, a primeira impressão é a que vale. Svoboda infundia tranquilidade: belo homem, um tanto atarracado mas elegante, tinha no olhar a transparência um pouco melancólica dos homens do centro-leste europeu; não é fácil descrever a carga sensível que os homens de sua raça carregam: uma calma aparente aliada a uma claramente perceptível segurança profissional, que pode explodir numa violência inesperada, herança evidente de passados de invasões, guerras e revoluções. Pode parecer improvável, mas à primeira vista eu senti que estava diante de um homem íntegro, e uma onda de vontade de ser seu amigo e, por que não?, seu aluno, me invadiu. E foi o que aconteceu: ficamos amigos e eu pedi umas aulas, que ele ministrou de bom grado.

No dia seguinte, na hora marcada e pontualíssimo, Svoboda apareceu na minha casa com um calhamaço de rabiscos. Eu morava no alto do morro da Glória, acima de lindíssima igrejinha, e de minhas janelas, num arco de quase trezentos e sessenta graus, descortinava-se um panorama que ia desde o aeroporto até o Cristo Redentor. A beleza estreita das relações humanas através de pequenos e quase imperceptíveis signos: este primeiro reconhecimento logo em seguida reforçou-se graças às ideias que ele foi me propondo.

Confesso que num primeiro momento fiquei perplexo: a geometria de seus desenhos, a linearidade de sua linguagem gráfica não casavam com a ideia genérica que eu tinha da ópera de Rossini; me parecia que a elegância vocal e uma certa candura na orquestração exigiam um sustento visual em que a alegria estivesse presente. Mas o desenho de Svoboda era coerente e solicitante. Não precisei mais do que dez minutos para compreender a força de sua contribuição para o espetáculo que eu ia dirigir.

Em Florença, para o Maggio Musicale Fiorentino, anos atrás, eu tinha projetado os cenários para *O assédio de Corinto*, ópera do compositor pesarense; eram cenários pictóricos, dentro de uma conceituação lírica não tradicional, para os quais eu, em desacordo com o diretor, pessoa limitada e reacionária, tinha formulado umas ideias pouco ortodoxas que o *metteur en scène* não tinha percebido. Com uma ponta de vaidade mostrei as fotos a Svoboda, que não se mostrou muito interessado e não escondeu sua opinião. Sem saber, ele sancionou a vontade que eu tinha de ser seu amigo e aluno, pois se algo sempre me cativou foi a sinceridade.

A seu pedido, emprestei-lhe uma prancheta e uma caixa de compassos e, tendo ele declinado o convite para almoçar, levei-o de volta ao pequeno hotel no qual se hospedava, no Posto Cinco de Copacabana.

Nos dias seguintes seu projeto foi tomando forma (uma forma lúcida, transparente e lógica, perfeita para a comédia musical de Rossini) e eu quis que meus amigos conhecessem Svoboda. Apresentei-o a Tatiana Leskova, coreógrafa russa radicada no Brasil, e ao pessoal do

Tablado, onde mais tarde ele pronunciou uma palestra traduzida pela Tatiana e lida não lembro mais por quem.

Nosso relacionamento era perfeito, fundamentado num respeito recíproco que estabelecia automaticamente limites intransponíveis, como é hábito entre os europeus. Ninguém invadia o território alheio com perguntas de caráter pessoal, o que não impedia que cada um se interessasse pelo bem-estar do outro. Foi dentro desse clima de cordialidade que lhe perguntei se não gostaria, em seu curto período de permanência no Brasil, de conhecer um pouco de nossa terra: sua resposta foi cortês, afirmativa e iluminada, mas ele acrescentou que antes de aceitar deveria informar o Consulado da Tchecoslováquia a fim de receber a autorização para viajar. Essa afinidade de situações, por morarmos ambos em países totalitários, aumentou minha simpatia por ele e fiquei torcendo para que a autorização fosse dada. Isso aconteceu, mas o Consulado exigiu um roteiro da viagem determinando, além do mais, a data de retorno ao Rio.

Reformulado o itinerário, pois comportava uma esticada até Diamantina, concordamos em visitar Ouro Preto, Congonhas, Mariana e, se desse tempo, Tiradentes. Naquele momento eu possuía um Jaguar Mark 7, quase presente que o pai de Jeannette tinha me dado; um carro excelente, forte e confortável no qual, a não ser na cidade, onde esquentava demais, confiava totalmente.

Lá fomos nós, então, mastigando nosso esperanto de araque mas evidentemente alegres pelo simulacro de liberdade ao qual nos estávamos entregando.

Tudo somado foi um bom passeio; claro que não conversamos muito, pois não havia como, mas ele estava participando prazerosamente dessas andanças.

Congonhas o deixou indiferente; os Profetas de Aleijadinho que eu amo (tanto ele como eles) não mereceram mais do que um olhar indiferente; de Ouro Preto gostou da paisagem e da magia do lugar, mas a arquitetura não o impressionou. As paisagens, principalmente quando dramáticas, provocavam nele exclamações de espanto. Mas, contando tudo, a viagem não foi o sucesso que eu esperava, e para ele deve ter sido mais cansativa que reveladora.

Voltando ao Rio, ele acabou o projeto da *Italiana*. Enquanto isso eu tinha tido tempo de refletir sobre seu comportamento com relação à arte barroca do Brasil: como era possível que um artista de seu calibre ficasse tão indiferente perante as manifestações do barroco brasileiro? Aí me lembrei que também eu, recém-chegado ao Brasil, olhava com um interesse muito limitado a arte daqui, especialmente para o Aleijadinho e todo o barroco de seu tempo, e que somente mais tarde, depois de um período de adaptação, consegui descobrir valores inicialmente não percebidos, como, por exemplo, a presença de uma influência indireta da linguagem medieval que tinha transformado a lição portuguesa em algo especificamente nosso; e também a lembrança de como havia inicialmente comparado o barroco italiano de Bernini e de Borromini com este que com tanta modéstia se apresentava. Uma postura evidentemente altiva e um tanto reacionária, que mais tarde ficou cancelada pela descoberta do que antes não tinha sabido ver. Hoje as imagens do barroco tchecoslovaco dançavam na minha frente, explicando a postura de Svoboda: desejei, então, que ele voltasse mais vezes para ver o que não tinha visto.

O projeto da *Italiana* estava esplêndido; livre de inúteis adjetivos, rarefeito na claridade de um espaço mediterrâneo, dava campo à música para se movimentar no jogo elegante de uma *commedia dell'arte* oitocentista. Disse tudo isto, e ele, como bom profissional, ficou contente.

Nos dias que se seguiram, ele me deu as aulas prometidas, que verteram sobre iluminação, principalmente.

Hoje percebo que havíamos descoberto uma maneira de nos comunicar, pois lembro de suas explicações sobre o excesso de mecanização dos teatros de Praga, do desejo que ele tinha de simplificações, sobre setores industriais que, a pedido, pesquisavam materiais cenográficos (tecidos, por exemplo, capazes de absorver totalmente a luz, permitindo aos objetos iluminados parecerem suspensos no ar); sobre complementaridade ou soma das cores das gelatinas usadas na iluminação dos espetáculos *etc.*, tudo acompanhado de gráficos e desenhos simples e claríssimos.

Antes de viajar, devolveu-me o material que eu lhe havia emprestado e deixou de presente duas caixas daquele esplêndido carvão fabricado na Tchecoslováquia que me foi útil durante muito tempo.

Depois de várias cartas e cartões de Natal, perdemo-nos de vista; mas só materialmente, pois em espírito está sempre a meu lado.

Anos mais tarde, um colega meu – colega, não amigo – pediu-me autorização para levar para a Quadrienal de Teatro de Praga um cenário meu; aceitei agradecido e, tempo depois, descobri que o que ele tinha levado era uma bela fotografia do protagonista do espetáculo para o qual eu tinha projetado o cenário, colocando meu nome o que, independendo das intenções do colega, não deixou de ser hilário, visto ser o nariz do ator arrebitado e comprido, enquanto o meu é arqueado e protuberante.

HOUVE UM TEMPO EM QUE ACHAVA ser o sonho uma distração durante o sono; cheguei a utilizar uma técnica que descobri casualmente enquanto descansava, sentado na cama, a cabeça apoiada desajeitadamente no travesseiro. Reparei que meu sono se povoava de visões e, acordando, tinha motivos para pensar. Tentei várias vezes repetir a experiência, mas sem resultado. Até o dia em que, tendo descoberto a posição certa, consegui sonhar, não o sonho que eu queria, mas sonhos às vezes recorrentes e sempre angustiantes. Num deles eu me via correndo numa ladeira como se fosse perseguido e, de repente, um enorme caminhão emparelhava comigo, mantendo minha velocidade e acompanhando-me. Por mais que tentasse superá-lo, ele sempre ficava ao meu lado; ninguém estava no volante e o veículo era totalmente silencioso. De repente, vindo do alto da ladeira, em sentido contrário, outro idêntico caminhão nos alcançava, indo porém (eu via suas rodas enormes) para trás. No meio dos dois veículos, que só me deixavam um espaço mínimo, eu corria arfante e apavorado. De repente, por um imprevisível estreitamento da rua, os dois caminhões colidiam contra as duas casas que delimitavam o beco. Rápido eu entrava no portão de acesso da primeira construção e trancava as duas folhas com uma chave imensa surgida não sei de onde e, insatisfeito, rapidamente colocava uma pesada aldrava. Subia então um lance de escada e penetrava correndo no interior de um apartamento através de sua porta aberta, trancando-a em seguida com trincos e ferrolhos. Continuando minha corrida passava por salas, quartos e corredores, sempre fechando suas portas e venezianas, até chegar a um cubículo onde, ultrapassada a soleira e virando-me, via-me preso entre quatro paredes de tijolo e argamassa. Aí eu sentava no chão e adormecia. Quer dizer, acordava vivenciando ainda por alguns poucos instantes a aventura sonhada. Tive este sonho durante anos, no período de minha adolescência; havia pequenas variantes: às vezes eu estava entre grandes cavalos normandos que, galopando, arrastavam (ou empurravam) enormes carruagens de madeira, ou então duas locomotivas. Uma vez foram dois tanques de guerra, mas daqueles da Primeira Guerra Mundial. Os sonhos eram sempre em branco e preto e somente começaram a ser coloridos mais tarde, quando já achava ser um homem.

Um sonho recorrente eu tive quando criança de quatro anos: no quarto de dormir de meus pais, onde minha mãe me punha para a sesta da tarde, eu acordava, no sonho, me levantava e quando descia da cama algo chamava a minha atenção: um bife à milanesa (é, isso mesmo: um bife) esvoaçava como uma grande borboleta ameaçando me morder. Apavorado eu corria pelo quarto e entrava num enorme armário de duas portas que não fechavam muito bem, deixando uma fresta estreita que me permitia ver meu inimigo que, sem barulho, esbarrava enlouquecido na madeira sem conseguir entrar. O sonho terminava aí e quando acordava não lembrava de mais nada; somente mais tarde a memória voltava, deixando-me assustado e medroso a ponto de me recusar a comer carne.

Nestes últimos anos um sonho me acompanha: um tema com variações. Estou numa cidade com largas ruas, praças e monumentos, e becos e vielas estreitas, subidas íngremes, pracinhas fechadas. Em geral estou saindo de algum aposento ou sala, com ou sem outras pessoas; saio procurando não sei o quê, mas vou seguro porque conheço a cidade, ou acho que a conheço. Sim, porque, pouco depois, procurando uma condução, esbarro em um grande monumento que me tranquiliza, levando-me por um caminho totalmente errado, fazendo com que me perca e, estando perdido, continue a admirar os palácios da cidade e seus logradouros, todavia, não sabendo encontrar uma saída. Não sei se há pessoas, mas se há, elas não falam ou, se falam, sua voz não é audível, embora eu entenda o que dizem que, sempre, é disparatado e inexato. O tempo é sereno, em geral, não lembro nem de nuvens nem de tempestades, e é justamente esse ar cristalino e rarefeito que cada vez mais, mais do que o fato de eu não encontrar o caminho certo, me angustia. Quando acordo estou sorrindo por tudo quanto me aconteceu e, quando sonho novamente, nunca a cidade é a mesma. O mesmo sonho pode também acontecer num palácio suntuoso, de vários andares, rico de tapeçarias e estuques dourados, de esculturas e cortinas preciosas, todavia sem janelas: talvez elas existam, mas não as vejo, e a luz vem não sei de onde, aveludada e translúcida. Aí também procuro um caminho cujo destino ignoro mas que sei que tem de ser percorrido. Assim, ando a esmo, descendo escadas, parando em patamares, debruçando-me por corrimões lavrados, olhando meu rosto em espelhos enegrecidos, sentando por um instante na beira de sofás vitorianos e novamente levantando, seguro sobre minhas pernas firmes. Às vezes o palácio não tem paredes do lado da rua, então não sei onde ele termina ou a rua inicia. Nunca é noite nesses sonhos, mas tudo é lúcido e nítido como num desenho arquitetônico. A angústia porém está exatamente no fato de tudo ser tão limpo, como se as vassouras mágicas tivessem varrido poeiras e teias de aranha. Nesses sonhos eu ando com a maior facilidade, não preciso, nem penso precisar, de bengalas ou pontos de apoio e me movimento com a facilidade e a leveza de minha juventude; e todavia eu sei que antes eu precisava do bastão e que meus pés doíam e minhas pernas fraquejavam, então me regozijo por ter sarado e rio de minhas preocupações passadas.

Ideal seria poder estruturar uma maquete imaginária do espetáculo, falou-me um jovem diretor, uma maquete em movimento na qual os atores seriam representados por pequenos bonecos que assumiriam todas as posições básicas no espetáculo; a iluminação seria realizada por meio de miniaturas de projetores e a cenografia na escala prevista. Isso me permitiria, continuou, checar com exatidão todas as situações-chave do espetáculo, e, aos atores, aprenderem as marcações de forma definitiva.

– Você gravaria também as entonações das falas, as pausas e as expressões mímicas dos olhos? –, perguntei.

– Não. Claro que não. Uma vez estabelecido o movimento no espaço definido *a priori* e uma vez tendo eles decorado o texto e o movimento, as entonações e a expressividade dramática surgiriam espontâneas.

– Você não pensou que o procedimento poderia ser o inverso? De que serviria para você – e para os atores – uma maquete mecânica, sem alma, sem nenhum poder de interpretação sugestiva? Não acha que a maquete eventualmente, estou dizendo eventualmente, poderia ser realizada depois de o espetáculo estar pronto interpretativamente? Mas de que serviria, então, uma maquete? E, além do mais, quando um espetáculo está interpretativamente pronto? Se o que você pretende de um conjunto de atores é um espetáculo congelado, eu considero você um criminoso teatral. Você não percebe que atuando como você pensa assassinaria toda a criatividade do ator, que deve antes de mais nada se deixar levar pela personagem que pretende abrigar? Você não percebe que o gesto é consequência de um impulso interior e não o contrário? Você não percebe que a palavra "marcação" é indecente, pois só indica um movimento amorfo num espaço sem significações? Que o movimento, individual ou de conjunto, também é resultante de uma situação dramática? A "bela" marcação que você pretende fazer e impor não existe porque, a partir do momento em que você a projetou para ser bela, ela virou um elemento decorativo e, consequentemente, inútil.

– Espera aí –, retrucou meu jovem amigo, – não precisa ficar nervoso. Está esquecendo a intervenção da música e da iluminação. Appia, maravilhoso técnico da luz, afirmou que...

– Conheço muito bem as teorias de Appia e o admiro profundamente –, interrompi, – acho que estás confundindo alhos com bugalhos. Ele nunca afirmou ou desejou uma mecanização do espetáculo e o próprio Gordon Craig, quando falou da "supermarionete", teorizou mais em termos de desespero, ele, filho de Ellen Terry, do que realmente acreditando no que estava escrevendo. Portanto, esquece tua "maquete ideal" e vá namorar um pouco; mas não preconceba gestos bonitos nem movimentos precoordenados: deixa que o amor te leve, se amando estás, e tuas carícias, tuas posturas surgirão sem provocação, nascidas e solicitadas pela espontaneidade de teus sentimentos.

Meu jovem amigo zangou-se.

– Não dá para falar com você; só pensa no amor; o que é que o amor tem a ver com tudo isso? Teatro é racionalidade e não sentimentalismo, e um diretor tem de se impor por sua segurança: o diretor é o comandante e não um sedutor barato; dirigir exige carisma e profunda convicção quanto ao que está sendo feito, e se o ator não estiver percebendo isso, ou melhor, se não o sentir, achará que o diretor é frouxo e começará a trabalhar sozinho fingindo que está obedecendo.

– A gente se vê, tá? – E fui andando, um tanto confuso.

Ele me olhou por um instante e depois sacudiu a cabeça e jogou a mão para o alto: dois gestos não preconcebidos mas que expressaram com muita clareza o que ele estava fazendo de mim.

Maria Della Costa e Sandro Polloni me convidaram para vir ao Brasil. Saí de Gênova num dia de janeiro; chuva, vento frio e cortante se misturavam buscando a primazia. O *Eugênio C*, da companhia de navegação Costa, estava parado e imenso no cais onde passageiros, carregadores, polícia e vendedores ambulantes circulavam naquele confuso frenesi que precede uma partida iminente.

Eu tinha chegado de Milão no dia anterior e, pelo fato de viajar de terceira classe, era considerado emigrante e tive, portanto, de me apresentar às autoridades competentes para o controle de minha documentação. Minha mãe me acompanhava, mas eu estava tão excitado que subia e descia do navio sem parar, procurando a cabine onde com outros companheiros de viagem compartilharia a estada de uma longa travessia. Uma vez cheguei a colocar a cabeça numa das minúsculas vigias e, de lá, descobrindo-a, fiz uma careta, ganhando em resposta um sacudir irônico da cabeça. Afinal desci e fiquei com ela (mas não tínhamos muito assunto), que me recomendou cuidado e que escrevesse logo que chegasse e que não tomasse frio e se não estava arrependido de viajar jogando fora uma situação profissional na qual tinha me saído tão bem e tantas outras coisas que as mães dizem quando veem seus filhos partirem sem ter certeza do um retorno.

Estava feliz, nada me deteria a não ser minha própria vontade, que só estava motivada por esta viagem que me levaria para um país tropical do qual nada conhecia a não ser por um documentário – *Inferno verde*, filmado por um cineasta italiano na Amazônia –, pela leitura de um romance de Machado de Assis e por uma olhadela dada numa gramática ítalo-brasileira cuja informação mais importante era a da diversificada dicção paulista e carioca.

Estava feliz, queria conhecer lugares novos, pessoas novas, sentia-me imbuído de um espírito desbravador, carregando uma bandeira de experiência e de simpatia potencial que me abriria, tinha certeza, portas, salas e palcos, numa comunhão de intentos, ideais e esperanças.

A travessia, acho, não se afastou dos padrões comuns: quatorze dias de viagem, um pouco de mar agitado, céus estrelados, fosforescências, peixes voadores, gaivotas, cumprimentos entre navios que cruzavam o mar em sentidos contrários, mas – e isso saía do comum dos padrões – as noites eram densas de encantamento: o transatlântico, seguro e silencioso, seguia seu caminho premeditado e eu, que desde criança tinha adorado olhar o mar a ponto de perder minha hora de recreio, agora o tinha todo à minha disposição. Ficava no convés, o mais perto da garoa que a espuma criava, e olhava na escuridão como um alquimista poderia ter observado o vidro de algum líquido curtido há séculos, contra a luz de uma lamparina fumacenta. Mas não conseguia ler nada, somente sentia dentro de mim uma felicidade que amarrava meu corpo numa rede de sensações indefiníveis, enquanto sorria não sabia bem para o quê: realmente estava entre o céu e o mar, embalado por um balanço quase maternal, até acordar tiritando de frio. Encantamento interrompido, voltava para a cabine onde meus três companheiros roncavam gloriosamente um acorde dodecafônico.

Assim foram quatorze dias. Os passageiros da terceira classe, considerados emigrantes, recebiam uma excelente e farta comida, os camarotes, dotados de beliches, não permitiam que mais de duas pessoas pudessem trocar de roupa simultaneamente e o ar renovado limpava o limitado espaço dos cheiros indesejáveis. Banheiros e chuveiros eram comuns, mas isso não atrapalhava tanto quanto o quase inexistente espaço destinado ao decorrer do dia que, realmente, não oferecia conforto, pela ausência quase total de assentos, ocupados rapidamente – e raramente abandonados – pelos primeiros a chegar na pequena saleta pomposamente chamada de *living*, o que criava uma curiosa e tensa expectativa muito parecida com um jogo de crianças no qual três meninos ficam sentados em três cadeiras, uma das quais é disputada por um quarto que, de pé, tenta ocupá-la quando os outros rapidamente trocam de lugar.

Vento permitindo, jogávamos cartas sobre as grandes pranchas que cobriam o acesso às estivas, ou então conversávamos sem parar. Assim ficamos conhecendo a vida de cada um, seus gostos, suas preferências. Um era vinhateiro, outro tecelão e o terceiro torneiro mecânico: todos bons rapazes, trabalhadores, já com um emprego ou um parente os esperando. Tinha tido sorte encontrando-os e sempre lamentei nunca mais tê-los visto depois de termos sido absorvidos por nossas vidas nas cidades predestinadas.

As "aventuras" também não faltavam graças à presença de algumas moças bonitas e generosas. Quando acontecia, os outros três cediam de bom grado o camarote, brincando e formulando, com um certo mau gosto divertido, hipóteses sobre o que "lá" deveria estar acontecendo.

E assim, sem grandes acontecimentos (nem uma pequena tempestade para poder contar), chegamos, quatorze dias depois – ou treze – ao Rio de Janeiro, onde descemos nos cais da praça Mauá, livres durante dez horas, antes de continuar a viagem para Santos, ponto final de minha tão desejada travessia.

O ESPAÇO CÊNICO NÃO TEM LIMITES: ele se multiplica pela dimensão do texto e de suas personagens. Ele não pode ser medido por metros quadrados ou cúbicos; ele existe – infinito – onde uma palavra de poesia ressoa.

O vazio do palco é o espaço ideal para a palavra do poeta.

O intérprete que altera sem uma motivação válida o texto dramático modifica todo um dimensionamento que, a partir daquele momento, dificilmente reencontrará sua razão de ser.

A PSICOLOGIA ESTÁ PARA A DRAMATURGIA como a perspectiva para o cenário: fascinantes por suas possibilidades que levam por caminhos inesperados além dos horizontes aparentemente intransponíveis, rompendo barreiras, sempre mais à frente com descobertas desconcertantes e malabarísticas. Penetrar na alma de alguém, romper suas defesas, surpreendê-lo com revelações, equivale ao transpor das duas dimensões da folha de papel, conquistando fugas e espaços.

Mas, como a perspectiva, a psicologia é uma arma de dois gumes pois, envolvidas em análises cada vez mais minuciosas, acaba perdendo de vista os grandes desenhos da história do homem, emaranhando-se então nos meandros da sensibilidade humana como uma mosca que se debate numa teia de aranha. A psicologia acaba conduzindo a dramaturgia para posturas intimistas que levam o teatro a se encerrar cada vez mais em salas minúsculas, para plateias cada vez mais reduzidas. Ilusionística em suas análises, a psicologia se comporta como a perspectiva que fascina por resultados insuspeitos em detrimento de um desenho mais grandioso e independente.

A psicologia matou o teatro, assim como a perspectiva matou a criatividade cenográfica.

Necessitamos de grandes emoções, de valores mais absolutos, de temas universais, do homem acima do indivíduo. Precisamos reencontrar o "ser mitológico" destruindo a psicologia do cotidiano. Precisamos sair do escritório, da saleta, do quarto. Nosso tempo não é mais o tempo das prestações, da empregada, da comida mal digerida, da transa mal engendrada. As relações delicadas não nos interessam mais. As problemáticas dos relacionamentos triangulares nos deixam indiferentes: o cotidiano ficou marginalizado e está precisando ceder o lugar à paisagem cósmica para a qual o homem está destinado.

Destino. Palavra mágica geradora de mundos poéticos, agulha magnética para os caminhos do homem, palavra-chave para abrir as portas dos espaços sem fim.

FERNANDA, FERNANDINHA, FERNANDÍSSIMA.

Fernanda, quando a conheci; Fernandinha, quando ficamos amigos pelo trabalho (ela me chamava de "senhor"); Fernandíssima agora, depois de ter deslanchado numa carreira segura e luminosa como o rastro de um engenho interespacial.

Um dia, há um tempo, com uma certa malícia que lhe é simpaticamente peculiar, afirmou que, sem bons diretores, não há bons espetáculos, ao que, obviamente, respondi que, sem bons atores, não há bons diretores.

Fernanda Montenegro é hoje, talvez, a única atriz que a cultura, filtrada por sua sensibilidade, torna independente a influências ou teorias transitórias, situando-a num plano totalmente à parte das grandes intérpretes-criadoras. Não se trata aqui de estabelecer se ela é a maior ou a melhor; isto não vem ao caso. O que eu quero dizer é que Fernanda é realmente um fenômeno a ser considerado isoladamente mais do que no contexto da arte teatral. A sólida estruturação moral, a noção crítica que ela tem de seu ofício, na perspectiva histórica de suas origens e do mundo ao qual pertence e que ela mesma criou para si, emprestam ao seu trabalho o cunho do severo e implacável profissionalismo de um artista da Renascença.

Trabalhamos sete anos juntos na busca de uma perfeição que redundou num círculo vicioso, mas também na conclusão de um importante ciclo experimental.

Quando a conheci, já era potencialmente uma grande atriz. Hoje ela carrega o fardo de monstro sagrado: o esplendor do arcanjo da espada flamejante.

Fernanda, uma e cem mil, polivalente, multiforme, proteica, virtuosa e intérprete como somente sabem ser os grandes músicos solistas.

Neste artigo (este texto foi escrito a pedido da revista *Vogue*) não deveria faltar o lado anedótico, mas acho que seria desmerecer o maravilhoso talento de Fernanda narrar pequenos episódios circunstanciais.

Prefiro lembrar o esplêndido e inesquecível momento em que, na peça *Eurídice*, de Anouilh, ela passava no fundo do palco, alterando todo um clima dramático com uma simples parada e olhar. Era sua única aparição no espetáculo e ficou gravada para sempre.

NÃO SOU, NEM NUNCA FUI, um homem de coragem; mas, também, não sou um covarde. Aguentei firme troças e caçoadas e revidei socos quando alguém quis bater em mim.

Quando, pela segunda vez, já no colégio de Cherasco, um garoto com alguns anos a mais do que minha idade me chamou de bastardo, voei para cima dele e, no centro do círculo formado pelos meus companheiros de onze anos, bati e bati sem parar, cego e furioso pela vontade de destroçar o inimigo, reduzi-lo a uma massa sangrenta, matá-lo. E o teria matado se os outros meninos, ante tanta fúria, não tivessem se assustado, segurando-me pelos braços, gritando e chorando para que eu parasse. A chegada providencial do padre-prefeito, que distribuiu uma boa dose de tapas fraternais, acalmou os ânimos: nunca mais alguém se atreveu a me insultar e, a partir daquele momento, passei a gozar de uma firme admiração de todos.

Não sei se hoje teria a coragem de tomar a atitude que tomei em Atenas, quando fugi para me juntar aos rebeldes gregos que combatiam a tirania dos invasores. Mas, justamente, lá não me passou pela cabeça se o que estava fazendo era um ato de coragem, pois o que valeu foi a postura inconscientemente amadurecida de um homem jovem que, de repente, tinha intuído verdades que deveria ter enxergado com muita antecedência. Foi portanto sem medo, mas também sem me sentir corajoso, que assumi meu modesto destino.

Quando se tratou de abandonar tudo o que tinha conseguido na Itália, trabalho, amigos, vida confortável, filho e amantes, a ideia do medo não se configurou, e a viagem até o Brasil numa cabine múltipla de terceira classe me pareceu tão confortável como a de um *pullman* da Orient-Express: nenhuma coragem, portanto, mas também a ausência total de medo por enfrentar o mundo e uma vida nova da qual pouco ou nada conhecia.

Anos mais tarde, já aqui no Brasil, nos ensaios de *Guerras do alecrim e da manjerona*, do Judeu, tive de enfrentar uma situação complicada por causa de um ator (excelente, por sinal) que implicava grosseira e sistematicamente com uma das atrizes e que, num dia de cão, me ameaçou com a espada com a qual estava ensaiando; não tive dúvidas, subi no palco, apanhei uma cadeira e fui para cima dele (hoje sinto-me envergonhado pelo que aconteceu): a espada baixou e minha cadeira também; as palavras substituíram os gestos e o ensaio pôde ser retomado. Tenho muito respeito pelas qualidades desse ator pernambucano do qual depois fiquei amigo e com o qual tive a feliz possibilidade de poder novamente trabalhar. Coragem? Não: ausência de medo e, talvez, um pouco de irresponsabilidade.

Muito tempo depois, morando temporariamente em Copacabana, em virtude de um espetáculo que estava dirigindo, fui acordado de madrugada pelo zelador do prédio que me informou que um ladrão estava tentando arrombar meu carro estacionado na rua a uns trezentos metros de meu edifício. Saí sem pensar duas vezes e devagar me aproximei do lugar onde meu automóvel estava. Lá, totalmente despreocupado, um rapaz que não podia ter vinte anos, vestido com um certo apuro, tentava forçar o quebra-vento: dava, também de longe e na penumbra da noite, para perceber seu amadorismo e incompetência e isso me deu vontade de rir, foi então que falei: "O que está fazendo aí? O carro serve para o meu trabalho..." Mas ele me interrompeu: "Pera aí, eu só queria pegar o rádio..." "Mas tem que quebrar tudo? Não sabe abrir a porta?" – "É a primeira vez..." A esta altura eu já estava bem próximo dele e pude constatar que era um rapaz simpático e bem arrumado. Falou que precisava do dinheiro, perguntei porque não procurava trabalho, respondeu que tinha acabado de sair da Febem e que ninguém o aceitaria. Acabei dando-lhe uns cruzeirinhos e aconselhando-o a seguir em determinada direção para evitar um dos postos de polícia que "vigiavam" Copacabana. Foi-se prometendo que se encontrasse meu carro o respeitaria.

Voltando, reparei que todos os zeladores noturnos tinham acompanhando a cena e todos eles reclamaram por eu ter deixado ir embora o ladrãozinho. Mandei-os mentalmente à merda e fui tentar dormir novamente.

Nem coragem nem medo, portanto: talvez curiosidade ou lembrança subconsciente dos dois amigos ladrões de meu tempo militar.

Não sei porque escrevi sobre este tema; sinto que é indispensável poder falar com as pessoas, falar de homem para homem, ser gente como os outros são gente. Deve haver uma certa ancestral ingenuidade em minha postura, talvez até uma certa inconsciência que está acima de uma imediata avaliação das posturas a serem tomadas. Já paguei por causa desta ingenuidade: por instinto, até segunda ordem, acredito nas pessoas e, muitas vezes, esta segunda ordem se constitui num "tarde demais".

Em seu famoso prefácio à peça *Seis personagens em busca de um autor*, Pirandello fala de uma criadinha travessa que se diverte a levar para ele, em seu lugar de trabalho, pessoas, objetos e ideias provocantes a fim de serem aproveitadas, solicitando-o em sua criatividade: a esta criadinha ele deu o nome de *Fantasia*. *Seis personagens* – espetáculo dentro do espetáculo – é realizado num palco vazio, com luz de serviço; o pano de boca está aberto desde o início e quando desce é por descuido do maquinista; a magia das luzes, um clima quase ritualístico, o surgimento de um pedaço de cenário, um golpe de cena (a aparição de Madama Pace) são resultados não de maquinismos ou de tecnologia, mas fruto de uma intuição poética que cria lírica e malabaristicamente climas e milagres pela simples força evocativa da palavra.

Em *Nossa cidade*, de Thornton Wilder, o palco não somente está vazio como os objetos necessários para a ação são definidos e materializados pela mímica dos atores, enquanto, cordialmente, a personagem do diretor descreve os cenários e sua colocação.

No *Sonho de uma noite de verão* de Shakespeare (ato 3, cena 1), enquanto Titania permanece adormecida, entram os Clowns, Lecoing, Etriqué, Bottom, Flute, Groin e Meurt de Faim, que discutem a montagem de *Pyramo e Thisbe* e os problemas técnicos relacionados a cenários, luz *etc.*:

> Lecoing – (...) mas ainda temos de resolver dois problemas difíceis: trazer o luar para um dos quartos; pois, como sabeis, Pyramo e Thisbe se encontram à luz da lua.
>
> Etriqué – Será que a lua vai brilhar na noite do espetáculo?
>
> Bottom – Um calendário! Um calendário! Olhem no almanaque: encontrem o luar, encontrem o luar!
>
> Lecoing – Sim, a lua estará brilhando naquela noite!
>
> Bottom – Então você poderá deixar aberta uma parte da claraboia na grande sala onde estaremos representando, e a lua poderá entrar.

Lecoing – Sim, ou então alguém poderia aparecer carregando um feixe de gravetos e uma lanterna dizendo que veio para representar a personagem da lua. Mas há o segundo problema: precisamos ter um muro da grande sala; porque Pyramo e Thisbe, segundo a história, conversavam pela fresta de uma parede.
Etriqué – Nunca vocês conseguirão transportar um muro até a sala; que acha disto, Bottom?
Bottom – Alguém deverá representar o muro: será necessário que em suas roupas sejam colocados reboque, argila ou cal; e também que ele mantenha o braço horizontal com a mão fechada mas com o indicador e o médio abertos em V: assim Pyramo e Thisbe falarão pela abertura.
Locoing – Se isso for possível, então está tudo bem. E agora, seus filhos de mães honradas, sentem-se e comecem a ensaiar seus papéis.

O teatro da Renascença resolvia seus problemas com três cenários fixos, construídos, básicos: o "trágico", o "cômico" e o "pastoral".

O teatro elisabetano valia-se de uma estrutura fixa articulada em dois planos; o texto, quando necessário, pedia ao público que visse um exército onde estava um só comediante ou, então, a lua, quando um homem acompanhado por um cachorro passasse no palco carregando uma lanterna.

Assim, também, o despojamento é total no "curral" espanhol, nos teatros orientais, nos espetáculos de praça, nas missas das igrejas românticas. Assim é, enfim, em toda representação que exige uma participação interiormente ativa e que, portanto, possa dispensar cenários e maquinárias.

Os exemplos são numerosos e sempre coincidem com os mais altos momentos da poesia dramática, contemporânea ou do passado.

O aproveitamento de técnicas alheias à estrutura física do edifício teatral vem de longe. As embarcações gregas forneceram guindastes, moitões, cordalhas, para a realização de efeitos cênicos indispensáveis à aparição de deuses, à revelação horripilante e catártica dos cadáveres das personagens assassinadas. Engrenagens simples mas eficazes permitiam rodar elementos cênicos, revelando novos espaços, e telões desciam ou subiam assim como as velas de um navio eram manobradas: o uso de prismas triangulares (periactos), voos e cenários deslizantes, de engenhos para efeitos acústicos e visuais era a consequência inevitável da presença mágica dos deuses e do destino que eles determinavam para o homem. Eram os poetas que pediam isso; o que era procurado não era o efeito pelo efeito e sim o meio que, sem extrapolar a essência do momento dramático, se constituíssem em algo tão forte e importante quando o gesto de Medeia.

A perfeita execução dos efeitos era decerto menos importante do que suas resultantes dramáticas; não duvido que o espectador visse somente o que sua participação emocional lhe sugeria; sua visão subjetiva apagava a eventual deficiência de mecanismos indisfarçáveis, e a queda de um Ícaro (relatada por Suetônio, século I d.C.), por exemplo, não devia perturbar sua expectativa cega, ansiosa e participante.

O homem da Idade Média é responsável, perante Deus, por seus próprios atos e pensamentos, e não mais escravo de um destino determinado pelos deuses. O conceito de "milagre", que pode subverter beneficamente um acontecimento trágico ou representar um "mistério" inexplicável, é traduzido em dramaturgia na forma da representação medieval. O "milagre" e o "mistério" passam a ser elementos, produtos oferecidos a um público realmente faminto e consumidor de grandes efeitos sugestivos, promissores de prêmios ou castigos, com a presença alucinante ou onírica de demônios asquerosos ou anjos assexuados, com a execução de pecados carnais explícitos ou com a compadecida apresentação da Paixão de Cristo. Para tanto, engenheiros, arquitetos, criadores de mecanismos e autômatos, mágicos, carpinteiros e eclesiásticos perspicazes oferecem ao teatro – servidos entusiasticamente por comunidades inteiras – seus inventos, descobertas e consequentes aplicações, tanto no interior das igrejas como nas ruas ou nas praças.

Giorgio Vasari, o grande biógrafo de artistas plásticos e arquitetos (século XVI), atribui a Filippo Brunelleschi (1377-1446) o projeto e a execução de uma "maquinária" realizada em Florença para a Festa da Anunciação. Vale a pena ler o seu relato:

> (...) havia portanto o Brunellesco arrumado as coisas de tal maneira que se via, no alto, um céu repleto de figuras vivas, movimentando-se, e uma

infinidade de lumes que, quase num instante, apareciam e desapareciam. Doze crianças, vestidas de anjos, com as asas douradas e cabeleiras de ouro, seguravam-se pelas mãos e, agitando os braços, davam a sensação de estar dançando. Acima de suas cabeças, havia três grinaldas de luzes, situadas dentro de pequenas lamparinas que, vistas do chão, pareciam estrelas, e as prateleiras que as sustentavam, cobertas por tufos de algodão, davam a ilusão de nuvens. Mais outras oito crianças, situadas numa plataforma menor, desciam no meio das primeiras, sem impedir sua visibilidade, lentamente, por meio de um pequeno guindaste. Sempre do alto e no mesmo eixo, movido por engenhos mecânicos, descia uma estrutura em forma de amêndoa, luminosa, colocada no centro das duas outras armações. Nesta "amêndoa", um mocinho de uns quinze anos, vestido de anjo, seguro na cintura por meio de um aro de ferro fixado no chão para evitar que caísse, podia ajoelhar-se por ser este ferro articulado. E quando a "amêndoa" pousava sobre um patamar de quatro degraus, o dito ferro destravava-se permitindo ao anjo sair e dirigir-se à Virgem, saudando-a e levando a Ela o Anúncio. Em seguida, o anjo voltava à sua "amêndoa", que acendia novamente suas luzes e iniciava sua subida enquanto, cantando, voltavam a subir os oito meninos da plataforma intermediária e os quinze anjos dourados rodavam dando ao conjunto a sensação exata de um paraíso; tanto mais que além desses anjos, parecidos com os outros, também amarrados na cintura, de tal maneira que o céu, os meninos, Deus Pai e a "amêndoa", com seus inúmeros lumes e suavíssimas músicas, representavam o paraíso de verdade. Acrescente-se a tudo isso que, para poder aquele céu abrir-se e fechar-se, Filippo havia mandado executar duas grandes portas que, se abrindo, puxavam cordalhas que provocavam ruídos de trovoadas e, quando fechadas, abrigavam materiais necessários à apresentação.

Equivalentemente importante e fastuoso foi o *Apparato per le nozze di Francesco de' Medici*, projetado por Leonardo da Vinci e também relatado por Vasari, no qual todas as inovações tecnológicas estavam presentes, com a realização de efeitos luminosos e a simultaneidade de múltiplos movimentos por meio de um único mecanismo.

Maquinárias e efeitos grandiloquentes foram características do teatro religioso medieval, da Renascença e do Barroco (grandes bailados mitológicos e esplendorosas cenografias em que a aplicação da perspectiva reinava) e, mais tarde, nos espetáculos de ópera e no teatro naturalista – sem falar nas salas especializadas, onde a pseudomagia se aliava às mais recentes aquisições tecnológicas.

Encantar, sugestionar e "enganar" constituem portanto um fenômeno permanente que transcende a verdadeira essência do teatro e de sua dramaturgia, cujas características básicas são as ideias e a poesia.

Inganni. Assim eram chamados os aparatos cênicos baseados em mudanças rápidas e na aplicação rigorosa e criativa da perspectiva à pintura dos cenários que substituíram triunfalmente as pesadas construções fixas renascentistas. Com o único movimento manual – de muitos homens, claro – de um enorme tambor de madeira, por meio de cordas, roldanas, moitões e carretilhas, conseguia-se acionar um palco inteiro, em todos os seus setores, despertando a surpresa e o encantamento de espectadores cada vez mais famintos da magia do visual que coreografia e cenografia conseguem realizar. Onde estava agora a crédula fé da Idade Média? Para onde tinha sido relegada a força dos mitos da antiga Grécia? O consumismo visual era tão exigente quanto a equivalência emocional despertada hoje nas classes de menor poder aquisitivo pela propaganda televisiva.

Em 1638, Nicola Sabbatini publica um livro fundamental para o desenvolvimento das técnicas de palco: *Prattica di fabbricare scene e macchine*. Este tratado, verdadeira obra-prima de percepção, antecipadora de conquistas futuras, ensinava a colorir, reduzir e aumentar a intensidade da iluminação (naquele tempo basicamente a óleo), movimentar no palco um navio em meio a ondas revoltas; mudar rapidamente um cenário de um mágico jardim mitológico para um faustoso palácio senhorial, por exemplo, sem que o público se desse conta de como isso tinha acontecido. (Sugeria, por exemplo, que no fundo da plateia alguém desse um toque de corneta, ou um tiro de pistola, ou fingisse o estourar de uma briga, obrigando os espectadores a se virarem para que, quando voltassem a olhar o palco, encontrassem a fantástica e inexplicável mudança satisfatoriamente realizada.)

Sem dúvida alguma, a cenografia e suas técnicas seguem o caminho das conquistas da Revolução Industrial e das linguagens estéticas. Se durante muito tempo ela é o resultado de intuições e pesquisas de artistas e artesãos, com o decorrer do tempo servirá cada vez mais em profundidade às propostas dos teóricos que, desde a segunda metade do século XIX, irão revolucionar a linguagem visual e dramatúrgica na busca de uma integração cada vez mais profunda.

Todavia, o progresso e a evolução da tecnologia em todos os setores do espetáculo, a conquista de novos e inconcebíveis potenciais luminosos (gás, primeiro, eletricidade e eletrônica, depois) aliados a formas de controle cada vez mais sofisticadas, provocam e alimentam a fome de efeitos mais complexos e, também, como aconteceu com Appia e Gordon Craig, a formulação de um discurso positivamente subversivo.

A pesquisa técnica, se inicialmente é estimulada pelas revoluções estéticas, desenvolve-se todavia de forma extemporânea e independente de qualquer teoria, na maioria dos casos preocupada em oferecer equipamentos cada vez mais aperfeiçoados quer no setor de iluminação, quer no da engenharia mecânica dos palcos, que se utiliza da hidráulica, da eletrônica, dos comandos a distância, do raio *laser*, da holografia, da computação e de tudo o que pertence às conquistas da "última geração".

Em alguns casos, com Svoboda ou Moholi Nagui, a indústria segue uma informação mais correta, mas, com eles – e foi o próprio Svoboda quem me disse isso –, a preocupação era agilizar os aparatos técnicos em razão da maior pureza da linguagem.

O cinema e a televisão, com suas técnicas cada vez mais arrojadas, necessitam realmente ser assistidos por um instrumental que, pode-se dizer, é sistematicamente superado pelo próximo invento. Mas quando o teatro esquece suas origens e finalidades, tentando concorrer com meios de expressão antitéticos, destina-se ao naufrágio. Este raciocínio não elimina a necessidade que determinados espetáculos líricos e coreográficos têm de equipamentos e aparelhagens tecnicamente perfeitos: a *Tetralogia*, de Wagner, a *Flauta Mágica*, de Mozart, *As Índias galantes*, de Rameau, o *Sadko* ou *A lenda da cidade invisível*, de Rimsky-Korsakov, o *Excelsior*, de L. Manzotti, o *Nabuco*, de Verdi – só para citar algumas obras entre tantas – não poderiam ser convenientemente realizadas se não dispusessem de palcos maleáveis e adequadamente equipados (alçapões, pontes hidráulicas, urdimentos motorizados, carros telecomandados, giratórios cilíndricos *etc.*), com áreas e cubagens de seis a doze vezes superiores ao espaço efetivo de utilização prática e visual. O edifício teatral se transforma numa verdadeira usina tecnológica e computadorizada que, assim como um navio de guerra, tem seus engenheiros, comandantes, oficiais e subalternos: o Grande Teatro de Gotemburgo (o Storan), na Suécia, teve sua mecânica realizada pelos estaleiros navais bélicos. Aliás, nada de novo no *front*: já vimos que a dramaturgia grega tinha encontrado seus recursos técnicos justamente nas manobras das velas de seus navios.

Nosso século assiste à transformação radical do edifício teatral. Muitas salas de espetáculo continuam ainda sendo projetadas e construídas de acordo com os cânones tradicionais do teatro "à italiana", que subordina o espaço dedicado ao público ao respeito rigoroso das hierarquias sociais em detrimento de qualquer critério de perfeita visibilidade.

O "ponto de vista do rei", princípio básico de toda a perspectiva cenográfica, identifica um único eixo visual lá onde o "príncipe", o "duque" ou o "rei" estarão sentados ao lado de suas nobres esposas, e os outros que se danem.

Este critério predominará, durante alguns séculos, na projetação da cenografia teatral, persistindo em sobreviver até os dias de hoje em espetáculos de características tradicionais e nos ateliês produtores de cenografias de aluguel.

O conceito de um ponto de vista idêntico para todos, de uma acústica perfeita em todos os setores da sala – se constitui num reencontro feliz com as formas mais antigas da arquitetura teatral – é fruto também da preocupação de permitir que a "obra" seja salvaguardada para todos em sua total integridade estética. Não se trata, parece-me, de uma conquista social (em muitos casos, pelo menos) que respeita todos os níveis culturais e econômicos, mas de um nivelamento a favor de uma comunicação coletiva: numa divertida reviravolta, o espetáculo assume a posição do "príncipe", passando a ser o centro do interesse coletivo.

Falei "em muitos casos", não num fenômeno generalizado. No decorrer deste século (desde, aliás, 1876, com a sala do Teatro Wagneriano de Bayreuth – projeto de Bruckwald) as propostas, muitas vezes sadias e agressivamente revolucionárias, foram numerosas e, na maioria dos casos, interessantes e válidas. Norman Bel Geddes, Gropius, De Pero, Moholi Nagui, Vakhtangov *etc.* procuraram incorporar o palco à plateia numa riqueza de propostas planimétricas e situacionais (a presença de Piscator e Brecht, de Meyerhold *etc.* é criativamente provocadora) preocupados com a projeção de edifícios versáteis, de estruturas polivalentes, que visam situar o espectador num envolvimento que rompe com qualquer convencionalidade emocional, movimentando-o numa espacialidade cinética ou situando-o no eixo dinâmico e vertical de uma estrutura esférica.

O edifício teatral acolhe e seleciona todos os recursos que a tecnologia – e sua pesquisa constante – oferece-lhe de mão cheia. Os projetos de Polieri, Venturelli, Werner Ruhnau, André Bloc são verdadeiros delírios criativos, voos interespaciais pelo universo teatral, na tentativa de alcançar novos planetas, novas galáxias.

Mas não sei não; já fiz muitos espetáculos amaldiçoando palcos desprovidos de convenientes equipamentos técnicos; já montei cenários em palcos ultraequipados onde tudo era possível menos conseguir um azul mediterrâneo indispensável a uma cenografia de *commedia dell'arte*. Já fiquei fascinado por um inesperado resultado, casualmente apagando todas as luzes do palco (que eram poucas) e vendo o meu espaço iluminado pelos vergalhões fantomáticos projetados por uma única lâmpada pendurada acima do urdimento, balançando sozinha, pesadelo alucinante de um fim de peça ionesquiano.

Não será certamente eu quem, depois de ter assistido à magia da ida a Kittesh num palco em que sequência cenográfica nada tinha a dever a outras, e mais amparadas, técnicas de linguagem visual; não será certamente eu quem, tendo tido a oportunidade de participar da execução da tempestade do primeiro ato de *Otello*, de Verdi, numa montagem do Teatro alla Scala – dirigida por Nicola Benois – para a execução da qual foram necessárias mais de cento e vinte pessoas; não será certamente eu quem negará a importância de um teatro plenamente equipado e de uma pesquisa cada vez mais aprofundada para a conquista de tecnologias que permitam delírios criativos somente superados por "viagens psicodélicas". Não nego nada, mas não posso deixar de constatar que nenhum motor conseguirá, para um passeio bucólico, substituir uma leve caleche puxada por um garboso cavalo branco. Não é surpreendente que na era das viagens interplanetárias, dos mísseis e dos satélites, uma das mais maravilhosas invenções da atualidade seja a da asa-delta, que propicia ao novo Ícaro a reconquista do silêncio perdido?

Não sei não, mas se o teatro não é basicamente um ato de amor, um ato de fé, não sei mais o que é teatro. Se a palavra "poeta" perdeu seu sentido, se a entrega de si mesmo tem de ser amparada por paraquedas e escafandros, se tudo o que é autenticamente simples não é mais suficiente, então é melhor que o teatro feche suas portas e venda seus equipamentos como sucata a preço de banana.

Continuo acreditando (como sempre acreditei, independendo das tradições às minhas convicções) num teatro despojado, pobre – até andrajoso – onde tudo seja ritual, num contexto de signos e símbolos. Acredito na juta que, pela luz de uma vela, se transforma num preciosíssimo brocado; acredito no galho de árvore que é cajado, cetro e serpente: um tudo que muda pelo olhar mágico de um gato. A humanidade precisa de poesia e não de teatro com "gosto artificial de poesia". A humanidade precisa de meios para entrar em contato consigo mesma; precisa poder gritar de angústia, de desejo, de ódio e de prazer, sem que seus gritos fiquem abafados por holofotes e ruídos de engrenagens; precisa reencontrar seus espaços, suas luminosidades, suas decepções; reencontrar a compreensão de seus destinos.

Creio que a humanidade está cansada de teorias, métodos e técnicas, neste século composto de muitos séculos; penso que ela ainda acredita na "palavra", que anseia por um novo "verbo" e que não está mais muito disposta a um tipo de informação ligada basicamente ao consumismo e às conveniências dos governantes. Acho que a única voz de um novo "poeta" seria ouvida e recebida como um hóspede especialmente querido e longamente esperado.

A importância da tecnologia é inegável, mas ela não apaga nem resolve a agonia de um planeta em evidente extinção, que se autodevora com uma inconsciência delirante.

De resto, se quisermos ficar aqui no Brasil, onde os teatros, na maioria dos casos, não passam de carcaças antediluvianas, carroçarias desmanteladas, arcabouços desmoronantes, não é evidente que a dramaturgia e a arte do espetáculo sobreviveram graças à presença criadora de autores, atores e poetas preocupados com o que estavam dizendo, independendo das condições técnicas e políticas desfavoráveis?

A pergunta surge inevitável: um texto de Carlos Drummond de Andrade teria mais valor, seria mais "belo" se fosse impresso com uma técnica holográfica?

Pelo que me lembro, Armstrong, quando desceu na Lua, não falou do fantástico comportamento de sua engenhoca espacial. Se não estou enganado, ele disse:

– A Terra é azul!

NUMA TARDE AGRADÁVEL, na década de cinquenta, passeando com João Bethencourt na praia do Flamengo, no Rio de Janeiro (não me lembro da data certa, mas, como na História, o que vale é a época mais do que a data), propus-lhe uma ideia que rondava na minha cabeça e que, embora não original, me parecia poder ter um resultado favorável aqui no Brasil, onde o teatro atravessava uma crise bastante grave. Falei-lhe portanto da possibilidade de criar um núcleo de diretores que formulasse um manifesto de intenções, reunindo em seguida um grupo de atores dispostos a trabalhar num teatro de repertório cujos espetáculos se alternariam, voltando ao cartaz os que tivessem tido êxito. Conceitualmente e na prática, os diretores, dentro de suas possibilidades e capacidades, exerceriam todas as funções relativas ao espetáculo, desde a contrarregragem até o figurino e a cenografia, incluindo a assistência de direção e, obviamente, a direção propriamente dita. Eu pensava basicamente em cinco diretores – a ideia era derivada do *Théâtre des Cinq*, francês, mas, claro, com características brasileiras – que trabalhariam em conjunto, escolhendo repertório e constituindo um núcleo de força vital indispensável naquele momento.

Eu estava muito empolgado e, ciente da inteligência de João, tinha certeza de uma resposta entusiasmada. Mas João virou seu rosto muito sério para mim e muito seriamente me perguntou: "E eu, quanto ganharia com isto?".

A conversa obviamente mudou de rumo, desviando-se para assuntos alimentares.

Muitos anos mais tarde, a ideia voltou a rondar minha cabeça (era o período da ditadura, se não me engano) e fui falar do assunto com Paulo Afonso Grisolli, que me recebeu cortesmente em sua casa. A resposta não foi uma resposta e sim uma consideração: "Quem diria, você chegou aqui, ficou muito importante e hoje vem procurar trabalho!". De trabalho eu não precisava, nem estava pleiteando; minha primeira reação foi responder duramente, mas lembrei-me de que estava na casa dele e que ele, trabalhando na TV Globo, devia ter inevitavelmente uma visão diferente da minha. Saí com o rabo entre as pernas.

Hoje percebo que a minha era uma ideia deslocada: o Brasil não é a França nem a Europa, o ufanismo é destinado ao esporte e aos equivocados ditadores, as posturas românticas só funcionam no plano da pichação e, heroicas no caso, no espalhar bolinhas de gude embaixo das patas dos cavalos (que não têm culpa) da polícia montada (que tem culpa) cuja função é dispersar manifestações de protesto.

Divagando: o sentido de coletividade não se alia às conceituações brasileiras e, no caso do teatro, cede lugar a um individualismo feroz, hipócrita e medíocre. Não há uma preocupação de cidadania nem na comunidade em geral nem no teatro em particular.

É triste constatar que, afora alguns grupos teatrais de grande porte, os parâmetros de valor são determinados por uma mídia conduzida por interesses eminentemente comerciais.

Houve, anos atrás, uma revista chamada *Caretas*, cuja característica era a sátira, o humor, e, dentro dos valores do tempo, uma certa postura escrachada. Hoje temos uma revista chamada *Caras* que, além de um título oscilante entre a gíria e o esnobismo, prima por seu profundo vazio dirigido ao profundo vazio dos frequentadores dos bares e das boates *à la mode*: a mesma diferença existente entre uma burleta de Artur Azevedo e uma xaropada novelística.

A meu ver certa crítica é culpada por não saber exigir espaço para formular conceitos orientadores para o público que lê. Vários críticos com os quais tivemos oportunidades de conversar sempre se defenderam com o argumento "falta de espaço" nas páginas dos cotidianos ou dos semanários.

Muito bem. Existe uma marca de cerveja cujo *slogan* "paixão nacional" se junta a "como o rodeio", a "como a música sertaneja" ou como a uma cantora de segundo time ou como "o futebol, o basquete, o voleibol, o boxe, a caninha, a puta que o pariu" *etc.*, etceterão, como dizia São Bernardino de Siena.

Está evidente que nem o teatro, nem o cinema nem a dança, nem a música autêntica se constituem em "paixão nacional". Até pouco tempo atrás o rodeio e a música sertaneja eram fenômenos marginais, limitados a grupos interioranos que perfumavam os acontecimentos com os capitosos olores dos churrascos sobre fogo de chão.

A mídia, o *marketing* ou como diabo se queira chamá-los, impuseram produtos de segunda categoria como valores absolutos e, na alucinada busca de mercado em todas as camadas da população a verdadeira música de Tom, de Chico, de Milton *etc.* ficou sistematicamente assassinada em benefício das duplas, das salsichas, dos biscoitos (com sabor artificial de chocolate), dos doces que, roubados por uma pseudoelegante e brega reunião de comilões, provocam a saída de instrumentistas enquanto uma obra clássica está sendo executada.

Tudo tem um motivo. As páginas e páginas dedicadas ao esporte e à televisão têm uma explicação: a massa publicitária paga ao setor comercial da imprensa. A mídia teatral custa mais caro do que a montagem de um espetáculo e come uma fatia substancial da receita; somente os grandes *shows* de *rock in concert*, que gastam fortunas em mirabolantes efeitos de luz, patrocinados sem limites pelas multinacionais, que têm um retorno publicitário garantido, podem se permitir os custos de anúncios de um quarto de página, ou meia, ou até de página inteira. Todavia, antes do início de qualquer espetáculo teatral, um alto-falante orgulhoso e devedor comunica ao público os nomes dos que patrocinaram a produção: em geral churrascarias, sapatarias, lojas de tintas e, às vezes, alguma entidade maior à qual se aliam (não custa nada!) centros culturais; a lista, em geral, é muito grande e deveria conferir credibilidade ao que o espectador vai assistir; mas à parte o fato de que ninguém presta atenção ao que está sendo dito (assim como nos aviões ninguém presta atenção às instruções de segurança transmitidas pelas aeromoças), essa lista, às vezes quilométrica, não deixa de ser melancólica, tendo em vista as mínimas contribuições que, principalmente pelas maiores entidades, são altivamente concedidas depois de exaustivas horas marcadas e transferidas. Teatro não dá retorno, como não dá votos: o teatro não é uma paixão nacional "número 1".

Se tivéssemos condições de pagar consideráveis manchetes publicitárias, o espaço nas páginas das publicações diárias ou hebdomadárias apareceria; se um tablete de chocolate, ou uma salsicha devorada gulosa e enjoativamente por crianças ou adultos num orgasmo pseudo-gastronômico fossem aliados a qualquer espetáculo que se dispusesse a fornecer salsichas ou hambúrgueres durante a representação, talvez conseguíssemos nos aproximar de uma cotação que tangenciasse a "paixão nacional".

Mas, e uma "paixão nacional", com características gastronômicas, aliada à poesia, à dimensão dramática de um texto? Num livro de Jules Romain, li, anos atrás, que, em certos espetáculos orientais, no decorrer da representação, vendedores de laranjas e outras frutas circulavam no meio da assistência. Na própria Inglaterra, embora nos intervalos, são servidos chás e outras iguarias. Nos cinemas, vendedores de balas, chicletes e chocolate perambulam anunciando em voz baixa seus produtos. Heresia? Talvez. Mas se refletirmos sobre a morte, que ninguém quer constatar, do edifício teatral, da cenografia, da dramaturgia e do espetáculo em geral, chegaremos a uma conclusão aparentemente um tanto paradoxal de que o teatro, como o samba, que mereceu vários sambódromos, também poderia receber seu teatródomo onde, pela dimensão dos acontecimentos ali realizados, num espaço nunca dantes imaginado, não seria certamente uma salsicha que perturbaria o aspecto telúrico da apresentação. Quando Zubin Mehta rege no parque do Ibirapuera, o público fica quietinho como numa sala escura e ventilada? Eu pensaria um pouco mais sobre isso, tentando lembrar o que sabemos do teatro grego ou do medieval ou mesmo do elisabetano: quais os nomes dos atores que a nós chegaram? O NOME, O ESTRELATO são frutos da burguesia constituída que cria ídolos para satisfazer seu próprio orgulho. Dos regentes, até uma certa época, não lembramos os nomes, a não ser quando são autores de suas próprias obras. A reflexão me leva a pensar, por absurdo, que assim como em 1600 os atores vestiam as roupas de seu tempo para representar autores clássicos (e ninguém reclamava), talvez, hoje, até alcançarmos uma reforma que, por outro lado, somente os autores poderiam determinar, nada impediria que um espetáculo, cujo texto pertencesse indiferentemente a qualquer período histórico, fosse vestido com as camisetas ou os logotipos da Parmalat, da Sadia ou da Brahma e, por que não?, do McDonald's. Poluição louca? Ainda acredito que se uma ideia dramática alcançasse o ponto sensível de um público, todos esses nomes acima citados passariam a fazer parte de uma paisagem inútil para ceder lugar aos dribles, aos lances, aos cruzados, e, finalmente, à poesia.

A NOITE QUE PRECEDEU minha ida para Gênova a fim de embarcar para o Brasil foi frenética; eu estava fugindo de tudo que, juntamente com o êxito alcançado profissionalmente, tinha infernizado minha vida: meu casamento desaconselhado por todos (mãe, amigos e colegas de trabalho) tinha sido um desastre; a esperança que tinha tido de construir uma "dinastia" estava fundamentada sobre bases frágeis demais: inexperiência, incapacidade de conviver harmoniosamente, o desconhecimento de que ser feliz é resultante da felicidade proporcionada ao companheiro e, talvez, não percebido, o preço pago por um trabalho frenético que afetava inevitavelmente minhas relações familiares. Num casamento fracassado nunca o erro está de um lado só, ambas as partes são responsáveis embora, no momento especificamente vivido, acusações e a convicção de se estar com a razão se misturem e se alastrem sem permitir uma visão lúcida e objetiva.

Eu estava fugindo, e fugindo não queria deixar rastros. Pouquíssimos sabiam que iria para o Brasil, e esses pouquíssimos não compreendiam e não aceitavam essa decisão. E acabei indo embora sem me despedir de ninguém a não ser de minha mãe, que me acompanhou até o navio.

Passei a noite anterior à viagem preliminar rasgando desenhos, papéis, projetos ultrapassados e livros que tinham sobrado das bagagens que dias antes eu tinha despachado para o embarque. Ria sozinho, numa felicidade equivalente à minha primeira viagem para Florença, aonde tinha ido, ainda rapaz, participar, com um conjunto de canto, de um concurso nacional. (Florença tinha-me deslumbrado. Saindo na madrugada seguinte à minha chegada, pelas ruas ainda escuras, só conhecendo a cidade pelas ilustrações dos livros de história da arte, de repente tinha sentido uma presença palpável, urgente, calmamente impositiva e, levantando a cabeça, a imagem da cúpula de Brunelleschi surgindo acima dos telhados, iluminada por uma primeira réstia de luz matinal, paralisou meus movimentos. Viera à minha mente a afirmação de Bontempelli de que a arquitetura transforma a paisagem e lembrei-me do conceito medieval da urbanística das cidades. Muitos anos mais tarde, em Portugal, num passeio de carro que me levou até Coimbra, reencontrei essa mesma sensação descobrindo uma igreja românica no cruzamento de três íngremes ladeiras.)

Ria, pressentindo um cheiro de liberdade, a imagem do mar revolto na pequena enseada do colégio presente como os cargueiros, que do terraço via longínquos, levando indiferentemente suas causas fumacentas, meus passeios até os cais do porto, perambulando pelos becos da cidade velha onde o cheiro da *farinata* e do mijo dos gatos se misturavam diabolicamente. Ria, pensando num país que não conhecia, um tanto enfatizando o folclore das notícias desencontradas, das informações inexatas (no consulado brasileiro não tinha conseguido dados concretos). Um livro permeado de humor sobre uma expedição que, organizada por um inglês, tinha tentado reencontrar o coronel Fawcett no momento em que a Revolução de 30 estava alcançando seu auge, somado a um documentário, ao qual tinha assistido recentemente, e à única gramática por mim encontrada – que enfatizava os "t" e os "d" cariocas – tinham construído em minha cabeça uma visão heterogênea, colorida, romântica, aventurosa e totalmente errada que minha chegada a Santos revelou ser bem diferente do que eu tinha imaginado.

Mas ria principalmente pelo fato que sabia, e disto eu tinha certeza, que iria iniciar uma nova vida, longe do mau-caratismo da concorrência, de um cotidiano angustiante, sentindo-me renovado *a priori* e pronto para virar enfim e afinal uma página do livro de minha pequena história.

TENTO ESCREVER SOBRE O MEU TRABALHO e o que eu faço; mas não é fácil. Não sou um teórico, nem sou culto, a não ser por uma cultura hereditária da qual não tenho mérito nenhum. Meu trabalho vive mais da intuição do momento, diria até da improvisação, do que de uma sólida estruturação crítica ou didática. É como se em minha longa viagem de mascate de teatro eu sintonizasse minha voz com a dos aldeões com os quais irei me encontrar para vender minhas mercadorias ecléticas: todas de boa qualidade, posso garantir, mas nem por isso imperecíveis. E, todavia, posso dizer que todas elas foram forjadas com a maior seriedade, com a melhor boa vontade, utilizando todos os recursos à minha disposição, pedindo emprestado às vezes um instrumento mas sempre utilizando-o à minha maneira, não por desprezo, pois sempre admirei honestamente quem colaborou direta ou indiretamente comigo, mas por perceber que o próprio ato de emprestar implicava um pedido de aperfeiçoamento que me estimulava para novas descobertas que, na hora da devolução, me permitiriam agradecer, ciente de não haver desgastado o que tanto tinha sido útil para o meu trabalho.

Este ecletismo do qual falo constitui minha riqueza e meu limite; não sendo um criador preocupado com teorias ou afirmações revolucionárias, esta maneira polivalente de trabalhar sempre foi de uma utilidade extraordinária, permitindo-me enfrentar textos e temas de grande, média ou nenhuma profundidade.

A preocupação do êxito nunca ocupou minha mente, muito mais dirigida e orientada para conquistas qualitativas dentro do próprio espetáculo. Sempre fui autocrítico e esta postura, que é em parte derivada da minha timidez juvenil, acompanhou sem me abandonar e de maneira até inconveniente minha atividade. Mas este é um problema menor.

Problemas mais graves estão diretamente ligados ao fato de ter ficado muitas vezes confiante demais em minhas capacidades intuitivas ou ter me preocupado excessivamente com quem estava trabalhando ao meu lado, entregando-me sem descanso à tarefa de melhorá-lo e tentando fazer com que descobrisse em si e por si mesmo suas potencialidades específicas.

Sempre achei que a preocupação primeira de meu trabalho deveria ser a de dar o melhor do meu melhor a meus colaboradores. O que invariavelmente me apaixonou, e continua me apaixonando, foi a consciência de ter condições de agir no subconsciente do ator (e dizendo ator quero também dizer cenógrafo, figurinista ou compositor, pois também "agem" no espetáculo, interpretam como o próprio intérprete), fato este mais gratificante que o próprio êxito do espetáculo. Diria até, embora pareça um disparate, que o mais importante do meu trabalho de direção consiste em alcançar o melhor resultado interpretativo. Isso muitas vezes foi conseguido; outras não.

A fase dos ensaios é o momento mais fascinante de todo o período de trabalho que, desde o primeiro encontro, nos leva até a estreia. Nélson Rodrigues afirmava que não escrevia para o público, e algumas vezes discuti com ele esta sua afirmação; mas hoje entendo melhor o que ele queria dizer e, repensando, percebo que o teatro que eu gosto de fazer deveria se apresentar, no máximo, durante uma semana, para evitar ser deteriorado por uma continuidade perniciosa. Não é isso que acontece, embora por outros motivos, no teatro lírico?

Trabalhando com conjuntos de jovens atores, tanto alunos como professores, constatei que a maioria dos diretores contemporâneos não se preocupa em analisar o texto mediante uma série de leituras que podem, eventualmente, ocupar até metade dos ensaios. Pelo que meus jovens atores me dizem, esses diretores mandam todos ficarem de pé depois de uma eventual primeira precaríssima leitura (uma primeira leitura nunca poderá dar uma noção dos valores intrínsecos de um texto) realizando, com a peça na mão ou sem, uma série de improvisações e de exercícios preparatórios. Não nego a possível validez de tal procedimento, que depende do talento de quem dirige, mas sinto intuitivamente que o ator submetido a esse sistema encontrará grandes dificuldades (se não naufragar durante o caminho) para alcançar a interpretação de sua personagem.

O trabalho com os atores, assim como os alunos de qualquer disciplina, fundamenta-se (embora minha amiga Silvana Garcia discorde desse ponto de vista) num inevitável ato de sedução centrado no eixo da atividade a ser realizada. (Não esqueçamos que Cristo foi um sedutor.) Cada ator é um universo a ser explorado em toda a sua profundidade, em todas as suas contradições, tridimensionalmente. Na verdade, este trabalho de sedução nada mais é senão o começo da relação do ator com a plateia. Não é um jogo banal como à primeira vista pode parecer, mas algo sutil, invasor e envolvente que cria climas e atmosferas sensíveis; há amor e ódio na condução deste relacionamento, mas há também iluminações fulgurantes e frustrações desoladoras. É, enfim, um caminho complexo como o de um casamento no qual nem sempre ideias e atitudes se conciliam, mas que, se as partes são honestas, sempre encontra a harmonia necessária para se sustentar.

Enfim, o que me parece é que a relação diretor/ator não difere da do casal em que o exercício da dominação só pode levar ao naufrágio. Claro, pode ser que eu me deixe desviar por uma falta de habilidade dialética em lugar de assumir a postura de um rigorismo jesuítico. E, olhando objetivamente a mim mesmo, reconheço que minha visão é romântica e não didática. Mas, para complementar o meu raciocínio instintivo, continuo negando a visão de quem afirma que esta relação deveria ser baseada no domínio que a autoridade do diretor ou professor exerce em razão de sua "indiscutível" sabedoria, em função da posse que ele tem da "verdade".

Naquele ano a direção artística do Theatro Municipal de São Paulo estava confiada ao maestro Diogo Pacheco, homem de alta sensibilidade e cultura musical. Conhecedor profundo de uma situação constrangedora que se prolongava há anos (o teatro, com sua orquestra, corpo de baile e coro era cedido graciosamente aos empresários que, trazendo um ou dois nomes importantes da Europa, ficavam com toda a bilheteria e sem ônus nenhum), Diogo cortou pela raiz aquela vergonhosa situação e partiu corajosamente para uma temporada confiada exclusivamente a cantores nacionais. O diretor de cena tradicional que trabalhava com velhos cadernos de marcações foi substituído por notoriamente capacitados diretores, cenógrafos e figurinistas do teatro dramático, e a escolha das óperas recaiu sobre obras de alta categoria e ao alcance dos recursos vocais de nossos artistas.

Foi um sucesso pleno; uma parte da crítica, talvez por interesses pessoais, torceu o nariz, mas o público amou os espetáculos de Ademar Guerra, Silnei Siqueira e o meu, levando a direção do Municipal a prolongar (fato pouco comum) a temporada além do previsto.

Pela primeira vez (a não ser eu) diretores teatrais tinham assumido a responsabilidade de realizar óperas líricas. Antes, meus colegas me perguntavam, entre o incrédulo e o escandalizado: "Mas você dirige óperas?!", como se esta atividade, evidentemente considerada secundária, ofendesse os brios da chamada classe teatral. Havia uma certa razão na pergunta. As montagens do Theatro Municipal do Rio de Janeiro e do Theatro Municipal de São Paulo primavam pela ausência de critérios estéticos, chafurdando numa mediocridade assustadora. O velho conceito do cantor-matador e o critério do "sempre foi feito assim" grassavam e o que deveria ser a sede de uma forma de arte de altíssimo nível tinha virado depósito de cabides de empregos. (No Rio, um levantamento revelara que o teatro daquela cidade abrigava mais de mil funcionários, dos quais a maioria só aparecia no teatro para receber seu ordenado.)

Mas no Rio as coisas tinham melhorado com a administração de Adolfo Celi, que, com sua experiência e prestígio, estava moralizando o instituto tão almejado por Artur Azevedo.

Hoje, graças às ótimas administrações politiqueiras, São Paulo e Rio são exemplos claros do que não deve ser feito: teatros sem direção, temporadas improvisadas servindo aos interesses de regentes com o dom da ubiquidade. Mas, é claro, teatro não dá votos.

Quando, anos atrás, foi decidida a reforma do Theatro Municipal do Rio de Janeiro transformando-o mesmo em uma fundação (teria sido ótimo se os responsáveis não se tivessem equivocado na formulação dos estatutos), Adolpho Bloch, presidente da Fundação dos Teatros do Rio de Janeiro (Funterj), construiu em Inhaúma (subúrbio do Rio) um conjunto de ateliês (a Central Técnica) constituídos por edifícios destinados à realização de cenários, trajes e adereços. Imponentes áreas foram destinadas a marcenarias perfeitamente equipadas com máquinas e instrumentos e a salões para costura e confecção de máscaras, esculturas de grande porte, armas e armaduras. Guarda-roupas, cozinhas, refeitórios e escritórios administrativos foram também organizados, tudo aliado a uma infraestrutura de transporte que permitia um rápido contato com a sede na Cinelândia.

A reforma (tanto do ponto de vista técnico como do restauro) foi perfeita, mas a inauguração da temporada, confiada a um diretor argentino e a uma equipe técnica portenha, demonstrou o erro de ter querido confiar na capacidade de nossos maquinistas: mudanças intermináveis de cenários, entre um quadro e outro da ópera apresentada, transformaram o que deveria ter sido um belo espetáculo num sofrimento inútil.

Quando soube do convite feito aos argentinos, eu já não era mais o diretor artístico da Funterj e minhas contestações (embora na minha gestão tivesse, praticamente sem dinheiro, realizado com grande sucesso uma temporada lírica popular no Teatro João Caetano) não foram levadas em consideração. Minha posição nada tinha de chauvinista mas, antes, fundamentava-se no conhecimento que eu tinha da capacidade de nossos profissionais.

Hoje, à distância de anos, a Central Técnica de Inhaúma (depois de um período de alta e competente atividade) está abandonada e às moscas ao lado de um também abandonado Ceac.*

Conclusões?: o teatro lírico é deficitário no mundo inteiro, mas nem por isso suas atividades foram castradas. Se a administração fosse tirada das mãos dos políticos e entregue à iniciativa privada – consequentemente a especialistas – no espaço de poucos anos voltaríamos a reatar os laços com a atividade operística internacional.

PAOLO GRASSI, DIRETOR DO PICCOLO TEATRO DE MILÃO, me convidou para ir, com ele e Giorgio Strehler, à casa de um rico

* N. do E.: Centro Especializado de Atendimento à Criança (Ceac), instituição sem fins lucrativos, que atendia a crianças com necessidades especiais e a suas famílias.

burguês para encontrar Jean-Paul Sartre e Simone de Beauvoir. E lá fomos nós, eu muito ansioso, tímido e agitado.

O senhor que nos tinha convidado morava numa cobertura extremamente simpática, com um belíssimo terraço do qual se descortinava toda a cidade. Era uma noite muito calma, serena, e os ruídos das ruas nos chegavam amortecidos, assim como os luminosos, cujas cores faiscavam num jogo presunçoso de cores primárias.

Chegamos atrasados e isso aumentou minha ansiedade. O dono da casa nos apresentou e Paolo acrescentou: "*Gianni est scénographe.*" Sartre replicou indiferente: "*Ah! Vous êtes sténographe?*" e eu corrigi: "*Non, je suis decorateur de théâtre.*"

Depois desse dialoguinho introdutório, a conversa continuou normalmente levantando, discutindo e analisando problemas políticos e profissionais, como os da aquisição dos direitos de montagem de um texto teatral. Mas eu fiquei quieto e um tanto acabrunhado pelos equívocos da apresentação que me tinham relegado ao papel de escriturário.

ACHO QUE JOUVET JÁ FALOU DA PAIXÃO que se transforma em vocação. No meu caso, a expressão é tão válida quanto para ele; portanto a uso, certo de que ele não se incomodaria visto ser o grande homem de teatro que foi e mestre que continua sendo.

Aliás, o teatro é um sistema contínuo e interligado de citações canalizadas intelectual, criativa, teórica e intuitivamente. Como dizem os napolitanos: "*Io ti dó una cosa a te, tu mi dai una cosa a me.*" O conceito de plágio (refiro-me ao espetáculo) não tem muito direito de cidadania no teatro. Ninguém consegue ser totalmente original; a visualidade obedece a uma ótica estritamente pessoal, e um tom vermelho tem tantas variantes quantas são as pessoas que o olham: uma rosa não é uma rosa *etc.*

Se pegarmos os elementos de um cenário, concebido para um determinado tipo de espetáculo, alterando sua planta baixa e a disposição de seus elementos, teremos obviamente uma outra cenografia. Aliás, esse era o critério das companhias itinerantes nas primeiras décadas do século; a pirandelliana "sala vermelha" era a solução para qualquer ambiente. Nessa postura tacanha estava, todavia, contida uma verdade sorrateira: a inutilidade do cenário (pelo fato de ser somente utilitário) não perturbava a integridade do texto.

"Ser ou não ser" continua "sendo" tanto se for dito numa estrebaria, num palco imperial, por Laurence Olivier ou por um palhaço de circo.

QUANDO HAVIA UM PROJETO IMPORTANTE para ser estudado e elaborado, passávamos a noite inteira trabalhando. A guerra ainda estava longe e, embora o Partido Fascista dominasse, impedindo a quem não tivesse a carteira de filiação de trabalhar, conseguia-se todavia sobreviver atuando como *freelancer*, sem dar na vista e valendo-nos da amizade de colegas pseudopartidários que nos davam cobertura. Estou dizendo "nós", mas quem estava lutando e sofrendo por causa da situação do país era ele, Mario, arquiteto com o qual estava trabalhando, fazia alguns meses, como desenhista.

Mario Labò, um dos grandes arquitetos italianos da década de 1930, ligado ao movimento de renovação da arquitetura italiana, homem de cultura humanista, socialista convicto e generoso... Um homem probo, no sentido mais amplo da palavra. O destino, ou o acaso, ou a sorte, ou o que quer que seja fez com que, graças a um *annunzio economico* que eu tinha posto no *Secolo XIX*, o diário mais lido de Gênova, ele me telefonasse convidando-me para uma entrevista. Eu queria trabalhar e estava estudando artes plásticas no Liceu Artístico dessa cidade, portanto recusei idêntico convite de um engenheiro por não considerá-lo à altura das minhas ambições artísticas; e foi pura sorte, porque a relação de trabalho com o arquiteto – que somente muitos anos mais tarde passei a chamar pelo primeiro nome – abriu para mim novas sendas no caminho da compreensão da arte. O movimento "novecentista" vivia sua mais alta criatividade, De Chirico não tinha ainda abdicado de suas visões surrealistas e artistas como Carrà, Morandi, Sironi, De Pisis, Martini *etc.*, solicitavam minha fascinada admiração; líamos Moravia e Bontempelli, Proust e Faulkner, e os futuristas já não nos interessavam tanto – éramos muito categóricos nas escolhas e nos julgamentos – e, visitando exposições de artistas que considerávamos quadrados e reacionários, nos transformávamos em baderneiros sistematicamente expulsos e ameaçados de represálias.

No ateliê do arquiteto havia um clima de serenidade atenta ao trabalho, dotado de códigos gráficos e caracterizado pelas rubricas informativas desenhadas a mão livre com letreiros extremamente puros por ele mesmo idealizados. Ambos e a mulher dele, Enrica, gostávamos de música (os barrocos italianos, Mozart, os russos do século XIX e, obviamente, dos contemporâneos; Casella, Malipiero, Stravinsky, Debussy, Albéniz *etc.*) e se não houvesse a transmissão radiofônica de um concerto, ele próprio colocaria, no seu novíssimo 78 rotações, discos com execuções primorosas de grandes solistas e regentes. Isso, evidentemente, o obrigava a interromper seu trabalho a cada três minutos, coisa que ele fazia com a maior paciência do mundo, voltando depois para a prancheta onde – parecia um ritual – deixava cair sobre o desenho um pouco de brasa, rapidamente apagada, do cachimbo retorto que segurava entre os dentes.

Quando, pela primeira vez, tímido e amedrontado fui à sua casa, ele me recebeu com a maior cortesia do mundo tratando-me por "senhor", o que fez ficar vermelho meu rosto, acostumado como estava a ser chamado de "Giannino" por todo mundo. Perguntou-me se meu desenho era preciso e, como teste para ser admitido, me fez desenhar um letreiro a ser executado em metal de um metro de altura: desenho geométrico que seria depois posto numa parede. Entregou-me borracha, papel vegetal e um canivete para apontar o lápis que estava com a ponta quebrada. Comecei imediatamente, mas alguns segundos depois ele me interrompeu e me mostrou como devia fazer; um tanto ferido no meu juvenil orgulho de "artista", opinei que todo dia no Liceu eu apontava o lápis sem problemas; ele concordou mas prosseguiu com sua demonstração: com o polegar levantado segurou, entre os dedos fechados da mão esquerda, o lápis com a ponta em minha direção; com a mão direita segurou firmemente o canivete, que colocou com a lâmina apoiada em cima da madeira; com o polegar esquerdo empurrou o canivete na frente soltando uma lasca e com os dedos imprimiu uma pequena rotação ao lápis que, progressivamente, ficou descascado e com a grafite conicamente desbastada. Isto feito me cumprimentou e saiu dizendo que voltaria daí a uma hora e meia esperando encontrar o desenho pronto.

O ARQUITETO CANEVA, velho amigo de Leandro, o marido de minha mãe, ficou muito preocupado quando soube que Wally Toscanini tinha-me convidado para conhecer o pai, Arturo, que recentemente tinha voltado dos Estados Unidos onde, durante toda a "era" do fascismo, tinha vivido numa clara postura de repúdio ao regime.

O arquiteto Caneva frequentava a alta sociedade milanesa, era um democrata reacionário e um arquiteto tradicional. Instrumentava sua vida nas afinadas cordas das relações elegantes, das convenções estabelecidas, estruturadas em boa dose de hipocrisia que não perdoava eventuais gafes. O *salotto* era o espaço onde seus negócios eram conduzidos, um lugar reservado a pessoas "especiais" admitidas nesse esnobístico recanto. Ele sabia da minha rápida ascensão no mundo do teatro e, mais especificamente, na catedral da música operística: o Teatro alla Scala. E, estou certo, pela opinião que tinha de mim, que meu êxito o deixava perplexo. Com medo, portanto, de alguma eventual gafe de minha parte, me telefonou, preocupadíssimo, recomendando-me ser cuidadoso, não formulando elogios na hora de ser apresentado ao maestro. Respondi, irritado, que não se preocupasse e fui para o apartamento de Wally, da qual, no próprio Scala, tinha ficado amigo.

Mas meu coração estava aos pulos; independente da amizade com a filha, não atinava com a motivação do convite que, socialmente falando, não era indispensável. Sempre fui muito tímido e toda vez que as circunstâncias me punham em contato com pessoas de alto nível financeiro, intelectual ou artístico, um senso nem sempre justificado de inferioridade me invadia.

A sala de visita estava bastante animada: pessoas importantes, empoladas, passadas a ferro, ao lado de artistas mais à vontade, algumas belas senhoras, umas moças e uma matriarca. Curiosamente – para mim, pelo menos – havia uma dicotomia nesse microcosmo, como se o perigo de contaminação pudesse acontecer. Respirei fundo, assumi meu ar o mais à vontade possível e esperei ansioso a chegada do maestro que, de repente, impondo um silêncio respeitoso, abrindo uma porta entrou na sala. Cumprimentos, murmúrios, apertos de mão, Wally me apresentou: nunca tinha visto olhos de tão acerado azul, gelados e luminosos ao mesmo tempo. Dias atrás eu tinha tido o privilégio de assistir ao ensaio geral da *Missa de Réquiem*, de Verdi, que marcava o retorno do maestro aos palcos italianos; sua entrada tinha sido impressionante: levemente curvo, com passos curtos e rápidos tinha chegado ao pódio e, lá, erguendo seu corpo numa postura dominante, levantava os braços, para abaixá-los logo em seguida, dando início à execução. Ele cantava, enquanto regia, e as poucas vezes que interrompeu a orquestra, cuja atuação parecia-me esplêndida, para uma correção, a sua observação trazia um enriquecimento imprevisível: foi uma das melhores aulas de interpretação que eu já tive. Aliás, abrindo um pequeno parêntese, devo reconhecer que meus grandes mestres no campo da direção foram os regentes, dos quais sempre que pude amei acompanhar os ensaios.

Apresentados, nos retiramos para uma saleta ao lado, onde ele falou que pretendia criar uma fundação em Busseto, cidade natal de Giuseppe Verdi, construindo um teatro, salas de concerto e toda uma grande infraestrutura e que gostaria, se eu concordasse, que eu assumisse a direção técnica. Fiquei sem palavras, mas consegui responder que sim, que aceitava, que agradecia *etc.* Um aperto de mão selou o compromisso verbal encerrando o assunto. Pouco tempo depois ele morreu e o projeto não foi adiante.

De vez em quando olho para mim, para o meu trabalho, procuro entender meu comportamento, que nunca é preconcebido. Já houve um período no qual tudo o que eu fazia no campo de minha atividade teatral era cuidadosamente planejado: marcações, gestos, entonações, e eu exigia uma disciplinada execução do que eu propunha e queria. Demorei para entender que a colaboração é o resultado de um entrosamento de ideias e intenções, e que por ser o teatro uma arte coletiva (embora constantemente ameaçada pelo individualismo) requer uma atuação múltipla e não uma imposição unilateral.

Penso que meu primeiro equívoco foi determinado pela embriaguez do poder: conduzir um elenco obediente para um resultado do qual somente eu fosse responsável, para depois dividir magnanimamente as glórias dos resultados. A culpa não foi totalmente minha: lembro que no começo de minha atividade de diretor, quando perguntava a opinião de alguém da companhia, a resposta era sempre um: "O senhor é que sabe." E eu tinha de saber, sob pena de desmoralização. Por outro lado, eu dirigia como desenhava, partindo de um borrão que ia burilando cada vez mais até chegar ao que eu considerava definitivamente bom: uma opinião subjetiva, portanto, sujeita a todo tipo de equívocos e distorções.

No fundo minha postura não passava de um narcisismo que inconscientemente se projetava no palco, intermediado pelo trabalho dos atores: daí também a vontade exasperada de manter o espetáculo cristalizado em suas definições originais. Eu não percebia que a vitalidade de um espetáculo consiste na sua capacidade de sobreviver a todas as variações decorrentes do contato com plateias diferenciadas, pelo amadurecimento dos atores, pelas conquistas que o próprio tempo determina. Na verdade, todo diretor cujo comportamento seja igual ao meu age como um ator que pretenda interpretar simultaneamente todos os papéis de um texto dramático.

Eu acho que o papel da direção teatral deve ser revisado; há uma espécie de celeuma muda, não declarada, entre os atores e o diretor: este conduz, esclarece e interpreta e, evidentemente, se tiver reconhecidas capacidades e carisma, é aceito com uma certa impaciência por aqueles que, conscientes de suas funções, agirão no palco donos de si mesmos e libertos de um jugo intelectual válido até o momento do contato palco-plateia, ator-espectador. Não acredito num diretor que não saiba dirigir atores, mas acredito mais num diretor que saiba informar, esclarecer, infiltrando-se no subconsciente do ator para levá-lo a conquistas inesperadas, dando a ele a sensação de lá ter chegado sozinho. O diretor não pode ser um ditador, ele tem de ser um sedutor no melhor sentido da palavra. Sempre achei existir uma grande afinidade entre uma orquestra sinfônica ou um quarteto e uma companhia teatral; sem dúvida, do ponto de vista de uma interpretação disciplinada, isto é correto, mas se olharmos pela angulação dos executores será fácil perceber que o músico é sujeito a uma pauta (tanto a escrita como a determinada pelo regente) muito diferente da do ator, que age por solicitações dramáticas e não executa compassos rígidos. Talvez por ser eu um regente frustrado tenha encarado o problema dessa forma. Talvez influenciado por uma declaração de Toscanini, que quando interrogado sobre o segredo de suas interpretações respondeu: "Executar fielmente o que foi escrito", ou algo parecido. Interpretar "fielmente o que foi escrito" é uma balela: é uma forma de driblar uma pergunta cretina; não existem segredos, existem, isto sim, mundos secretos, recantos mágicos que levam a intuições interpretativas estritamente pessoais, à descoberta de valores que o próprio autor desconhecia e que se traduzem em resultados esplendidamente imprevisíveis. De resto, no caso de uma orquestra, temos exatamente o que o diretor teatral ambiciona ser: um regente que emana, a cada execução, um potencial criativo que dá vida e sensibilidade ao conjunto orquestral. Só que no caso do espetáculo o diretor está lá para regê-lo e, na melhor das hipóteses, permanece na cabina de luz roendo as unhas perante a destruição de todas as suas intuições e de todos os seus achados. O diretor se considera dono do que acontece no palco e o ator acha-se o centro indiscutível de toda a ação dramática. Raros são os casos de um entendimento profundo e harmonioso entre essas duas entidades, ambas incumbidas da complexa tarefa de levar ao público o pensamento do autor: quando isto acontece, o palco fica iluminado pela mágica luz da inteligência e da sensibilidade.

O Teatro é feito basicamente de equívocos e é deles que muitas vezes surgem os melhores resultados. Há bastante tempo o conceito de autor-texto está sendo deformado em benefício do autor-espetáculo; o texto seria um pretexto, um *canevas*, que, como na *commedia dell'arte*, deveria ser usado segundo a ótica de quem dirige, como se a fidelidade interpretativa fosse um pecado de lesa-soberania. Não há dúvida de que há textos e textos e, quando este é ruim, evidentemente o diretor tem todo o direito de alterá-lo; mas se o texto é bom, por que traí-lo esquecendo seus valores poéticos, a sensibilidade de suas ideias? Em ambos os casos, por que escolhê-lo? Se um texto é ruim, não merece ser selecionado e, se é bom, por que violentá-lo?

Toda vez que me aproximo de uma obra dramática tento reencontrar o momento no qual o autor a concebeu, o momento mágico, a centelha que provocou uma intuição levando-a até a elaboração final e, passo a passo, tento ir junto com quem a escreveu, ficando amigo dele, com ele raciocinando, discutindo, polemizando, querendo que me convença, querendo ser seduzido para poder, depois, seduzir os atores com os quais trabalharei. Não é uma tarefa fácil; há autores arredios, teimosos, espantados pela descoberta de valores por eles insuspeitados, briguentos por não aceitar eventuais cortes que beneficiariam seus textos, ofendidos por uma crítica construtiva, relutantes em aceitar uma colaboração honesta. Vivos ou mortos, o comportamento é sempre o mesmo. Mas os mortos jazem enquanto os vivos azucrinam teu trabalho, mais cegos do que os que não estão mais vivos.

Muitas vezes me perguntaram qual é meu método de trabalho: não tenho método, talvez a minha maneira de trabalhar seja a soma de vários sistemas assimilados e digeridos para depois reaparecerem, informadores indiretos de minha atividade. Cada espetáculo pede um sistema, cada texto exige uma postura crítica, cada ator determina um comportamento. Nada pior do que ter um sistema de trabalho, pois ele levará inevitavelmente a uma rotina que, como tal, só poderá ser negativa.

O que me fascina em meu trabalho é a possibilidade de entrar em contato com a realidade secreta do intérprete, a probabilidade de conseguir, por meio dele, a estruturação do espaço mágico dentro do qual flutuarão climas e personagens. Um feixe de luz, então, ao lado do qual, sem ser iluminado, estará o ator, será tão importante quanto as palavras pronunciadas na penumbra. Este jogo de luz que não ilumina nada e de palavras que reluzem no escuro não é amado por quem atua no palco; o ator exige ficar no centro do palco, banhado por uma luz ofuscante, sem perceber que o centro do palco se situa onde ele está e fala, e que a luz não vem do projetor e sim dele mesmo, sem perceber que a evidência é menos sugestiva do que a própria sugestão, que o clima é mais importante do que a agressão. A angústia determinada por um anseio de reconhecimento que se sobrepõe a uma busca mais profunda e responsável pelas atitudes mesquinhas dos "grandes atores". Nesses casos eu odeio "o ator", da mesma forma que o amo quando com ele estou empenhado numa busca em profundidade. Amo-o quando de sedutor ele me transforma em seduzido e o detesto quando vejo que, por cabotinismo, ele se vende em busca de um aplauso fácil.

Entonação e marcação: duas palavras detestáveis, estúpidas e obsoletas.

Tenho um manual de direção teatral escrito e publicado em Portugal no início do século: o palco é dividido em quadrados nos quais a movimentação será realizada, determinando posições identificadas por meio de números e letras. O ator agirá conforme o "encenador" determinará: peça de xadrez, anônima e concreta ao mesmo tempo.

A "marcação" é uma palavra detestável e medíocre. Existe o movimento e este é o resultado de um impulso interior e nunca a definição de um deslocamento utilitário. Tanto o movimento como o tom e o ritmo são resultantes que devem surgir da pesquisa à qual a personagem nos leva, das situações dramáticas que informam o próprio espetáculo. E, afinal, existe uma orquestração dos diálogos, uma estruturação coreográfica: duas coisas estritamente ligadas entre si, é óbvio.

Toda vez que me dirijo ao local dos ensaios para a primeira reunião, a ansiedade toma conta de mim; é um medo surdo que aperta minha garganta e cria palpitações. Mas, uma vez que todo mundo se sentou, depois de ter ocupado meu lugar e aberto o texto, sinto-me calmo como se uma luz pentecostal tivesse descido de mim, e inicio meu trabalho com a tranquilidade de quem enfrenta uma longa caminhada. Ensaiar um espetáculo é uma longa jornada, repleta de perigos e armadilhas, de luzes repentinas e de trevas súbitas. O desalento, a esperança, a alegria e o desespero me acompanham sem me dar trégua e me vejo arrastado por um turbilhão emocional do qual devo desvencilhar-me constantemente para não perder o que considero indispensável: a postura crítica perante o que eu faço. Infelizmente esta postura crítica objetiva nem sempre é válida, pois, por eu ter consciência de meu potencial técnico, muitas vezes me deixo arrastar e convencer por resultados meramente virtuosísticos.

Tenho uma mente racional que não deixa muito espaço para sentimentalismos. O que não impede que um ensaio feliz me emocione.

Montar um espetáculo é uma aventura arriscada. Quando projeto um cenário, estou sozinho comigo mesmo depois de ter longamente conversado com o diretor (coisa não muito frequente, aliás). Trabalho então numa busca que o lápis ou o carvão traduz e transcreve no papel: sozinho elaboro as ideias, estruturando valores arquitetônicos e plásticos, imaginando a luz, conversando com o espaço. Mas, quando vou montar um espetáculo, uma avalanche de responsabilidades me atropela, e não é fácil manter o equilíbrio no meio das propostas, dos problemas, dos equívocos, das insatisfações, das decepções, das alegrias, das surpresas, dos namoros, das traições que a organização de uma companhia teatral comporta. Eu quero aquele ator, mas ele não pode (ou não quer); quero criar um equilíbrio etário e físico no conjunto a fim de que as personagens estejam desde o início equacionadas e, no fim, por motivos imprevisíveis e porque o tempo urge, encontro-me com um elenco que não me satisfaz e o medo se apossa de mim: não durmo ou acordo prevendo o fracasso ou, o que é pior, um resultado aquém do que eu desejaria. Mas, quando vou para o primeiro ensaio e vejo a companhia sorridente e cheia de esperança, penso que meus medos eram infundados e parto para a minha guerra certo de que vou ganhá-la.

No decorrer dos ensaios existe um momento no qual tudo parece naufragar: um impasse do qual ninguém sabe sair e tudo parece destinado a uma ruína irrevogável; a sensação que todo mundo tem é de que o trabalho feito até aquele momento foi inútil, que tudo está errado, que nunca chegaremos aonde tínhamos tido a presunção de chegar. Neste caso é bom parar, ir ao cinema, namorar; interromper tudo, se for o caso, por um ou dois dias para reencontrar-nos desopilados e mais tranquilos. A partir daí tudo será mais fácil, como numa crise matrimonial depois da qual, se existe amor, a vida continuará mais rica.

Francisco Pereira da Silva trouxe para o Teatro dos Sete um texto que, quando lido, despertou em todos nós um grande entusiasmo. Para mim, que perseguia a ideia de uma programação cada vez mais cáustica e contundente em suas temáticas, o texto de Chico (*O Cristo proclamado*) – cujo tema básico era a exploração covarde da ingenuidade dos retirantes nordestinos por candidatos à eleição – colidia com a visão de uma programação progressista de textos que deveriam formar parte de um discurso dramático claramente político, embora isento de qualquer postura partidária.

Minhas ideias eram claras: tendo iniciado com *O mambembe*, de Artur Azevedo (um espetáculo que chamava simpaticamente a atenção sobre as dificuldades de sobrevivência e a generosa teimosia de uma companhia teatral), o segundo espetáculo (*A profissão da senhora Warren*, de Bernard Shaw) encarava uma problemática social na qual a integridade de uma jovem moça levava a óbvias conclusões morais e, de forma mais exasperada e violenta, repropunha o tema da exploração e do conformismo. O texto de Chico, com sua denúncia violenta e dramaticamente emocionante, seria, a meu ver, o fecho de uma trilogia extremamente coerente em suas mais profundas relações.

Decidimos montar o espetáculo, que tinha mais de trinta atores e nos exigiu um período de ensaios duríssimos. Eu viajei para Teresina, onde fiquei uma dezena de dias, hóspede na casa do próprio Chico, para me inteirar de uma vivência e de um mundo que me eram totalmente desconhecidos, a não ser pelas informações que lia nos jornais.

Teresina, no fim da década de cinquenta, era uma cidade modesta onde contrastes sociais gritantes conviviam lado a lado; na praça principal, o Palácio da Assembleia abria suas janelas para uma visão de barracas nas quais moravam miseravelmente sem-teto e retirantes numa convivência em que as redes para dormir ladeavam um fogão a lenha e, até, uma velha cadeira de balanço. Na mesma praça, uma agência de banco e outra de automóveis importados. Numa grande árvore, várias gaiolas exibiam passarinhos lindíssimos que um vendedor alto e magro oferecia em silêncio. Um pouco mais longe, o terreno se espraiava sobre as águas de um rio grande e caudaloso

O mambembe, de Artur Azevedo, primeira peça encenada pelo Teatro dos Sete, foi escolhida, para além de suas qualidades dramatúrgicas, por retratar a difícil condição dos artistas que faziam teatro à época.

onde o velho destroço de um barco movido a rodas ladeava uma balsa para transporte de bananas e passageiros. Do lado oposto, a praça continuava ocupada por uma feira permanente onde os cheiros de comida popular se misturavam aos gritos dos vendedores de panelas e ao canto de uma velha cega acocorada perto de uma casa. A rua principal era completamente tomada por lojas de tecidos, móveis e artigos eletrodomésticos, enquanto o berreiro de muitos alto-falantes anunciava a chegada das últimas novidades de São Paulo.

Comi a comida da feira e conversei com os feirantes, todos extremamente educados e gentis, características estas que, a partir da Bahia para cima, se constituem num denominador comum da população. Comprei muitos passarinhos lindíssimos (patativa, xexéu, pintassilgo, bem-te-vi, curió *etc.*) e pedi ao vendedor para guardá-los para quando voltasse ao Rio. Andei muito, para cima e para baixo, tentando cheirar a vida do povo, espreitando portas, entrando em igrejas, parando numa praça, sentando num banco, tomando uma pinga, enxugando o suor da testa. Quando voltei para a casa do Chico tinha milhões de perguntas a fazer.

No dia seguinte fomos a uma aldeia, não muito próxima de Teresina, onde havia uma feira de gado. Peões, vaqueiros, cavalos, poeira, fortes odores e, sobretudo, um clima mágico: esses homens vestidos de couro da cabeça até os pés cuja cor misturava-se à da terra e das boiadas numa tonalidade oscilante entre o bronze e o ouro, os gritos, os relinchos e os mugidos me levaram para antigas épocas nas quais as armaduras eram cotidianas para se defender em lutas corporais, como aqui o couro defendia o homem da braveza do sertão. E o sertão! Nunca tinha visto paisagem mais árida e dura (naquele ano, a seca tinha sido terrível), uma vegetação retorcida na qual a suspeita de cascavel me mantinha alerta. Tudo translúcido como uma gravura em lâmina de zinco, tudo angustiante e imprevisível, Graciliano Ramos presente em todo homem, toda mulher, toda criança com quem a gente cruzava e que nos olhava parada e sem sorriso. Culpado? Eu? Não, mas assim me sentia e assim me sentindo estava percebendo que cada vez mais estava me aproximando da percepção do sentido da peça de Chico.

Os dias passados no Piauí foram ricos e angustiantes: enriquecidos a cada instante pelo contato humano, pelo diálogo mudo que se estabelecia a cada encontro; angustiantes por ser eu, embora não quisesse, impotente perante o que eu via à medida que, com Chico, íamos visitar aldeias e pequenos povoados. E quanto mais nos adentrávamos no sertão, mais pungentes eram as imagens que víamos, esculturas secas de vidas secas, rostos de proas de navios à deriva. Brasília era realmente mais importante do que as soluções de que o Nordeste precisava? Talvez resolver esses problemas não projetasse o Brasil para uma dimensão de primeiro mundo: mas Brasília conseguiria tirar o país de uma modorra político-social e econômica? Criar uma metrópole num planalto mágico tinha realmente uma significação, eu entendia muito bem a posição do estadista; mas permanecia perplexo entre dois polos antagônicos: a choça de um lado e a profusão de mármore do outro; o banquete de um lado, a rapadura do outro. Mas, afinal, quem era eu – estrangeiro num país que cada dia amava mais – para me meter em assuntos que não eram meus? Mas pensar eu podia, e refletir, para que essas reflexões me levassem ao resultado de uma montagem coerente do espetáculo que até lá tinha-me levado.

Ansioso para fixar imagens e sons, viajava carregando um gravador e uma câmara. Chico tinha-me falado de um homem cujo apelido era Pintassilgo, assim chamado por ter tido, em juventude, um pouco de notoriedade cantando hinos do Nordeste numa estação de rádio. Pintassilgo, aliás, era personagem da peça, cantador e comentarista. Fomos portanto procurá-lo, ansiosos; eu estava excitadíssimo, preparando a câmara para fotografar o homem, que, avisado, tinha marcado um encontro na periferia da cidade. Esperamos bastante tempo além da hora marcada, mas, finalmente, ele chegou: fotografei-o de longe e de perto e acionei o gravador para o que eu esperava ser um importante depoimento. Tudo foi muito decepcionante: a figura, a vestimenta, a maneira de andar, o diálogo medíocre de alguém que quase tinha esquecido ter tido a voz de pássaro; um homem acabado e acabrunhado; um homem que somente a sensibilidade de um dramaturgo poderia transformar numa personagem riquíssima.

Eu queria gravar uma incelência para o espetáculo, quando o Cristo, homem do povo, era assassinado. Para tanto, na casa de uns amigos do Chico, foi convidado um homem, profissional do assunto, sem todavia revelar-lhe o motivo do convite. Durante mais de duas horas tentamos convencer o homem a cantar suas cantigas de velório, mas só conseguíamos respostas negativas: não se podiam cantar incelências a não ser em velório; fazê-lo só traria desgraça. E assim ficamos, eu com meu inútil gravador que só gravava casualidades e o Chico um tanto triste por não conseguir o que eu desejava e precisava.

Era o período da Quaresma, e todas as esculturas sacras das igrejas eram vestidas de roxo; numa sacristia vimos figuras de santos articulados como bonecos de madeira; uma solteirona, professora de uma

O mambembe, de Artur Azevedo, contempla cenários da cidade do Rio de Janeiro e do interior do estado. Gianni Ratto perambulou por ruas antigas e pesquisou em jornais da Biblioteca Nacional para concebê-los.

escola primária, cantava nas funções e, muito gentil e etérea, consentiu em gravar alguns cantos à capela para nós. Tudo parecia refletir a imagem de uma região traumatizada, de um povo cujas crianças famintas carregavam uma enorme barriga acima de perninhas esqueléticas, olhando-nos com olhos maiores pela magreza do rosto.

Assim, depois dos dez dias previstos, voltei sozinho para o Rio, deixando atrás de mim aquele mundo no qual somente o milagre deveria ter direito de trânsito, mas onde somente a fome e a doença transitavam. Levei comigo os passarinhos, único consolo, que o homem alto e magro tinha guardado para mim, deixando Chico à sua rede e Teresina aos seus contrastes. Na viagem, o avião parador (um bimotor da Real que às vezes descia em planície no meio de boiadas) fez escala no aeroporto de Brasília, que ainda não tinha sido inaugurada, para uma baldeação que me levou a fazer acrobacias para poder transferir todas as minhas gaiolas. Finalmente a viagem acabou e, dois dias depois, demos início aos ensaios.

O espetáculo foi um fracasso total. *A profissão da senhora Warren* tinha tido um êxito razoável e condizente com o teatro no qual estávamos nos apresentando: o Copacabana Palace. Sem refletir íamos, como fomos, apresentar *O Cristo proclamado* na mesma sala. Nosso espetáculo era extremamente despojado; o cenário muito simples era feito com estopa e complementado por uma tela de projeção, e o público encontrava o palco nu e a cortina aberta. A hostilidade de quem tinha pagado a entrada era evidente como a mancha de graxa num vestido branco. E antecipadamente preconceituosa. E mais duramente negativa à medida que o espetáculo ia se desenvolvendo. Afinal, por que esse público refinado deveria se interessar por problemas tão longínquos? E o público não veio. Nosso trabalho tinha sido duro e apaixonado e todos nós havíamos nos envolvido profunda e emocionalmente na tragédia nordestina. O *Cristo* ficou em cartaz uns vinte dias; se, por um lado, a ausência de um público pagante nos deixou melancólicos, por outro, a presença de espectadores que conheciam a realidade de suas regiões de origem compensou-nos pelo calor emocionado com o qual receberam nosso trabalho. Uma noite, aproveitando a presença do governador Carlos Lacerda, promovemos um debate público no qual ele me acusou, e a todos nós, de sermos esquerdistas. "Cristo, Jesus Cristo, também o foi", respondi, e me lancei numa violenta cantinália, rebatendo argumentos, acusando e defendendo, furiosa e apaixonadamente, nossas posições e a indiferença do governo para com a tragédia dos retirantes. Lacerda me ouviu falar em silêncio, o público aplaudiu e não houve réplica. Uma meia hora mais tarde, Lacerda tomou a palavra e, dialeticamente, me liquidou. Já era tarde da noite; fiquei quieto e aprendi que uma resposta tem que ser dada no momento oportuno.

Remontamos rapidamente *O mambembe* para uma temporada de quinze dias em Niterói, e nesse período ensaiamos a todo vapor uma comédia de Feydeau para nos refazermos do prejuízo. *Com a pulga atrás da orelha*, a comédia ensaiada, ficou mais de um ano em cartaz, mas o lucro que deu não cancelou a amargura de um insucesso devido basicamente à escolha de uma sala de espetáculos errada. Até hoje considero *O Cristo* um dos melhores espetáculos que já fiz e se um remorso eu tenho é de não ter sido naquele momento mais coerente e duro comigo mesmo com relação a meu futuro.

REALMENTE NÃO FOI UM TRABALHO FÁCIL e o resultado não correspondeu à soma de preocupações e empecilhos que acompanharam todo o período de ensaios.

A começar do teatro, que não oferecia condições técnicas para um espetáculo musical que somente com um palco decentemente equipado teria tido condições de uma correta realização: a qualidade de som, os limites impostos à cenografia pela exiguidade do palco e uma aparelhagem elétrica inadequada foram elementos altamente prejudiciais para um espetáculo em que a música, a luz e o espaço cênico constituíam elementos decisivos e coagulantes.

Vianninha era um homem generoso e fiel; quando podia ajudar um amigo o fazia de coração aberto e, na escolha de uma equipe, nunca esquecia os que anteriormente tinham colaborado com ele. Eu, por exemplo, fui chamado em consequência do êxito de *Se correr o bicho pega, se ficar o bicho come*. Ele tinha para comigo um respeito profissional sincero e sua agressividade dialética, assim como as preocupações financeiras – não por ganância e sim por necessidade prática de pagar uma produção e seus colaboradores – se misturavam com um temperamento extrovertido mas totalmente conduzido por uma coerente filosofia política.

No Arena, onde pela primeira assisti a uma peça dele – *Chapetuba Futebol Clube* – tive a sensação de um autor cujo esquerdismo, mais humanista do que partidário, o aproximava idealmente a Gramsci (naquele momento) e a Berlinguer hoje.

O diálogo com ele era complexo. Eu estava ainda imbuído de preocupações estéticas e de uma visão política antipartidária por excelência; ele, pragmático até a medula, pronto a soluções que viessem direta ou indiretamente beneficiar uma causa para a qual lutou corajosa e coerentemente até o fim de sua vida: um exemplo para todos nós. Não sei se a obscura premonição de um futuro que seria prematuramente truncado influía no desgaste de energias que fazia dele uma espécie de máquina pensante. Como Paulinho Pontes, seu amigo e parceiro, a vitalidade, o brilho da inteligência, o anseio de viver a vida em todas as suas acepções possíveis, se traduziam em posturas irônicas, às vezes agressivas mas, curiosamente, sempre num plano de cortesia e educação que tornavam mais mordazes as observações, as análises críticas, lúcidas como as de um sarcástico filósofo criador.

A amizade com os dois não era fácil: a amizade que nada pede e tudo dá, que aceita o amigo pelo que é e não pelo que gostaríamos que fosse – mas existia e era autêntica, imbuída de respeito recíproco. Essa amizade, não ostensivamente manifesta, vive ainda hoje em mim permeada por uma saudade e admiração que abrange tanto o talento como a feroz, coerente e determinada força de vontade e capacidade de trabalho dos dois autores.

Ainda para a concepção da peça O mambembe, Ratto teve a ajuda do compositor Almirante, da folclorista d. Oneida Alvarenga, de Aluísio de Azevedo, sobrinho do autor, e do teatrólogo Raimundo Magalhães.

Quando montamos *Dura lex sed lex* eu estava atravessando um período de fraca criatividade. Baseava meu trabalho em uma experiência técnica desprovida de um autêntico entusiasmo, e se o resultado final do espetáculo não foi especialmente feliz muito se deveu ao fato de eu ter trabalhado, talvez, como e somente um bom profissional. Talvez, também sem me dar conta do fato, não acreditasse muito na peça, embora respeitando-a demais, pelo equívoco – devido à minha visão naquele momento – de que o diretor nada mais devia ser que um intermediário fiel entre o autor e o público.

Faltou-me uma maior dimensão participante que poderia ter emprestado ao espetáculo o tom de desespero, de esperançosa sobrevivência e de mordacidade crítica de que precisava.

Releio hoje o texto e o reencontro atualíssimo e brilhante na análise histórica de um círculo fechado que foi traçado à nossa volta e do qual, estonteados, não conseguimos sair. Os "milagres" das virgens-marias limitam-se a canhestros passes de mágica; continuamos dando cambalhotas em trapézios que não têm rede de segurança. Ao silêncio que antecede a "abertura" segue-se a algazarra da pseudo pós-abertura: o "milagre" escorregou numa poça de petróleo.

Dura lex foi um ato de coragem da mesma forma que o foram muitas outras peças desse período obscurantista e que dramaturgicamente culminou em *Gota d'água*, de Chico Buarque de Holanda e Paulo Pontes, e *Ponto de partida*, de Gianfrancesco Guarnieri. Para sermos exatos, *Se correr o bicho pega* deslanchou uma nova dramaturgia que, abandonando o panfletarismo contraproducente e nem sempre sincero, entrava no âmago do problema, responsabilizando o próprio homem brasileiro, o homem da pólis e do campo, tentando levá-lo, após tantos anos de inútil teorização partidária, a assumir os próprios compromissos, a assumir-se, saindo das *turris eburneas* dos intelectualismos críticos, deixando de se refugiar no carnaval, de cantar no escuro, de se satisfazer com uma média não requentada, perdido no devaneio de um chão de estrelas.

A peça continua surpreendentemente atual. Se Vianninha estivesse conosco poderia reescrevê-la à luz deste momento no qual a pseudoliberdade concedida parece ter brecado a capacidade criativa de nossos autores. Neste quase pós-guerra, pouquíssimas vozes se levantaram para analisar uma problemática cada vez mais inflacionada por uma sociedade "executiva". O que deveria ser um momento de reflexão ativa (primeiro passo para um ativismo meditado) está se transformando, pelo instrumental consumista, numa diversão bestificada, num *relax-for-men* com suas rainhas e valetes.

Vianninha e Paulo fazem falta demais; por enquanto, a novela ainda constitui o único elemento "cultural" aglutinante e polêmico das massas.

(*Este texto foi escrito a pedido de Yan Michalski, pouco tempo antes que a morte o levasse.*)

NA MINHA CHÁCARA APARECEM com uma certa frequência aranhas de vários tamanhos, tipos e fisionomias: algumas pequenas, de pernas esguias e corpo delgado; outras graúdas e atléticas, e, de vez em quando – exemplares assustadores – pretas ou marrons, de amplas patas peludas e rostos ameaçadores. Uma noite quase encostei numa dessas últimas, próxima ao interruptor de luz que ia apertar: apavorei-me, ela não fugiu e eu, corajosamente, a matei cobrindo-a com a neve do *spray* de um mata-mosquitos. Não morreu logo: levou consigo sua inédita brancura e agonizou até cair encolhida da parede à qual tinha-se mantido agarrada numa inútil esperança de sobrevivência. Caiu e virou uma trouxinha esvaziada, desmentindo seu recente passado agressivo.

Satisfeito, voltei para a cama, mas a fragilidade do artrópode me deixou perplexo e com um curioso sentimento de culpa.

Meses mais tarde, entrando na sala da minha casa de campo, vi, dirigindo-se para a lareira, uma cobrinha amarela ondular sua andança: de cabeça triangular, era evidentemente venenosa, e minha mulher, chamada para ver o hóspede inesperado, berrou de medo. Tentei matá-la (a cobra) com um toco de lenha, mas ela assumiu uma posição claramente de ataque substituída, logo em seguida, por uma fuga estratégica. Perseguida, consegui machucá-la, mas ela, depois de uma outra tentativa de agressão, conseguiu escapar.

Uma crença popular afirma que quando uma cobra é morta, outra vem para vingá-la, mas é mentira. Se a morte da aranha tinha-me deixado perplexo, a briga da cobra pela sobrevivência me reiterou a importância da vida e, a partir daquele momento, nunca mais matei bichos, insetos, ofídios ou batráquios. Redescobri algo que já sabia: a vida nunca pode ser destruída a não ser por motivos de alimentação ou de doença sofrível e incurável: sempre tinha achado ser injusta a pena de morte, e a memória longínqua de um passarinho por mim assassinado com um covarde tiro de fuzil me agrediu como naquele dia em que o vi, frágil em suas ensanguentadas penas amarelas, caído no meio das pedras de uma desolada paisagem da Sardenha.

Portanto, constatei ser visceralmente contra a pena da morte.

Quem morre voluntariamente foge, voluntariamente, às suas responsabilidades.

Quem morre por determinação da justiça, sendo executado a título de punição, é subtraído ao castigo maior da memória de seu crime e de seu remorso.

Matar a quem matou é compartilhar com ele a ideia de que a morte é a solução para qualquer problema (certo ou errado que seja).

O estuprador, o assaltante, o sequestrador, o sádico ou o amoral libertam-se de qualquer responsabilidade a partir do momento em que a sociedade decide eliminá-lo: morte, irmã do sono que nos faz esquecer as angústias do dia.

Defendo acirradamente os direitos humanos e sou contra qualquer tipo de tortura física, mas defendo o uso da justiça para que ela puna exemplarmente os delitos contra o homem.

A memória dos acontecimentos criminosos deve ser salvaguardada para o criminoso a fim de que ele nunca esqueça o que fez e, pelo que fez, seja perseguido até a hora de sua morte natural.

Quanto mais cruel e refinado tiver sido o crime, mais sutil e desgastante o castigo. Colocar o criminoso diante do que ele cometeu será uma das armas à disposição da sociedade para que ela seja vingada. Vingada, sim, porque a vingança é doce quando sua função é devolver a paz e a tranquilidade a quem por culpa de outro as perdeu.

Independendo das reformas das estruturas carcerárias, deveria ser efetuado um estudo em profundidade para chegar a conclusões arquitetônicas que aliassem o conforto físico condizente com a condição humana do condenado, uma requintada tecnologia de sons e imagens: essa tecnologia permitiria que, em horários irregulares e imprevisíveis, as celas fossem invadidas pelos sons e imagens da reconstituição dos crimes cometidos, provocando, pelas diferenciadas modalidades, processos autodestruidores na psique do criminoso.

Flávio Rangel chegou em minha casa afobado e excitado. Dois dias depois eu iria para Lisboa onde, no Teatro São Carlos, iniciaria os ensaios da ópera *Cenerentola*, de Rossini, e quando Flávio me disse que iria dirigir para a companhia de Fagundes, e com ele no papel-título, *Cyrano de Bergerac*, de Rostand, querendo meus cenários e os figurinos de Kalma Murtinho, respondi que não poderia e que lamentava muito, mas que, se ele quisesse, poderia ajudá-lo em alguma coisa antes de partir.

Mas Flávio insistiu com muita firmeza; ele achava que eu tinha bastante experiência para preparar um projeto em dois dias e que não precisaria me preocupar com a execução, pois ele cuidaria disso. Fiquei perplexo opinando, entre outras coisas, que Fagundes tinha um excelente cenógrafo na companhia (Serroni) e que minha entrada poderia criar situações desagradáveis. Mas Flávio objetou que já havia falado com Fagundes e estava tudo certo.

"Mas o tempo é pouco", me queixei. "Quando você volta?", perguntou. "Daqui a um mês e meio." "Não tem problema; quando você voltar, ainda terá tempo para cuidar da montagem e dos detalhes. Assim conversamos sobre o espetáculo e suas possibilidades, estabelecemos um plano de trabalho sobre o denominador comum de nossas ideias." Algumas horas depois, ele foi embora, tendo arrancado de mim a promessa de que no dia seguinte eu lhe forneceria os rabiscos e ideias iniciais do projeto.

Quando ele saiu, o desânimo e o entusiasmo me agrediram ao mesmo tempo. Mas isso durou pouco. Eu sempre gostei do texto de Rostand e já tinha visto algumas edições de diferentes diretores: uma especialmente tinha chamado minha atenção pelos belíssimos cenários assinados por Lila de Nobili, uma artista que sempre admirei. E foi essa lembrança que me deu ânimo. Fiquei pensando como resolver o problema, preocupado também com a exigência do Teatro Cultura Artística, que nos obrigava a entregar o palco livre todas as manhãs para os ensaios da orquestra sinfônica.

Na manhã seguinte o projeto já rondava em minha cabeça e até o meio-dia o esquema e os rabiscos já estavam prontos. Como, não sei. Só sei que ficaram prontos e que Flávio os aprovou incondicionalmente: até o dia seguinte eu entregaria as plantas para os marceneiros e à tarde iríamos à casa de Fagundes mostrar o que já tinha sido feito.

Tudo correu às mil maravilhas. O dono do papel-título encantou-se com o projeto e a rapidez com a qual tinha sido desenvolvido.

À noite telefonei à Kalma no Rio de Janeiro. Ela estava feliz e medrosa ao mesmo tempo, expliquei-lhe o critério do cenário e sua cor básica (cedro dourado) e fui para a mesa de desenho. Além das plantas baixas e dos desenhos executivos fiz também uma maqueta precária em cartolina, precária mas correta. Entreguei o material para os executores, me despedi de Flávio e voei para Portugal.

Acompanhei de Lisboa a realização que, com o atraso dos ensaios, ficou adiada de quinze dias.

O *Cenerentola* teve êxito: é uma ópera muito divertida, vocalmente esplêndida, e Valentina Terrani, protagonista, uma cantora magnífica com uma extensão vocal e uma sensibilidade interpretativa raras. Minha direção, fundamentada na linguagem musical, também agradou e para ela colaboraram cantores italianos de primeira categoria.

Voltei para São Paulo com uns dólares a mais e a alegria de uma direção que tinha dado resultados. Imediatamente fui ver o trabalho realizado pelos carpinteiros. Meu cenário não era simples, cobria toda a superfície do palco com rampas, estruturas e escadas e, por ser todo – como numa construção de brinquedo – dividido em partes, para permitir a desmontagem e a remontagem diárias exigidas pelo teatro, necessitava uma execução perfeita. Mas isso não tinha acontecido: madeira de segunda, estruturas precárias, realização incompetente. Falei com Flávio, mostrei-lhe os inconvenientes e mandamos refazer o que estava errado.

Enquanto isso, Kalma trouxe os desenhos dos figurinos, que eram belíssimos, generosos e caros, pois exigiam tecidos de primeiríssima qualidade (veludos, sedas, tafetás, rendas, *voils etc.*). Caros sim, mas para certo tipo de traje o material tem de ser primoroso, caso contrário não se conseguirá na realização o resultado que o desenho original propõe. Superado o problema dos custos com a produção executiva do espetáculo, permaneceu o problema das relações entre Flávio e Kalma, que já vinha de espetáculos anteriores. Flávio era grande admirador de Kalma que, por sua vez, admirava o talento de Flávio; fora do trabalho tudo bem, mas a partir do momento em que se configurava um plano de produção, o diretor e a figurinista entravam em choque: ambos autoritários, fincados na correta convicção de suas capacidades criativas e executivas, viviam exigindo e retrucando, afirmando e negando, num jogo às vezes quase infantil e sempre inútil. Eu amava os dois e me abastecia sistematicamente de panos quentes para resolver os entreveros e desavenças. Mas ambos estavam errados: Flávio por não perder oportunidade de reclamar, e Kalma por não perceber que atrás das reclamações de Flávio existia uma admiração sincera e incondicional.

Flávio gostava realmente de cutucar todo mundo e tentava fazer o mesmo comigo, sem consegui-lo; diretor-ditador e todavia generoso, ele se entregava ao trabalho com a fúria construtiva de um desbravador, exigindo de todos um comportamento equivalente. Enquanto eu trabalhava não me dava sossego querendo saber da coluninha, do fundo, dos estandartes, da lua. Eu explicava tudo pacientemente, e quando ele extrapolava eu respondia: "Está bem, depois a gente fala."

Há uma lua no espetáculo, importantíssima por suas significações românticas e metafísicas; uma lua que tem de surgir com toda a sua carga de valores visuais e dramáticos; uma lua não necessariamente realista e todavia sugestiva como uma noite shakespeariana. Em termos de cenografia, esta lua revela-se atrás do fundo da taberna. Na hora de pintar esse fundo, que era de pano, eu pedi a Carlos Giacchieri, que realizava a parte pictórica, que, exatamente onde ela apareceria em transparência, deixasse umas partes mais aguadas a fim de não cobrir, naqueles espaços, o telão. Entretanto eu tinha mandado executar com lâmpadas, madeira e gelatina difusora o adereço da lua, que, pendurado e aceso, apareceria na hora devida.

A cada segundo – os ensaios de luz se aproximavam – Flávio perguntava: "E a lua? Está pronta? Como é que vai ser, posso vê-la?" *etc.*, e a minha resposta era sempre a mesma: "Não se preocupe, na hora você vai vê-la." Mas ele queria vê-la antes e a mostrei, inacabada, numa caixa de compensado nada sugestiva: "É isto aqui?" "É!". Então ele tomava um cafezinho bebendo-o pelo lado contrário da xícara e ficava quieto.

No momento de ensaiar a luz (eu já tinha preparado tudo) mais uma vez perguntou, desta vez com a autoridade de um pai que quer saber se o filho desleixado fez afinal os deveres de casa: "A lua está pronta?" "Está, pode ligá-la, mas vai com a luz em resistência." Então ela apareceu, maculada de nuvens, transparente e mágica. Nem eu esperava um resultado tão emocionante. Aí Flávio, com a voz um pouco embargada, exclamou: "Você é foda!". E me deu um abraço lateral. Depois chamou Kalma e os atores para que vissem o que ele tinha conseguido.

Em Paris, com Ivo Chiesa, fomos ao Théâtre de L'Atelier para nos encontrarmos com André Barscacq, seu diretor. Ivo Chiesa tinha proposto a Barsacq a direção dos *Irmãos Karamazov*, de Dostoievski, na adaptação de Gaston Baty, e tinha me levado consigo porque desejava que eu fizesse os cenários. Quando Barsacq ouviu a proposta de Ivo, teve um ataque de fúria; declarou na minha cara que achava um desaforo tal proposta visto ele já ter montado a adaptação de Baty com os cenários que ele próprio tinha projetado; e, enquanto falava, tirou de uma gaveta um calhamaço de desenhos e croquis que ficou sacudindo no ar até sua cólera se acalmar. Eu, quieto até aquele momento, achei meu direito falar. "*Monseigneur*", disse, usando ironicamente o título honorífico, "sou seu grande admirador e conheço toda a sua obra, que participou da renovação cenográfica deste século, e nunca teria ousado me oferecer como seu colaborador se meu amigo Chiesa não tivesse me convidado, e, confesso, a possibilidade de conhecê-lo, mais do que o eventual trabalho, foi o que me convenceu a vir a Paris. O senhor é dono do espetáculo e, portanto, decidirá o que achar melhor." Assim como quando, pela rotação da Terra, uma grande sombra que cobria uma praça se desloca deixando-a totalmente ensolarada, o rosto de Barsacq desanuviou-se e ele sorriu e, com uma alegria tipicamente francesa, desculpou-se declarando não ter nenhuma dúvida quanto à minha categoria artística e profissional.

Sem ter obtido alguma informação que pudesse me orientar, voltei para Milão e trabalhei intuitivamente. Quando Barsacq chegou para iniciar os ensaios mostrei-lhe meu projeto (não sem um certo medo), que ele aprovou cumprimentando-me. (Preciso declarar que quando ele sacudiu na minha cara os desenhos de seu projeto original eu consegui captar a essência de seu trabalho o que, depois, serviu de pauta para o meu.)

No decorrer dos ensaios, ficamos amigos: ele normando e eu genovês tínhamos características temperamentais em comum: poucas palavras, pavio curto, riso fácil e, basicamente, uma honestidade profissional que, espontaneamente, eliminava qualquer atrito. Hoje, como tantas outras pessoas que estimei, foi-se para o Além deixando-me uma pequena herança de valores indestrutíveis.

O TEMA ERA "TEATRO NO FIM DO MILÊNIO" e fazia parte de um grupo de debates públicos que a Secretaria de Cultura de Curitiba tinha organizado paralelamente a um Festival de Teatro de excelente nível artístico.

Cada debate tinha cinco expositores e eu participei de um deles.

Esse tema do "fim do milênio" era muito estimulante (embora, enquanto estou escrevendo faltem somente quatro anos e meio para que a meia-noite do 31 de dezembro de 1999 toque suas badaladas finais); um pouco como quando um novo espaço teatral está sendo inaugurado e uma ansiedade emocionada aguarda o sinal da abertura das atividades.

Estava realmente muito intrigado mas, ouvindo os colegas que tinham me precedido, percebi que o que diria tinha uma certa razão de ser. Aqui vai um resumo de meus quinze minutos.

São Paulo está apresentando simultaneamente sessenta espetáculos diários e a média de espectadores, calculada generosamente, não chega a seis mil pagantes, nas horas de pico. Sete séculos atrás, numa única apresentação de uma tragédia grega, mais de quinze mil espectadores se aglomeravam no hemiciclo de um teatro de Atenas.

No Rio de Janeiro, São Paulo, Salvador e Recife (citando somente algumas das mais importantes cidades brasileiras) quando desfilam as escolas de samba e enquanto o carnaval está presente em toda a sua pujança, dezenas de milhares de pessoas se aglomeram nas ruas numa folia orgiástica sem paralelos.

Nas manifestações religiosas (Aparecida do Norte, lavagem dos degraus da Igreja do Bonfim em Salvador, nas peregrinações místicas da Quaresma e para o padre Cícero, na Paixão de Cristo em Pernambuco, nas convocações das Igrejas de Deus *etc.*) também milhares e milhares de pessoas se unem por uma paixão comum: a fé.

Nos estádios, quando há uma competição de futebol, agoniados torcedores unem-se mais uma vez aos milhares vociferando uma paixão que tenta identificar cada um com o melhor jogador, fazendo-o dono do gol que acabou de ser realizado.

Outro dia o comentarista esportivo de uma estação televisiva lamentava que a um jogo realizado no Pacaembu "somente" oitocentos espectadores tinham comparecido. Lembrei-me, então, dos seis mil para os sessenta espetáculos apresentados em São Paulo e pensei que se os oitocentos torcedores frequentassem diariamente as sessenta salas de espetáculo, teríamos uma média de quarenta e oito mil espectadores (uma glória!) diários, todavia ainda inferior à de um estádio lotado.

Por que esta diferença de participação para situações diferenciadas entre as quais o teatro está relegado à última das últimas classificações?

A resposta é simples: carnaval, misticismo, esporte são elementos provocadores de fortes paixões coletivas. Cansei de ouvir: "o jogo de hoje foi um espetáculo"; "as espetaculares procissões emocionam pelo profundo sentimento religioso que as anima"; "este grande teatro que é o carnaval reúne multidões numa alegria dionisíaca que representa a alma do nosso povo"... e assim por diante.

Paixão, portanto; paixões profundas, enraizadas, inextinguíveis: esporte, carnaval, procissões, convocações de pregadores donos de televisões e limusines *etc.* E o teatro, por que o teatro não consegue ter uma miserável média diária de cento e cinquenta pessoas?

O teatro está cada vez mais fechando-se em saletas e galpões, administrando pequenas ambições estéticas, propondo temáticas psicológicas ou eventualmente de crítica transitória, dirigidas na maioria dos casos ou a públicos especialmente preparados ou a plateias (a maioria) de pessoas que vão ao teatro para rir, porque acham que o teatro, qualquer que seja o texto apresentado, é uma diversão ritualística onde o riso é obrigatório e as palmas finais com todos em pé equivalem ao aperto de mão oferecido ao cozinheiro cuja *pizza* é superlativa. O psicologismo matou o teatro; o pseudovanguardismo transformou o espetáculo numa proposta esnobística; os programas televisivos de "humorismo" – entre aspas mesmo – lobotomizam o cérebro das massas, cuja noção crítica é inexistente, distorcida ou perversa.

Todavia a tragédia emociona o povo, o povo pobre, que vive miseravelmente nos casebres das favelas. O povo, este povo, precisa da tragédia. Assassinatos, estupros, assaltos, incêndios, desmoronamentos, epidemias *etc.* rompem rotinas desinteressantes, monotonias sem saídas, misérias insuperáveis, doenças sem cura. A morte de um é a sobrevivência de outro, a ansiedade, as lágrimas, o desespero dos atingidos pela desgraça dão fôlego ao instinto de sobrevivência dos outros. Os repórteres televisivos, que acompanham de perto buscas e perseguições, "interpretam" a informação, arfando, perdendo a voz, modulando a notícia com o alongamento das vogais e pausas estratégicas, provocando as lágrimas de quem já não tem lágrimas para chorar, ostentando uma formal educação com criminosos que, poucos instantes antes, tinham definido com termos tenebrosos. O povo precisa da tragédia, sim. Como para o espectador da antiga Grécia, a tragédia o leva a uma catarse momentânea que nada muda mas que o faz sentir vivo, dando matéria para comentários sem fim.

Mas se o povo precisa da tragédia, acho que o "homem" precisa do épico (embora não o saiba ou perceba). Não o épico brechtiano que durante um certo tempo nos esterilizou. O "homem", sem perceber, fechou-se cada vez mais num isolamento incomunicável, que somente se rompe quando uma "paixão" comum o une ao seu semelhante. E é justamente esta paixão comum que o teatro deve reencontrar. O fim do milênio (mas que fim? Os anos, os séculos, os milênios são compartimentos estanques?) é uma questão de números: 1999, 2000, 2001, 2020, 2050 *etc.* Se observarmos a história constataremos que um novo século começa sempre uns vinte anos antes do fim do precedente, e nós estamos a quatro anos de uma eventual mudança, que, se houver, sacudirá radicalmente as posturas atuais.

No último século do primeiro milênio d.C. dizia-se: "mil e não mais mil", conceito ditado pela superstição, o medo do inferno e a ignorância generalizada do povo. Hoje ninguém diz "dois mil e não mais dois mil" porque a informação e a informática criaram novas modalidades de vida que, todavia, não fazem do homem de hoje um indivíduo mais bem preparado do que o do século X. O homem, hoje, sabe somente o que lhe é dito (o que é bem pouco) e a informação recebida dilui-se no passeio do *shopping*, na ânsia consumista, na taxa de juros, mais uma vez, na *pizza*.

Mas o homem precisa do épico, embora não o saiba ou não o perceba. E o épico está aí, aguardando. Quando um artista plástico cobre um monumento com milhares de metros quadrados de tecido cumpre um gesto épico que se torna mítico como as águas do dilúvio; quando Ronconi realiza o *Orlando furioso*, de Ariosto, a proposta é épica e o *rally* Paris-Dakar é uma viagem épica na qual a morte e a vitória disputam a primazia.

O épico no qual eu penso é justamente a viagem, e, neste sentido, vêm a minha mente os nomes de Homero, Virgílio, Dante, Ariosto, Camões, Cervantes, Milton e Joyce: todos eles têm em comum o tema da viagem, uma imensa ponte que parte do *Ulisses* de Homero e se conclui com o *Ulisses* de Joyce. Uma gigantesca ponte que o homem deve atravessar, deixando que, embaixo, o caudaloso cotidiano flua ininterrupto com seus detritos e cadáveres.

O "épico" no qual eu penso está ligado profundamente ao que de trágico acontece no mundo. Fome, guerras, epidemias, Biafras, Coreias, Bósnias, usura bancária, ameaças urânicas, Aids, canalhices políticas, a traição católica, as prevaricações pseudomísticas, as trapaças comerciais, as transações duvidosas, o medo do "amor" *etc. etc.*, tudo isso e muito mais me faz crer que, no momento em que o teatro tenha a coragem de sair à rua (uma rua feita de avenidas, praças e quarteirões, ocupando uma cidade inteira, integrado por uma população motivada que, como na Idade Média, colabore na montagem de plataformas, carroças, guindastes e outras parafernálias, jogando futebol na rua, cantando e dançando, se fantasiando e rezando), voltará a reencontrar sua gloriosa função primitiva: a de, como antigamente, atrair gente de todos os lados, de todas as crenças, que, em lugar de pagar um preço de entrada, colaborará para construir seu novo edifício teatral, que não terá colunas ou plateias, bilheterias ou bastidores: um teatro cujo teatro será o céu e cujo palco será o chão no qual irá pisar.

O épico no qual eu penso está profundamente ligado às raízes da história do homem brasileiro; um épico que o leve para uma viagem dentro de sua história: não aquela mal contada ou distorcida, mas a verdadeira história ligada à ignorância que a colonização portuguesa impôs ao Brasil, a história ligada à trágica libertação dos escravos, a história ligada às revoluções das quais quase não se fala: a dos alfaiates, a de Canudos, a Inconfidência Mineira. Uma história que pode ser lida na poesia de Castro Alves e rememorada pelas várias e repetidas ditaduras, uma memória que não pode ser largada como um pano velho e rasgado, que nem mais serve para sacudir a poeira que cobre o passado.

O épico no qual penso é o que pode reconduzir o homem brasileiro à reconquista de uma cidadania cultural, a um ufanismo não nacionalista mas feito do orgulho da consciência do que, por que e para quem o que está sendo feito é feito.

O épico no qual eu penso é o que pode devolver ao homem brasileiro – também por meio de sua poesia, de sua literatura, de seu teatro, enfim – a consciência de pertencer realmente a uma comunidade internacional onde as etnias e os valores culturais sejam preservados.

O épico no qual eu penso é o que pode devolver a todos a alegria de viver, de amar seu vizinho, de redescobrir que a beleza de um amanhecer é mais rica do que uma joia de Tiffany.

Para a temporada de 1950-1951, a direção artística do Teatro alla Scala selecionou, entre outros, *Il ratto dal serraglio*, de Mozart: regente Jonel Perlea, diretor Ettore Giannini, cenógrafo Gianni Ratto e figurinista Leonor Fini. Intérpretes principais Maria Callas, Giacinto Prandelli e Salvatore Baccaloni.

Um primeiro time, como se pode ver. Um regente de extrema sensibilidade, cantores-intérpretes de grande classe, uma artista plástica de categoria e fama internacional e nós, eu e Giannini.

Giannini, diretor autoritário e altamente criativo; com ele eu já tinha projetado os cenários para *Carosello napoletano*, uma saga teatral que desfilava no palco a história de Nápoles desde as invasões mouras até o início da Primeira Guerra Mundial, tendo o cancioneiro napolitano, a dança e a dramaturgia como espinha dorsal. *Carosello* foi uma experiência extraordinária em todos os sentidos: os artistas napolitanos exigiam de Giannini (também napolitano) que o elenco fosse em sua maioria partenopeu e reivindicava obscuros direitos sem fundamento. Remigio Paone, genial empresário (e generoso), também napolitano, resolvia todos os problemas com habilidade meridional, nos oferecendo todos os recursos necessários. Eu me debatia nos meandros do historicismo e da coerência formal, apelando para museus, ilustradores, gravadores, e perambulando pelos bairros e *bassi*, desenhando tudo o que oferecia interesse aos meus olhos. Essas andanças eram realizadas em grupo, Ettore conduzindo-nos. Numa delas acabamos entrando, depois de ter atravessado um beco, num pátio nem grande nem pequeno pautado diagonalmente por fileiras de roupas estendidas ao sol e fechado nos quatro lados pelas paredes de oito andares de um edifício popular. Já no limiar do pátio, um barbeiro que atendia de pé um freguês também de pé, o pescoço protegido por uma toalha duvidosa, parou no ar a mão levantada para escanhoar o rosto ensaboado do cliente que, a cabeça semitorcida para o lado oposto à nossa chegada, tentava, olhar de boi assustado, ver o que acontecia. Também nós paramos unindo nossos silêncios ao das moradoras que, imóveis, tinham se calado. Ettore falou então em napolitano e tudo voltou à normalidade: o barbeiro continuou fazendo a barba e as mulheres, cigarras enlouquecidas, recomeçaram a falar.

Nápoles foi um manancial de anedotas: desde o violinista que no restaurante tentava captar meu olhar para se sentir autorizado a vir tocar na minha mesa, até o desocupado que tentava ler o telegrama

Cenário de Gianni Ratto para a ópera Il ratto dal serraglio, de Mozart, no Teatro alla Scala de Milão, que teve Maria Callas no papel de Konstanze, na temporada de 1951-52.

que eu estava escrevendo e que, quando eu reclamei, retrucou: "*Ma che*! Nem mais se pode olhar?!", deixando-me perplexo perante a defesa de um direito não codificado.

Carosello, que inicialmente deveria ter estreado no Teatro Comunal de Florença, por causa de uma série de atrasos e complicações internas, da companhia e, a bem da verdade, também do próprio diretor, acabou (e eu adorei) no Teatro La Pergola, um teatro do século passado, monumento nacional onde a madeira dominava. Remigio Paone, consciente da categoria do espetáculo e de sua importância internacional (O *Carosello* viajou pelo mundo afora, passando também pelo Brasil), tinha, com o cavalheirismo nababesco de um nobre napolitano, convidado telegraficamente para a estreia (pagando viagem, hospedagem para todos) mais de cento e cinquenta pessoas entre jornalistas, críticos, empresários, intelectuais *etc*. Quatro dias antes da estreia, Ettore me chamou pedindo para que eu falasse com

Paone avisando-o que o espetáculo não estava pronto musicalmente, que as coreografias precisavam ser apuradas, que os atores o estavam apunhalando nas costas e que ele, se o espetáculo não fosse adiado por uma semana, se suicidaria. "Mas, eu?!" Tentei me defender... Claro, fui falar com o nosso empresário: ele gostava muito de mim e eu dele e, evidentemente, eu estava pisando em brasas: mas tomei coragem e: "*Don* Remi (apelido carinhoso), temos de adiar a estreia por uma semana...". Até hoje não entendi como ele não sucumbiu a um ataque apoplético: ficou vermelho, começou a bater com os punhos sobre a escrivaninha, arrebentou o telefone e, resfolegante, sentou em sua poltrona. "Velhaco, filho de uma puta velha, canalha, e *mámmeta e sórreta...*" e outros insultos bem napolitanos. De repente gelou, bebeu um copo de água e chamou a secretária: "Comunique à imprensa o adiamento, quero fazer um comunicado radiofônico avisando todo mundo, desmarca os hotéis e substitui as passagens. JÁ!". O espetáculo foi adiado e teve um sucesso clamoroso que até hoje não foi esquecido. Remigio Paone nunca perdoou Ettore; depois de muitas brigas, unidos também por motivos de interesse, se reconciliaram.

Hoje, então (quer dizer naqueles idos de 1950), estávamos novamente juntos. Tendo preparado em Milão os primeiros esboços dos cenários (cinza, ouro e branco) fomos a Roma (onde Ettore morava) para falar com Leonor Fini, hospedada na mansão de uma das sete históricas colinas. Eu estava preocupadíssimo; embora já acostumado, trabalhar ao lado de um artista consagrado sempre me deixava tenso. Depois de uma espera de quase uma hora (Giannini estava ficando irritado) o leve roçar de uma porta abrindo por cima de um tapete nos fez virar: e lá estava ela, elegantérrima, toda vestida de preto e segurando entre os braços um gato preto de fulgurantes olhos amarelos. "Quem de vocês é Gianni Ratto?", perguntou. Conhecendo bem Ettore como eu o conhecia, refreei o impulso de rir e apresentei meu amigo, eliminando qualquer dúvida.

Os ensaios foram exaustivos, mas os cantores se submeteram de bom grado às exigências disciplinares e artísticas do diretor. Principalmente Maria Callas e Baccaloni, com os quais estreitei relações de amizade cordial (Mozart abençoando todos nós).

Meus cenários casaram-se muito bem com os figurinos de Leonor Fini e o espetáculo triunfou graças ao regente, ao diretor e, sobretudo, a Maria Callas e Baccaloni.

Na estreia do *Ratto*, aconteceu um incidente curiosamente não registrado pelo público. Quando Prandelli começou a cantar, os macacos, que a contragosto o diretor do Zoológico de Milão nos tinha emprestado para enfeitar a gaiola de meu jardim cenográfico, começaram a se agitar gritando histericamente. No meu posto de comando da iluminação, situado no ex-camarote da ex-família real, eu quase desmaiei, mas ninguém reclamou, então fiquei quieto. O incidente imprevisível tinha acontecido pelo fato de os macacos terem sido levados ao palco na hora do espetáculo, não tendo participado portanto do ensaio geral. No dia seguinte, eles foram substituídos por lindos pássaros não canoros. Jantando depois do espetáculo com Callas, seu marido e Baccaloni, comentei o acontecido, mas eles estranharam, pois não tinham notado nada.

NO DECORRER DO FESTIVAL DE TEATRO deste ano da graça de 1995, um amigo do qual não lembro o nome e com o qual conversava sobre o aspecto obsoleto da arquitetura teatral contemporânea me perguntou como eu projetaria um edifício teatral.

Pergunta difícil de ser respondida, mais do que difícil, complexa. Muitos fatores intervêm para se acotovelarem numa motivação de interesses específicos, às vezes concomitantes, às vezes contrastantes.

Um dos aspectos a ser levado em consideração é: a quem o edifício deverá servir? Parece um problema besta; mas se pensarmos melhor veremos que não o é tanto assim.

Um edifício teatral deverá atender às exigências de um público requintado, com forte poderio financeiro, de elevado nível cultural ou, talvez, numa visão coletivista e mais popular, ser imaginado sem limites preestabelecidos de lotação para, depois, eventualmente ser adaptado aos critérios específicos de um determinado tipo de espetáculo? Mas dentro de um conceito mais universalista, um determinado tipo de espetáculo (romântico, intimista, psicológico, dramático, literário, poético *etc.*) teria ainda espaço?

Edifício aberto ou fechado? Percurso ou estação? Roteiro ou parada? Ponto de encontro preestabelecido ou itinerário cada vez diferente?

Espaço sem latitude, viagem para o desconhecido aberta ao autor ou fornecida pelo autor?

O autor e a sociedade sempre determinaram a arquitetura do edifício teatral. O arquiteto, o cenógrafo, o projetista traduziram em construção o que estava sendo pedido ou sugerido, pois nunca, que eu saiba, uma estrutura arquitetônica teatral nasceu espontaneamente. Para não ir muito longe, pensamos na estrutura do edifício teatral grego; ele chegou à forma que conhecemos através de uma série espontânea de fatores práticos: o povo, descendo dos morros em direção a um vale onde está sendo oficiado um ritual sacro, senta inicialmente na relva, depois carrega ou aproveita pedras para sentar mais confortavelmente. Espontaneamente, pela própria estrutura côncava dos morros e do vale, a distribuição dos espectadores (ou místico-fiéis?) assume a forma de um semicírculo articulado em degraus. Para uma melhor distribuição visual e acústica, o ritual dramático se coloca numa posição mais elevada, permanecendo a clareira do fundo do vale para o sacerdote e o coro. O arquiteto só aparece quando motivações sociais exigem que a casualidade se transforme em algo definitivo e prático. Motivação fortíssima, portanto, determinada pela fé ou, então, por um ideal comum.

O mesmo fenômeno se manifesta na Idade Média quando, saindo da igreja, o povo e o espetáculo se organizam em percursos que, partindo da ideia (inconsciente) da Via Crúcis, estruturam uma série de estações dramáticas motivadas pela fé do povo e a habilidade didática de quem organiza as sagradas representações.

E assim por diante. Sem potentes solicitações, hoje, o teatro permanecerá estagnado em estruturas que nada mais têm a ver com nossa contemporaneidade ou com as compartimentações sociais que nem a Revolução Francesa, nem a Russa, conseguiram derrubar.

Qual o caminho a seguir, portanto?

O espetáculo teatral é, sempre foi e sempre será a transcrição de problemáticas humanas que tanto podem ter as características transcendentais como ficarem diminutamente analisadas no espaço de um *living-room*. Se analisarmos os grandes sentimentos do homem de hoje, veremos que, independentemente do voyeurismo teatral que ainda permanece, dois grandes eixos conseguem movimentar grandes massas: o esporte e a religiosidade. O esporte, pela identificação que o indivíduo e a massa estabelecem com o herói; a religiosidade pelo percurso que leva o homem até Deus, qualquer que seja. (Não estou descobrindo nada, eu sei: só estou raciocinando.) Em ambos os casos há o denominador comum da identificação, o se reconhecer no épico de uma aventura mítica. No primeiro, temos espaços capazes de conter de dez a duzentas mil pessoas; no segundo, as romarias, as procissões, os pagamentos de promessas aglomeram o povo de cidades inteiras.

Que haja necessidade de novos espaços, é indiscutível: basta recordar *O Livro de Jó*, de Antônio Araújo, realizado num hospital, e *Auto da Paixão*, de Romero de Andrade Lima, organizado segundo um percurso preestabelecido entre as ruínas de velhas casas. A necessidade de sair dos limites do edifício teatral é identificável em todas as manifestações de caráter místico que conglomeram povoados, aldeias e cidades.

Independendo de uma dramaturgia atuante, talvez provocando-a, uma arquitetura capaz de atender às grandes emoções coletivas talvez pudesse ser concebida num critério unitário que abrangesse espaços abertos e espaços cobertos, intercomunicantes e de níveis variados interligados por rampas, plataformas, poços e torres, elevadores e guindastes, com percursos constantemente variáveis e uma estrutura tecnológica capaz de atender a qualquer tipo de exigência dramática. Esta arquitetura deveria destruir por sua fisionomia qualquer convenção até hoje existente, deixando a maior liberdade para quem nela se encontrasse; podendo nela entrar ou sair a qualquer momento, fumar, comer e namorar como num imenso parque de diversões no qual aconteceriam não uma, mas muitas manifestações. Não haveria mais um só centro de interesses, mas muitos, pois caberia ao participante se identificar com este ou aquele acontecimento dramático.

Eu sei que tudo isto é utópico, romântico *etc*. Mas o é mesmo? O carnaval, o futebol, padre Cícero, Aparecida, os grandes monumentos recobertos de plástico não estão aí? E o homem de hoje, com todos os seus quadrinhos, seus Aliens, seus Batmans, seus Super-Homens, não está vivendo numa mitologia fictícia que, todavia, lhe permite evadir-se de uma realidade cada vez mais intoxicada pela mídia, pela *mass* mídia, pelas transmissões televisivas, pela ignorância a que as superpotências invisíveis o condenam inexoravelmente?

Qual a solução senão a de se agarrar ao denominador comum dos anseios equivalentes?

Qual o autor que conseguirá ser atendido em suas exigências telúricas?

ALGUÉM, ACHO QUE FOI Décio de Almeida Prado, no primeiro período em que vivi no Brasil, me sugeriu ir assistir a um espetáculo de Dercy Gonçalves que estava, naquele momento, se apresentando no pequeno auditório do Teatro Cultura Artística. E lá fui eu. Décio, maliciosamente, só tinha-me dito que se tratava de uma atriz cômica de grande talento. Nunca gostei muito de espetáculo de *one-man-show* e, no caso de uma *one-woman-show*, fiquei um tanto perplexo. Porém fui, preparado para assistir a uma exibição "engraçada". E me dei mal, quero dizer, fui tomado tão de surpresa que no dia seguinte telefonei para o Décio, confessando minha reticência inicial e declarando-me entusiasta do espetáculo ao qual, na noite anterior, tinha assistido.

Acho impossível, a não ser numa generalização de termos, tentar definir ou descrever o fenômeno Dercy: explosiva, escrachada, vulgar, engraçada, maliciosa, escatológica, grosseira, sem vergonha na cara, genial, fantástica, telúrica, agressiva, divertida, risófora, imprevisível, catártica, carismática...; um dicionário inteiro seria insuficiente para fornecer uma palavra que sintetizasse tudo o que ela é.

Dercy deve ser aceita pelo imediato que oferece: qualquer análise carecerá de elementos conclusivos; ela cospe no público, está certo, mas o público vai lá para vê-la cuspir entre os dentes; ela é desbocada, sua linguagem ruborizaria a prostituta de um cais do porto, mas o público, independente do sexo, vai lá para ouvi-la. Seu talento é tamanho que sua vulgaridade assume valores de poesia, assim como uma gravura de 1600 que retrata os gestos obscenos dos atores da *commedia dell'arte* é uma obra artística, independendo do que ela está registrando.

Dercy é um fenômeno brasileiro, assim como as criadas e os capitães da *commedia dell'arte* constituem-se num fenômeno italiano. A literatura e a dramaturgia da Renascença são os documentos do obsceno-arte, fenômeno diretamente derivado da presença de um público muitas vezes somente popular, para o qual o escatológico está ligado à única alegria que nenhum poder poderá lhe subtrair: o prazer da cama, a copulação.

Está evidente que Dercy é um fenômeno único e que qualquer continuísmo não poderá ser aceito como válido: entre Costinha, lúbrico e libidinoso, e Dercy existe um abismo. A força, portanto, de Dercy, esta força que permite que ela sobreviva até hoje intacta e repetitiva, é que nela o lúbrico está ausente: ela, me perdoem a expressão, é violentamente engraçada como um sonoro peido soltado no meio de um elegante coquetel.

Que mais dizer: naquela noite ri sem pudor e, curiosamente, saí do teatro como se tivesse tomado uma benéfica ducha purificadora.

QUANDO MONTEI, durante o tempo da ditadura, *Ubu rei*, de Jarry, transcrevi para o programa várias citações apócrifas todas assinadas, também, com nomes apócrifos, tais como John Mouse, Johannes Mus, Jean Rat, Giambattista Topo *etc.* Repeti a mesma brincadeira quando preparei o programa para *Drácula*, de Hamilton Deane e John Balderston: ninguém pensou, leu ou avaliou a pilhéria; claro, programa não é para ser lido, como aliás o texto das peças apresentadas. Salvo raríssimas exceções, a crítica não lê, e o público, se lê, por displicência, não presta muita atenção.

Moro há quarenta e um anos no Brasil; acho que trabalhei muito e, ainda hoje, gente de teatro que me conhece bastante bem escreve meu nome errado, com J em lugar de G, com apenas um N ou um T em lugar de dois, como deve ser. Quando convidado para alguma manifestação fora de São Paulo, preciso especificar meu nome de carteira que é Giovanni (com dois N) para evitar que meu nome profissional, que é Gianni, se transforme em Jonny ou, pior, em Jane, o que já provocou sérios problemas nos balcões das companhias aéreas. Tudo isto é engraçado, embora no momento do equívoco não tenha graça nenhuma.

Se você entrar numa loja especializada pedindo um artigo também especializado, dependendo do vendedor ou da vendedora, a resposta pode ser um "O quê?" Oscilando entre o escândalo e a ofensa.

Numa farmácia, se o remédio não estiver disponível, o balconista, com a maior segurança ditada pela incompetência, sugere outro que "é igual".

O motorista que, na rua, cortou abrupta e perigosamente teu caminho responde a uma buzinada reclamatória com dois dedos fechados em círculo com o dedo médio em posição vertical.

Esses tipos de comportamento pretendem estabelecer uma supremacia a qualquer custo, uma postura derivada de um sentido de "importância" que cada um se atribui.

Ler, para quê? Preocupar-se com a grafia correta de um nome, por quê? Procurar um produto ou responder honestamente "não o temos" fere um individualismo medíocre que se considera o centro de seu universo particular.

Fique claro: eu amo o Brasil, o amo de verdade e o admiro, caso contrário não teria me radicado aqui há tanto tempo. Por isso permito-me uma pequena crítica que me leva a um problema maior: ser importante é importante? Todos – o que não lê, o que não responde, o que agride, o que se defende atrás das páginas de um cotidiano, protegido pelo equívoco de que a imprensa é intangível como a imunidade de um parlamentar (por mais corrupto que seja) – todos se consideram importantes. Um diretor teatral que num esforço de prisão mental conseguiu evacuar uma ideia qualquer considera-se importante. Ideias preconcebidas e preconceituosas são emitidas com a empáfia de uma pseudoimportância cultural. Leitores de orelhas de livros viram competentes críticos literários e "musicólogos" que confundem Puccini com Piccinni escrevem eruditos ensaios sobre a música gregoriana revisada por Scarlatti. Mas isso dá "importância" no meio dos que não são importantes.

Houve um tempo em que eu achava que tudo o que fazia era importante e se, num espetáculo, tudo não estivesse sendo repetido exatamente como tinha sido ensaiado, ficava furioso. Vivi um tempo de intransigências que me levaram a ignorar condições muitas vezes mais válidas do que minhas próprias afirmações. Dirigia o espetáculo e os atores com um sentido de disciplina férrea e minhas informações eram praticamente ordens. Um dia, num ensaio de *Isto devia ser proibido*, de autoria de Walmor Chagas e Bráulio Pedroso, estruturei uma cena entre Cacilda Becker e Walmor, baseada no jogo com uma corda que ia amarrando progressivamente os dois. Tinha estudado atentamente todos os movimentos e calculado os tempos relacionados ao diálogo e, conversando comigo mesmo, achava a cena "importante e original". De todas as informações técnicas necessárias, defini gestos e ritmos. De repente, no meio da execução do ensaio de cena, Cacilda parou e irritada e aborrecida gritou: "Por quê? Quero saber o porquê! Você dirige, impõe e exige mas não explica o porquê. Eu preciso saber, não sou uma marionete que você possa manipular à vontade: sou uma atriz e preciso fundamentar a construção de minha personagem sobre informações, análises e não imposições". Ela tinha razão. Eu não estava na minha prancheta de desenho organizando um projeto do qual somente eu era dono. O ideal de Craig, a ideia da "supermarionete" desfazia-se pelo mais do que justificado rompante de Cacilda. A partir daquele momento minha visão sofreu uma guinada que não somente envolveu meu trabalho como também uma visão de vida dentro da qual a minha "importância" deixou de ser indiscutível.

Às vezes me pergunto, principalmente quando é ruim, o que leva um homem a querer ser ator: ambição, necessidade de dar vazão a seres imaginários contidos num espaço pequeno demais, desejo de se colocar em evidência, desejo de aplauso, vontade de agredir, vocação para a fogueira das vaidades, certeza de uma superioridade arrasadora? Há, evidentemente, muito mais motivos, mas o único que quase nunca encontro é a vocação para servir a palavra, a poesia, o pensamento.

Mas a humildade pode ser mãe da poesia? Pode servir convenientemente a seres que nasceram da dimensão poética de um criador de personagens e precisam de espaços para se aconchegar e viver?

O ator é um agente intermediário: ele não constrói edifícios, não é dono de indústrias; ele vende um material pronto reelaborado por outro intermediário: o diretor do espetáculo.

Penso em São Francisco, em Joana d'Arc, em Dom Quixote, em Florence Nightingale e em tantas outras personagens de vida humilde e esplendorosa e volto a pensar na figura do ator tão preocupado com suas exterioridades, inconsciente da fragilidade e da inconsistência de seu ser, condenado a morrer cada noite para renascer com enxaqueca ou dor de estômago no dia seguinte, vítima das exigências do espectador pagante para o qual pouco interessam os problemas daquele sujeito que lá em cima está exigindo, por sua vez, ser aplaudido, admirado e premiado.

Detesto o ator por seu egocentrismo, seu narcisismo, sua incapacidade de penetrar fundo num problema que exija o sacrifício de parte de um resultado imediato; o detesto por seu cabotinismo que o leva a amar quem o bajula e a detestar quem o aconselha; detesto-o por ambicionar o sucesso fácil, o aplauso mentiroso, por usar uma máscara de muitas faces, por querer ficar no centro do palco roubando o papel do colega.

Mas eu amo o ator pela fé cega que o leva a entregar sua vida a uma atividade cruel e madrasta; o amo pelos momentos irrepetíveis de beleza e poesia que sabe criar independendo de sua cultura: por puro instinto, por uma sensibilidade que ninguém pode lhe dar, por ser como ele é, com todos os seus defeitos e limites, mas com uma potencialidade da qual ele não se dá conta e que o conduz, orientado pela palavra do poeta, por caminhos nunca percorridos, cada vez diferentes, mais luminosos, esplêndidos e destinados ao esquecimento. Como o louva-a-deus, é devorado por sua ansiedade de amor.

OS VINTE ANOS DE DITADURA estão, para mim, envolvidos numa névoa que não consigo rarefazer.

Impossibilitado, por ser estrangeiro, de tomar atitudes políticas, tentei todavia participar, na medida do possível – por meio do teatro, assinando manifestos, participando de protestos – de atitudes que beneficiassem a liberdade de pensamento.

Assim colaborei com a montagem de espetáculos, quer dirigindo ou cenografando, como *Se correr o bicho pega, se ficar o bicho come*, *A saída, onde fica a saída?*, *Dura lex sed lex*, do grupo Opinião, dirigido por Vianninha, Paulo Pontes, Ferreira Gullar; estruturando o Teatro Novo, inaugurando-o com a montagem de *Ralé*, de Gorki, realizando mais tarde *Ubu rei*, de Jarry e, finalmente, *Gota d'água*, de Paulo Pontes e Chico Buarque de Holanda.

Durante a carreira desses espetáculos defrontei-me várias vezes com a censura policial, sendo ameaçado de prisão e represálias, salvo pelo fato de ser italiano.

Mas se minha participação foi evidentemente mais à margem de uma atividade política contundente do que em seu âmago, isto não significou indiferença nem comodismo, embora a necessidade de sobreviver, minha e de quem comigo estava, ocupasse uma parte preponderante de minhas preocupações. Postura essa, de resto, em proporções diferenciadas, comum à maioria dos artistas brasileiros que, se frondistas de um lado, não deixavam de abocanhar todas as vantagens que se apresentassem, cuspindo simultaneamente no prato que era oferecido. O próprio Vianninha, Consuelo de Castro, Leilah Assunção e Gianfrancesco Guarnieri – só para citar alguns nomes de categoria – não deixaram de participar de concursos promovidos pelo governo, aceitando seus prêmios e premiações oficiais. Errados? Não acho. As peças que eles escreveram e que eu, Bárbara Heliodora, Yan Michalski e Orlando Miranda (naquele tempo diretor do Serviço Nacional de Teatro) premiamos, apoiados pelo ministro da Cultura Nei Braga, foram marcos fundamentais na dramaturgia brasileira de oposição. Uma peça como *A invasão dos bárbaros*, de Consuelo, retratava a imaturidade de uma juventude generosa mas despreparada para enfrentar a violência assassina de um regime sanguinário. Penso que, muito mais do que sair do país, ficar trabalhando e atuando, constantemente ameaçados (Maurício Segall, só para lembrar um entre tantos, foi preso várias vezes e barbaramente torturado), significou postura de coragem e hombridade indiscutível. Hoje, uma constatação inevitável: onde estão aqueles autores que souberam escrever textos de forte denúncia e de poder conscientizante? Será que a conquista da democracia adormeceu todos os elãs, cegou a visão de realidades cruéis tanto quanto as de um despotismo execrável?

Naquele longo período nasceram meus dois filhos mais novos, Antonia e Bernardo, meus e de Kati Nabuco Almeida Braga, mulher que amei apaixonadamente, combatido inicialmente e depois aceito sem barreiras por sua família de históricas tradições. (Aqui vai um agradecimento emocionado para Belá Paes Leme, colega e amiga das mais valiosas que, consultada, respondeu ser eu "homem de bem".) Foi uma paixão, como diria Vinícius, eterna enquanto durou; uma paixão que evoluiu para uma natural e definitiva amizade à medida que o tempo a fez ficar adulta. Meus filhos nasceram livres e com dupla nacionalidade, livres portanto da burocracia da terra, livres para manter alta a tradição de uma família que tem em Joaquim Nabuco o expoente mais nobre do conceito de liberdade. Hoje (outubro de 1995) Antonia está com dezoito anos e meio e Bernardo com dezessete, tempo suficiente para criar uma perspectiva histórica; Kati casou novamente, tem mais duas filhas graciosas e simpaticíssimas e é uma esplendidamente bem-sucedida mulher de negócios.

A neblina engoliu o triste período da ditadura e dela o que sobrou foi o desastre econômico do qual o país tenta sair e a memória dos que foram implacável e cruelmente destruídos; mas é uma memória parcial, uma memória evitada, pois poderia ferir suscetibilidade de tantos que aí estão depois de ter servido naqueles vinte anos de cão; memória parcial, pois a maioria não quer lembrar e os jovens nem sabem, em geral, que ela aconteceu.

Ao fracasso do projeto Mobral aliou-se a próspera produção do cinema e das revistas pornôs, forma esta de alienação que, somada ao processo de desculturalização do país, serviu de biombo obscurantista ao que acontecia nas masmorras do DOI-Codi.

Nada é eterno se não dura e, no caso, esses anos malfadados tinham demorado demais. A juventude de cara pintada arrasou alegremente epígonos e resquícios para cair de braços abertos nos engodos "collo-ridos". "*Tout va très bien, madame la Marquise...*".

É MUITO FÁCIL SE AUTOCRITICAR negativamente quando se tem certeza do próprio valor. A tranquilidade que a consciência de nossas habilidades, do domínio das técnicas que empregamos cria em nosso subconsciente, sem nos sentirmos automelindrados, uma certa complacência com nossos erros, nossas falhas, nossas fraquezas; este passeio pela paisagem bonita de nossas convicções determina uma indulgência sorridente para o que consideramos detalhe, poeirinha pousada em cima da obra esplêndida que somos.

Muito bem: e quando não temos consciência dos limites, das barreiras intransponíveis, da mediocridade de nossos atos criativos ou operacionais, qual o comportamento que teremos? Indulgência, compreensão, tolerância? Mas se nos faltar objetividade, como poderemos tentar avaliar nossa subjetividade? E, não tendo a objetividade indispensável, como poderemos ter consciência de nossos limites?

Sim, mas quais são nossos limites? Até onde pretendemos chegar, se não os conhecemos? Quais as barreiras que se interpõem entre o que gostaríamos de ser e o que não somos? Para onde e por que vamos? E, afinal, é necessário tomar conhecimento de nossos rumos? Melhor não seria deixar que nosso barco navegasse sem bússola, permitindo que qualquer mar revolto ameaçasse afundá-lo a qualquer momento? Tenho a impressão de que o medíocre nunca afunda, ou raramente, como criança que cai de uma árvore e não se machuca. Aqui, portanto, está o perigo: nunca afundar com a ameaça de se afogar, nunca ter o medo incontrolável de quem sente a morte próxima, procurando desesperadamente um toco de madeira para boiar, esperando uma salvação hipotética.

Ora, a inconsciência não é coragem; a coragem deriva do medo, consciência clara do perigo; e somente quem sabe o que vale avalia o que pode perder, não tendo medo, mais tarde, de reconhecer que teve medo, de reconhecê-lo pública e particularmente.

O medo do perigo e a consciência de seus próprios limites são patrimônio de quem tem valor: ele poderá portanto se autocriticar, certo de não ter nada a perder.

ENCONTRO, NO MEIO DA PAPELADA, o esboço de um ensaio sobre a merda que eu havia largado porque alguém com quem falei tinha me dito que algo do gênero já tinha sido escrito por Salvador Dalí e Plínio Marcos. Na hora fiquei meio triste porque tinha achado a ideia divertida e rica de possibilidades, e o fato de involuntariamente ter plagiado a ideia de outrem não me agradava. Mas hoje, mexendo no meio de todos esses papéis velhos espalhados à minha volta como a anágua caída de uma bailarina desnuda, refleti melhor. Afinal eu não tinha lido, nem até hoje li, os outros ensaios, e, além do mais, a história de um amor contrastado pelo ódio que separa duas famílias é muito antiga e até hoje, diferentemente condimentada, é utilizada a torto e a direito, porque, *mutatis mutandi*, um amor nunca é igual a outro assim como não existem duas merdas iguais.

Então lá vou eu.

Hoje se recicla tudo: papel, vidro, madeira, plásticos *etc.* Destes materiais obtêm-se outros equivalentes. Existem coletores especiais, e pequenas e grandes empresas preocupam-se em recuperar o que antes era jogado fora.

Mas ninguém, até hoje, preocupou-se em reciclar a merda, um material riquíssimo que, devidamente selecionado e esterilizado, poderia fornecer produtos derivados de alto poder nutritivo e fertilizantes. O solo naturalmente já não faz isso? O estrume natural não nos devolve belas frutas e lindas hortaliças? Este material inesgotável, produzido regular e fartamente por todos nós é hoje canalizado em esgotos e lançado ao mar com uma indiferença para com a economia mundial realmente criminosa.

Claro, nem toda a merda poderia ser utilizada, uma seleção qualitativa fazendo-se indispensável. Laboratórios especializados carregariam a responsabilidade da seleção e, assim como se tem tantas qualidades de cafés, teríamos merdas africanas, colombianas, brasileiras *etc.*, com a vantagem de um leque regional muito mais amplo que abrangeria todos os territórios compreendidos entre o Alasca e a Patagônia. Altos teores de álcool, óleo de foca, mandioca, feijão, carnes bovinas ou de outros animais, caracterizariam cada proveniência e, no setor de alimentos derivados, teríamos então biscoitos, massas, queijos *etc.*, com características escandinavas, da Lapônia, africanas, brasileiras, argentinas, italianas *etc.* Claro, uma vez a industrialização entrando em jogo, teríamos os sucedâneos dos derivados, e assim como hoje temos xarope com gosto artificial de groselha ou biscoito com gosto artificial de chocolate, teríamos também alimentos com sabor artificial de merda: afinal os desígnios da economia industrial são imperscrutáveis.

Mas eu acho que os processos de reciclagem da merda não somente resolveriam o problema da fome no planeta como, também, interfeririam nos hábitos sociais e no relacionamento cotidiano entre as pessoas; nada mais correto e gentil, encontrando uma amiga ou com ela falando ao telefone, perguntar: "Tudo bem com você? Já fez sua caquinha?". A expressão "É uma merda!" seria automaticamente banida da linguagem coloquial, relegada, também nos dicionários, aos arcaísmos de uma sociedade de características vitorianas.

Nos jantares e nos coquetéis, licores e quitutes seriam qualificados pela reciclagem de origem e, certamente nas publicidades televisivas nos seriam apresentadas famílias felizes mordendo torradas lambuzadas de merdarina (com sal, sem sal, *light* ou *diet*); turmas de dançarinos e figurantes, agitados pela presença esfuziante e dinâmica de um bailarino negro, propagandeariam a liquidação de produtos que, comprados às toneladas, permitiriam uma venda a preços antes nunca sonhados.

No campo dos perfumes também teríamos possíveis soluções e, como sempre, a propaganda sublinharia a fragrância de um *très merdant* ou de um creme bronzeador.

E assim por diante. Meu ensaio é muito mais amplo, mas não quero me estender mais no assunto por receio de *emmerder* meus leitores (se eu os tiver).

UGO GIORGETTI, DIRETOR DE CINEMA, me convidou para participar de um filme que ele iria dirigir. Título do filme: *Sábado*; meu personagem: o cadáver de um velho nazista encontrado num quartinho do sótão de um velho prédio decaído, numa região outrora nobre.

Amei a ideia; ser cadáver num filme significa ressuscitar todo dia e, todo dia, morrer de novo: como nos gestos de amor que todos os dias nos levam ao êxtase e à pequena morte. Saber morrer não é fácil, tanto na vida como na hora final: morrer num filme é como fazer um treino preliminar, e o renascer depois do trabalho descortinava para mim novos horizontes, novas fronteiras.

Mas se eu amei a ideia, mais ainda amei trabalhar com Giorgetti, diretor sensível, competente e educadíssimo cuja autoridade fundamenta-se numa relação cortês, segura de seus recursos profissionais. Num mês de filmagens nunca o vi gritar e nunca ninguém faltou-lhe ao respeito.

A maquiagem demorava mais ou menos uma hora e meia, pois não somente o rosto, mas também a cabeça e o corpo inteiro eram cobertos por bases, tonalidades e cremes que aumentavam minha palidez, amarelando meus cabelos brancos e evidenciando pelancas e flacidez. Vestido com a calça de um pijama puído, descalço, deitava no esmirrado colchão de uma velha cama e lá ficava imóvel treinando minha imobilidade absoluta por meio de um exercício que eu mesmo tinha inventado.

Eu detesto o papel de ator: não tenho memória e, quando no palco, em lugar de representar (ou interpretar) fico observando os outros: não tenho capacidade para conduzir uma personagem no jogo de alienação-integração que o palco exige: eu sei dizer a um ator, exemplificando, o que penso ser correto interpretativamente mas, pessoalmente, sou ator de curto fôlego. Daí, também, por que amei o papel de defunto: uma imobilidade total e nem uma sílaba para ser decorada.

Todavia, na Itália, eu já tinha trabalhado como ator em companhia profissionais e com intérpretes de primeiro plano; mas a rotina de representações me cansava e, realmente, nem ambição, nem vocação, nem talento eu tinha, atraído como estava pela miragem da concepção do espetáculo.

Devo ter passado aproximadamente um mês nos estúdios da Vera Cruz; ia lá todas as manhãs, aproximadamente às oito horas, e lá ficava até sete horas da noite. Durante o dia, gostava de passear no estúdio e no cenário (lá onde não estavam filmando) observando as paredes e as pessoas. Nada me enternece tanto quanto olhar um cenário pelo avesso: as armações de madeira, as escoras de sustento, os praticáveis que agora só têm a função de manter o nível do espaço interno até a cobertura do que pode ser visto por uma porta entreaberta, o exterior de uma janela fixa que olha para um céu aberto que nada mais é senão uma parede de compensado bem pintada e bem iluminada, os refletores apagados (alguns) que de repente acendem para revelar um corredor que permite entrever o canto de uma cozinha; um pedaço de escada que é o término de uma série de degraus que levam a um andar superior fictício e dos quais vê-se o fim de um corrimão elaborado; a fumaça que realiza a neblina interna de um velho prédio e que se espalha fora do campo das tomadas; um velho gato que dorme indiferente em cima de uma almofada que talvez pertença à minha cama de defunto; uma caixa de madeira vazia, cabos de eletricidade, uma ilha de projetores não utilizados, pedaços de gelatina colorida, cortinas, um sapato velho, três baldes de tinta ressecada, rolos para pintura, jornais velhos, cadeiras de vários tipos e diferente conservação, as altíssimas paredes do estúdio que virou, afora o continente dos vários *sets*, depósito de mercadorias e de leilões e que, talvez pelo milagre dessas filmagens, ostenta provisoriamente um pedaço desplumado do velho panache cinematográfico. Este enorme galpão no qual perambulo tem a dignidade altiva de um nobre que, decaído, não deixa de usar um consunto traje a rigor na hora do inexistente jantar; e aquela neblina usada no *set* para patinar a atmosfera participa, sem o saber, deste clima rarefeito, de penumbras e relâmpagos repentinos. A luz das portas lá no fundo revela o camarim das costureiras, e uma moça glamorosa dirige-se para o seu *set* fumando um cigarro curiosamente fino. O restaurante da equipe está preparando o almoço e alguém me chama, tirando-me do meu devaneio.

Já tinha trabalhado em cinema como ator, aqui no Brasil; na Itália projetei os cenários para o filme *Gli orizzonti del sole* (*Horizontes do sol*), dirigido por Paolucci, um diretor sensível e competente. Em Roma, antes da Segunda Guerra Mundial, tinha frequentado o curso de diretor de cinema no Centro Sperimentale, ao qual tinha sido admitido por ter ganhado o segundo prêmio num concurso de argumentos para curtas-metragens, lá realizando alguns filminhos.

Aqui no Brasil, anos atrás, como Dom Quixote, atuei no filme *O sítio do Pica-Pau Amarelo*, dirigido por Geraldo Sarno. Também fiz os cenários do filme *Society em baby doll*, baseado num texto de Henrique Pongetti. Na televisão, por insistência cordial de Avancini, realizador de alta categoria, aceitei preocupadíssimo o papel de *nonno* em *Anarquistas graças a Deus*, uma das poucas novelas de notável categoria e que, mais tarde, por um acidente nunca explicado, foi sabotada não se sabe por quem.

De Dom Quixote eu tinha o *physique du rôle* e do *nonno* a idade correta; o cadáver nazista me permitiu dessacralizar eventuais medos, embora honestamente não os tenha. Mas o que importou para mim, nos três casos, era que eu podia buscar em mim mesmo os elementos necessários a uma composição sem ter que ficar preocupado, visto ter eu – e disto tenho plena consciência – um instinto mímico que permite dosar corretamente meu trabalho.

Seja como for, o cinema e a televisão me deram, em minhas breves aparições, momentos de serenidade e repouso. Claro, a fome vem comendo, como diz um ditado italiano, e, quando tudo termina, a vontade de continuar faz-se presente: vaidade e narcisismo são duas das várias componentes da estrutura do ator.

CONHECI KALMA MURTINHO quando, pouco tempo depois de estar no Brasil, fui assistir *O macaco da vizinha*, de Joaquim Manuel de Macedo, montado pelo grupo O Tablado em seu próprio teatro na Gávea, no Rio de Janeiro. O espetáculo estava delicioso; uma comédia divertida e inteligente, ingênua como uma pequena briga numa vila de subúrbio, servida por um cenário sóbrio e transparente e por figurinos altamente criativos. Fui cumprimentar o elenco, brilhante e singelo (todos atores amadores no melhor sentido da palavra, dirigidos eficazmente por uma mulher genial: Maria Clara Machado) e, além de Kalma, conheci o pai de Maria Clara, homem requintado, de refinada educação e, descobri depois, grande escritor.

Obviamente, me apaixonei por Kalma. Quem não estava apaixonado por essa mulher elegantérrima, bela como um quadro de Klimt, com seu ar de dama austríaca, sensual e recatada ao mesmo tempo?

Uma paixão que continua até hoje depois de quase quarenta anos, intensa e platônica, feita de admiração e encantamento; uma paixão ligada à nossa profissão teatral e que nos uniu em muitos espetáculos, desde o primeiro para o qual a convidei, sem nunca me decepcionar.

A beleza de Kalma continua até hoje vencendo o tempo como uma renda de Bruges ou uma página de Proust. E seu trabalho como figurinista apurou-se com o decorrer dos anos, escorado num conhecimento técnico raramente encontrado em outros profissionais do gênero.

Kalma Murtinho, como Belá Paes Leme, é o tipo de artista que eu amo, quer pelas qualidades artísticas, quer pelas morais; com elas eu percorri muito caminho pelas trilhas dos espetáculos.

Tanto Kalma como Belá têm um estilo próprio que se define na escolha das cores, na seleção das tonalidades e definição dos materiais. Enquanto Kalma parece-me toda lançada para a reinvenção da moda de um determinado período, exercendo nisso uma função criadora como a de um Dior ou de um Givenchy, Belá – e isto foi evidente desde que vi seu cenário para *Electra no circo*, de Hermilo Borba Filho – tem uma visão mais castigada e seca do espetáculo, postura que a leva, também como cenógrafa, ao uso de tonalidades sóbrias e de materiais como cânhamo, estopa, cordas e madeira bruta. Se o desenho de Kalma tende espontaneamente a um *art-nouveau* renovado, o de Belá é bem mais próximo aos primitivos italianos. É evidente a riqueza que ambas oferecem a quem saiba colaborar com elas.

Como não amá-las?

TINHA CONHECIDO JEAN-LOUIS BARRAULT quando o Piccolo Teatro fez etapa, durante sua primeira turnê na Europa, em Paris. Recebidos com flores na Gare du Nord, fomos por ele acompanhados ao hotel de onde, mais tarde, prosseguimos para o Théâtre des Champs Elysées. Tudo muito simpaticamente formal.

Quando já estava no Brasil trabalhando (antes de iniciar os ensaios do primeiro espetáculo do Teatro Maria della Costa, que ainda não estava terminado) no Museu de Arte de São Paulo, onde Bardi tinha-me autorizado a organizar um Departamento de Teatro, aproveitei a turnê da Companhia Madeleine Renaud-J.L. Barrault, que estava se apresentando em São Paulo no Teatro Santana, para pedir a Jean-Louis inaugurar oficialmente minha atividade, dando consequentemente um carimbo de qualidade ao que eu estava iniciando. Ele aderiu de bom grado, assim como aceitou o convite de Alfredo Mesquita para que fizesse um depoimento sobre sua atividade e visão teatral para os alunos da Escola de Arte Dramática.

A única condição que ele tinha colocado era que nos cartazes anunciantes do evento não fossem mencionadas palavras como "palestra" ou "conferência". Mas o redator da informação ignorou a exigência e enfatizou exatamente o que não deveria ser mencionado. Isso irritou Barrault que, todavia, aceitou minhas explicações e desculpas, falando depois, para um auditório totalmente lotado, sobre os problemas (não sei por que) da cenografia no espetáculo. Aplaudidíssimo, mais pelo que ele representava na cena internacional do que pelo breve discurso pronunciado, visitou depois o museu, surpreendido com a riqueza e beleza das obras aí recolhidas.

Assisti a todas as apresentações de sua companhia mas, parece até incrível, a única coisa de que me lembro da temporada foi a tentativa inutilmente disfarçada de Madeleine Renaud de liberar a cauda de seu vestido flutuante que havia enganchado num prego da porta pela qual ela estava entrando; problema solucionado pela mão peluda de um maquinista que sorrateira e visivelmente liberou o pano.

Outra lembrança que tenho da presença da Companhia em São Paulo foi a recepção – para a qual fui convidado – oferecida por uma família quatrocentona que, depois de uns minguados salgadinhos, convidou os atores franceses para sentar a uma mesa de jantar da qual todos os outros convidados foram excluídos (também eu).

Estas recordações – ousaria dizer irônicas – foram, pouco tempo depois, compensadas pela vinda do Piccolo Teatro que, talvez por ser italiano, despertou mais simpatias e recepções mais cordiais, embora numa delas, na suntuosa moradia de uma grande família italiana de industriais, constatei de repente que, na grande sala onde tínhamos sido recebidos, nós estávamos agrupados de um lado e os convidados paulistanos do outro, nos defrontando sem nenhuma cordialidade.

Para as celebrações do IV Centenário de São Paulo, grandes contribuições financeiras foram recebidas pelas Indústrias Matarazzo, permitindo a realização de atividades sem as quais a criação do Ballet do IV Centenário, entre outras, não teria sido possível. Aldo Calvo (uma personalidade hoje, infelizmente, quase esquecida) foi encarregado de organizar toda a parte visual (cenografia, decorações *etc.*) e, para projetar os cenários dos vários balés, foram convidados artistas plásticos como Heitor dos Prazeres, Lasar Segall e outros. Luciana Petruccelli, minha mulher naquele tempo, grande figurinista e excelente executora de cenários (trazia consigo a experiência do Teatro Scala), foi encarregada da realização cenográfica, tendo à disposição para tanto a cúpula do Theatro Municipal, que estava em reforma. Aliás, para chegar lá em cima eram necessárias acrobacias diárias, só existindo, a partir do penúltimo andar, periclitantes escadinhas de madeira. Quando ia lá para visitá-la e assistir ao seu trabalho, conheci e fiquei amigo de seu assistente Francisco Giacchieri, que mais tarde viria a ser o diretor (competentíssimo) do setor técnico do próprio Municipal reformado.

Neste período – o teatro de Maria ainda não estava pronto –, para um espetáculo de "quadros vivos", Alfredo Mesquita, seu idealizador, me pediu para projetar uma série de cenários que ajudaram minha sobrevivência inicial aqui no Brasil. Trabalhei durante duas semanas numa grande loja vazia na praça da República, de propriedade das Indústrias Matarazzo: era o período do carnaval, e as batucadas, os sambas, os foliões invadiam todos os espaços disponíveis e as gritarias, às quais se aliavam os cheiros dos lança-perfumes e o estouro de bombinhas e foguetes, não facilitavam a concentração no trabalho; mas era divertido e estimulante com seu ar de potencialidade criativa: pela primeira vez eu estava descobrindo fascinado um mundo desconhecido.

O TBC NÃO CORRESPONDEU às minhas expectativas.

Um dia recebi a visita de um funcionário do teatro da rua Major Diogo que, misteriosíssimo, segredou-me que Franco Zampari queria falar comigo e que para tanto me convidava para um chá às cinco da tarde, em sua casa nos Jardins.

Realmente eu estava sem trabalho, e esse convite abria para mim um horizonte inesperado: atuar numa organização consagrada com uma remuneração acima do que até então tinha recebido.

Fui lá, portanto, com a melhor disposição do mundo. Zampari me recebeu com a maior cordialidade possível, ofereceu-me chá e docinhos de primavera e, logo em seguida, perguntou-me qual o salário que eu desejava para um contrato de exclusividade.

Nunca soube negociar; pedi portanto uma quantia que eu achava razoável. Depois de um silêncio pesado, como num jogo de pôquer, Zampari deixou cair na mesa uma contraproposta não ofensiva mas bem inferior ao meu pedido. Retrucando que Luciana trabalhava comigo, ganhei uma consideração grosseira, mas elogiativa, sobre ela. Postura tipicamente italiana, *jus primae nactis a posteriori*.

Fingindo não ter percebido a "insinuação", me despedi prometendo pensar no assunto.

A visão contratual do TBC tinha vários pontos de contato com os critérios hollywoodianos: tirar do mercado todos os possíveis concorrentes, pagando-os corretamente mas guardando-os numa geladeira da qual eventualmente seriam retirados. Quando me dei conta disso já tinha passado um certo tempo de inatividade; e, reclamando, consegui que fosse, sob minha direção e cenografia, produzido *Crime e castigo*, de Dostoievski, na adaptação de Gaston Baty.

A não ser no Teatro alla Scala, nunca tinha tido experiência de trabalho numa grande organização, não conhecia seus macetes nem o jogo de interesses compostos que interferiam na realização dos projetos. Distribuindo os papéis fui esbarrando em vaidades e insatisfações que encontraram respaldo no apoio que a diretoria estava dando ao jogo sorrateiro das reclamações: a montagem da peça foi cancelada.

Em banho-maria fiquei aguardando outra possibilidade. Ziembinski, com o qual tinha conversado, sugeriu-me uma peça muito boa de Jean Anouilh: *Eurídice*.

Quando percebi que o TBC pretendia me manter, mais uma vez, congelado, finquei o pé, obtendo a aprovação de Zampari.

Dessa vez o elenco, encabeçado por Cleyde Yáconis e Walmor Chagas, não fez objeções nem politicagem, e os ensaios poderiam ter corrido tranquilos até a estreia se um incidente extremamente desagradável não tivesse acontecido.

As perigosas relações públicas foram responsáveis pelo futuro malogro do espetáculo: Zampari, industrial e homem da sociedade, achava por bem fazer participar seus amigos, colegas e conhecidos *in* nos trabalhos relativos à montagem de um espetáculo; no decorrer de um ensaio, portanto, era comum termos a sala invadida por gente elegante que, tentando ser delicada, trazia um zumbido e uma ventania de movimentos que nos distraíam, perturbando-nos, de nosso trabalho. Como numa corte francesa molieresca, os convidados nos olhavam sorrindo afavelmente enquanto tomavam o chá e os biscoitinhos elegantemente oferecidos pela direção desse, hoje defunto, organismo.

Essa situação insustentável não podia perdurar. Escrevi, portanto, uma carta ao próprio Franco Zampari exigindo não ser perturbado em nosso trabalho e, consequentemente, proibindo a entrada na sala de ensaio de qualquer pessoa "estranha aos trabalhos". Zampari achou que a proibição estendia-se a ele, o que não era verdade. O equívoco foi aparentemente sanado, mas uma situação de mal-estar permaneceu complementada por outros fatores que nada tinham a ver com nossa atividade.

Eurídice foi um dos melhores espetáculos que já fiz, graças à colaboração de todos os atores que, generosa e sensivelmente, criaram suas personagens. Mas a peça de Anouilh permaneceu em cartaz, se não me engano, três semanas, depois do que – triunfo da vingança – foi retirada de cartaz: "*tout passe, tout lasse, tout casse*". O tempo e as mortes criam lençóis de esquecimento e os defuntos ganham lápides elogiosas que apagam as mazelas e os aspectos cinzentos dos que comandaram legiões: mas ninguém, em geral, conta as histórias paralelas à história que se pensa deva ser contada.

Permaneci no TBC o suficiente para montar mais uma peça, *Nossa vida com papai*, uma comédia sem importância sobre a vida banalmente divertida de uma família médio-burguesa americana.

Com um elenco composto por Fernanda Montenegro, Fregolente, Sérgio Britto, Nathalia Timberg e muitos outros atores equivalentemente bons – e com os figurinos de Kalma Murtinho, que, pela primeira vez, ingressava no teatro profissional – o espetáculo teve um sucesso extraordinário, suavizando a tensão existente.

O convite para ensinar na Bahia pegou-me de surpresa e me encantou. Pouco tempo depois, desligado do organismo zampariano, me transferi para Salvador.

Salvo raríssimas exceções, os espetáculos aos quais assistimos têm – assim como as brochuras semanais adquiríveis nas bancas de jornais – uma quase sempre ótima apresentação gráfica, um papel de primeira qualidade, sem ter todavia nada de interessante a dizer além do aspecto formal que os caracteriza.

O público, ajudado também por um jornalismo desinformado, entusiasma-se por pseudovanguardas que deixaram de sê-lo há, pelo menos, algumas décadas. Ser *à la page* é fundamental para ele, mesmo se ignora qual é a verdadeira *page*. Ele, o público, não percebe o terrível equívoco que a traição ou distorção de um pensamento, de uma dimensão poética, cria, a partir do momento em que o autor do espetáculo, sem as condições necessárias, coloca-se à frente e acima de um texto que escolheu para podê-lo massacrar à vontade, certo de sua superioridade sobre o autor.

Reacionarismo meu? Nada me fascina mais do que uma interpretação arrojada, criativa e inovadora; nada me incomoda mais do que um espetáculo do qual posso admirar a vestimenta embora não consiga identificar o corpo que nela deveria estar contido.

Uma obra de Beethoven, de Bach ou de Schönberg encontra seu equivalente criativo em Shakespeare, Molière ou Maiakovski. Um regente corresponde a um diretor teatral – espero não estar enganado. Ora, nunca vi, a não ser com algum Melacrino da vida, alguém se servir de uma partitura orquestral para transformá-la numa produção de "música ambiente". O que eu ouço, quando assisto a um concerto sinfônico, é a interpretação inteligente, sensível, profunda e pessoal de um Zubin Mehta, de um Abbado, de um Karajan, de um Mutti *etc.*

Vanguarda é, geralmente, o passado de amanhã; ela só existe quando, rompendo barreiras conformistas, abre caminho para novas linguagens e posturas estéticas: como o café, não aceita ser requentada.

Cenário de Delitto e castigo, de Dostoievski, em adaptação do francês Gaston Baty, no Piccolo Teatro, com cenografia de Gianni Ratto e direção de Giorgio Strehler, 1948.

Não foi fácil chegar à inauguração do Piccolo Teatro. Nossa atividade inicial, a de Paolo, Giorgio e a minha, tinha sido a de produzir espetáculos profissionais categorizados, com a preocupação, de Strehler, de conseguir elencos de primeira ordem, e, de minha parte, de estabelecer um padrão visual que rompesse com os maus hábitos das companhias itinerantes.

Paolo era incansável; assim como durante o curso de oficiais em Fano ele enviava diariamente uma correspondência de vinte/trinta entre cartas e cartões-postais, hoje, desde cedo e até tarda noite se mexia nos meandros de uma Milão semidestruída pela guerra, solicitando industriais, banqueiros, companheiros de partido (era socialista, autêntico e generoso) e escrevendo crônicas e críticas teatrais no *Avanti*, órgão cotidiano de seu partido, e em revistas especializadas e organizando para editoras importantes como Rosa e Ballo a publicação de coleções teatrais. Infelizmente a resposta dos que detinham o dinheiro era cautelosa, gentil e quase sempre negativa. Até o dia em que Greppi, *sindaco* de Milão (correspondente ao prefeito daqui) nos atendeu sensibilizado por nossos argumentos e nosso recente passado de guerra: o filho dele tinha sido assassinado pelos alemães e ele mesmo, ativista antifascista, era apaixonado pelo teatro.

Num dos tantos passeios dialogados cujo tema permanente era o da necessidade de um lugar desligado dos empresários e onde um teatro estável pudesse atuar, sustentado por uma programação de alto nível, numa pequena rua próxima ao Castello Sforzesco (*via* Rovello, uma rua razoavelmente central que cruza com a *via* Dante, ampla avenida) foi descoberto um velho cineminha que durante a guerra tinha se transformado em quartel das milícias fascistas que fizeram dos camarins jaulas para tortura. Esta visita/descoberta foi comentada por Strehler: "Uma plateia abandonada com poltronas desconjuntadas, um palco vazio, o pano de boca semilevantado. De repente, enquanto olhávamos em volta, um raio de sol entrou por uma claraboia indo se colocar num canto do palco. Foi como se por algum prodígio um projetor e sua lâmina de luz quisessem indicar o palco, aquele palco. Um convite, uma provocação?".

O interesse de Greppi foi autêntico. Um teatro de ideias como o proposto por Grassi e Strehler, um teatro que se preocupasse mais com o povo do que com um público de poder aquisitivo, era algo que coincidia com os interesses de uma política cultural de esquerda em contraste com certo obscurantismo de alguns setores da direita; foram obtidas algumas subvenções, o setor de construções civis da municipalidade assumiu o encargo das reformas indispensáveis e Milão ganhou um organismo inédito cujo nome foi consequência da escolha da peça de Gorki e homenagem ao famoso teatro de Moscou, Malij Teatr: Piccolo Teatro.

Eu desenhei uma primeira reforma do palco chegando a detalhar até as luzes das mesas dos camarins (eram braços pantográficos de madeira leve, articulados e giratórios); vários técnicos (todos socialistas) aceitaram trabalhar em regime de contenção de despesas; os materiais foram comprados a prazo e o pouco dinheiro que de vez em quando aparecia era dividido honesta e fraternamente entre os que mais precisavam.

Enquanto isso, Paolo organizava comícios teatrais, palestras e seminários dos quais nós participávamos, e fazia sistematicamente uma campanha para sustentar a ideia da indispensabilidade artística-cultural de um teatro de caráter estável. (Chegou a organizar vaiadores que tumultuavam os espetáculos de autores estrangeiros obscuros.) Não foi fácil, mesmo porque nem todo o mundo gostava de Paolo, e de Strehler diziam que eram um bom iluminador e, de mim, que era um novato. Mas enquanto as coisas corriam, produzíamos bons espetáculos profissionais cujo êxito qualitativo era reconhecido de má vontade, e sobrevivíamos com trabalhos paralelos: eu, por exemplo, comecei a fazer cenários para pequenos espetáculos e a trabalhar como ator integrante de companhias teatrais de bons atores, mas da categoria e conceituação que nós estávamos atacando e combatendo.

Mas nossa atividade, a finalidade para a qual tanto nos empenhávamos, ia dar seus frutos. Bem ou mal tínhamos conseguido criar uma torcida; as pessoas mais esclarecidas nos apoiavam e uma geração de intérpretes mais novos do que os velhos figurões compartilhava nossos anseios, também, é claro, na esperança de um trabalho permanente e qualitativo.

No tempo que precedeu a inauguração do nosso teatro, Giorgio tinha estruturado um primeiro programa de espetáculos tendo selecionado, entre outros textos, a *Mandrágora*, de Maquiavel, que foi imediatamente cassada pela Democracia Cristã. *Ralé*, de Gorki – é clara a antítese polêmica –, foi então escolhida como abertura da temporada oficial; um elenco de primeiríssima ordem, encabeçado por atores experientes mas não deteriorados (alguns deles tinham trabalhado conosco nos espetáculos anteriores ao do Piccolo), responsabilizava-se pela criação dos papéis. Não havia dicotomia entre os setores técnicos, artísticos ou administrativos: como numa campanha de guerra, todos estávamos integrados, cientes de que o futuro dependia de nós, motivados pelo anseio de realizar algo esplêndido e luminoso.

Nós tínhamos tido uma experiência anterior com Máximo Gorki quando, com a generosa colaboração financeira de Francesco Graziadei, para celebrar o aniversário da morte do autor russo, foi possível realizar a montagem de *Pequenos burgueses*. O teatro escolhido para tanto foi o Excelsior, gerido por meu amigo Maner Lualdi, jornalista e piloto generosamente visionário. Tenho muito carinho por este homem que não vejo há mais de vinte anos. Quando em Milão, ele matou minha fome muitas vezes e sempre com a elegância de um nobre. No teatro que ele dirigia, entre outras coisas, ele tinha organizado um festival do autor italiano para o qual eu tinha projetado todos os cenários. Aliás, minha experiência de cenógrafo crescia rapidamente. Antes do Piccolo, antes de *Desejo* e de *Luto*, de O'Neill, eu já tinha concebido e desenhado os cenários para *Uma mulher livre*, de Salacrou, *Winterset*, de Maxwell Anderson, *Teresa Raquin*, de Zola, *Calígula*, de Camus, e *Pick-up girl*, de Mary Shelley, sem considerar trabalhos menores e assistências técnicas que me permitiam sobreviver.

Para *Ralé* eu tinha à disposição um palco extremamente pequeno, de profundidade mínima com uma altura, porém, de pouco mais de nove metros, muito provocante. Nesta área que não chegava a quarenta metros quadrados, eu devia selecionar múltiplos espaços dramáticos deixando disponíveis também áreas de circulação para as personagens. Fiquei estudando e desenhando e redesenhando e recomeçando a estudar, explorando ao máximo os centímetros e, por fim, pode parecer incrível, planejei um cenário partindo de uma intuição não decorativa que me levou a estruturar a planta semicircular de um poço úmido e insalubre no fundo do qual uns beliches de favela eram alcançados por uma periclitante escada de madeira que levava a uma altura de quase três metros, até o nível da rua. Em níveis mais altos ficavam duas janelas minúsculas, quase seteiras, através das quais filtrava uma luz tísica e cinzenta. A cor do cenário era organizada em tonalidades de verde musgo e ocre ferrugento: confesso que tinha consciência de ter projetado um bom cenário.

Minhas plantas eram exatas (afinal não tinha trabalhado por nada durante vários anos com um grande arquiteto) e o croqui tinha uma presença inequívoca: tinha certeza de que Giorgio e Paolo aprovariam; e o aprovaram entusiasmados, encomendando de imediato sua execução. A companhia também gostou do meu trabalho.

Com a sala ainda em fase de restauro mas com o palco já funcionando (os ensaios estavam em fase adiantada), certa noite, com meus amigos técnicos, montamos o cenário para que ele estivesse pronto para o treino do dia seguinte. A realização pictórica havia sido confiada aos irmãos Broggi, dois homens de grande experiência, trabalhadores e homens generosos como somente os milaneses sabem ser. Com eles, tínhamos chegado à conclusão de que, para um bom resultado, deveríamos tratar a parede semicircular do fundo com serragem e papel molhado, amassado, enrugado e depois pintado com várias técnicas a fim de que ela, ajudada depois pela iluminação, desse a exata sensação de uma parede irregular, anfractuosa e gotejante. A opinião dos trabalhadores do palco sempre foi muito importante para mim; no momento em que, cenário pronto, eles aplaudiram, Giorgio entrou acompanhado por alguns atores; ele não disse nada (como sempre), mas os atores me cumprimentaram perguntando, todavia preocupados, se deveriam subir aquela escada em curva que tinha pouco mais de cinquenta centímetros de largura e dava a sensação de ser meio escangalhada (mas era sólida e eu o sabia). Em resposta, eu subi e desci várias vezes a escada me debruçando no corrimão feito de pedaços de madeira desconexos e, na última descida, pulando de dois em dois os degraus.

Acho que o primeiro espetáculo ao qual assisti no TBC foi *Uma certa cabana*, de Roussin, na interpretação de Tônia Carrero, Paulo Autran e Maurício Barroso. Sinceramente, não amei o espetáculo: Tônia era belíssima, com seus amplos cabelos e uma roupa puritana de náufraga; Paulo Autran, de quem admiro a autoridade do ator, não me emocionou. Anos mais tarde, num espetáculo que realizei com Tônia Carrero, Paulo aceitou o convite para o papel de uma personagem importantíssima mas que só aparecia a partir do segundo ato e que exigia um ator de seu gabarito. Durante os ensaios, Paulo vivia constantemente emburrado; um dia venci minha natural timidez e perguntei-lhe o que o entristecia. "Gianni", falou, enquanto o braço dado me levava para uma janela, longe dos atores que estavam repetindo uma cena, "Gianni, lembre-se: o primeiro papel num espetáculo pertence sempre ao primeiro ator!". Efetivamente eu tinha atribuído o papel principal a um ator cômico de excelente categoria, mas o papel que eu tinha confiado a Paulo (o do general) exigia, além de talento, sutileza e senso de humor, qualidades que Paulo possuía e possui de sobejo: mas não era o "primeiro" papel.

O que é um primeiro papel? Evidentemente não estou me referindo ao chavão: "Não existem papéis pequenos, existem pequenos atores." Um primeiro papel é um detalhe, dentro do espetáculo, que o ator transforma em algo irrepetível e antológico; é um momento único que tira o fôlego do espectador e o reconcilia com a vida; é um momento mágico que transforma a cena incandescendo-a; é o gesto definitivo que nunca poderá ser reproduzido enriquecendo a atmosfera de um teatro que, quando vazio, agredirá o visitante deixando-o atônito e fascinado.

Lá fomos nós, eu e Ebe Colciaghi, a figurinista que eu havia descoberto e levado comigo para o Piccolo Teatro e que tinha me ajudado no tempo da *Traviata*. Fomos, entusiasmados, para a Alemanha para nos encontrarmos com Herbert von Karajan, para quem projetaríamos os cenários e figurinos para a *Lucia de Lammermoor*, de Donizetti, e que teria como protagonista Maria Callas. Estávamos entusiasmados e alegres como dois estudantes em férias, pois pela primeira vez trabalharíamos com o grande maestro. Chegando em Heidelberg, depois de uma viagem de trem não muito longa, fomos ao hotel que nos tinha sido indicado em Milão e, desfeito o equívoco de quem achava que éramos marido e mulher, dirigimo-nos para nossos quartos. Heidelberg é uma importante cidade histórica, com sua universidade e o famoso castelo sistematicamente destruído. Situada entre o rio Neckar, tem um ativo comércio fluvial; nos dois dias em que lá ficamos, o jardim botânico e as igrejas de São Pedro e a do Santo Espírito foram metas de nossos passeios. Fazia frio, mas não demais; saindo para jantar não sabíamos aonde ir e acabávamos comendo em tabernas que só serviam chucrute, salsichão, cerveja escura e clara e batatas cozidas. Passeávamos conversando sobre a ópera e os transeuntes nos olhavam disfarçada mas curiosamente: éramos evidentemente dois exemplares estranhos.

Voltando para o hotel, o *concierge* com cara de nazista aposentado, cabeça raspada e ruiva, nos cumprimentava sisudo acompanhando nossa entrada no elevador barulhento com um olhar desconfiado.

No dia seguinte à nossa chegada telefonamos para o hotel onde Karajan estava hospedado, informando-o da nossa presença e pedindo que marcasse um horário para o nosso encontro. Um tanto emocionados, lá fomos nós, recebidos, depois de um pequeno ritual disciplinar, no apartamento dele. O maestro estava almoçando; sem olhar, cumprimentou-nos friamente, deixando que ficássemos de pé. O encontro durou menos de dez minutos, durante os quais só se falou de datas: nada foi dito que pudesse orientar nosso trabalho; fomos embora, eu furioso, a Ebe frustrada, e decidimos trabalhar com nossas cabeças.

Tempo depois, eu já estava no Brasil, recebi notícias de que meus cenários – eu tinha entregado os croquis antes de viajar – não só tinham sido aprovados como tinham tido êxito nas apresentações do espetáculo. Este resultado, visto de longe, pareceu-me acontecimento importante, quer do ponto de vista do meu trabalho como dos grandes artistas com os quais estava envolvido. Passadas quatro décadas, sem desmerecer o que fiz, sinto todavia que esses acontecimentos não passam de uma pequena crônica no panorama de minha vida. Mas a história, seja a do indivíduo, seja a da humanidade, não passa, basicamente, da soma de pequenas ou grandes crônicas que o tempo transforma, ou não, em grandes tentos, conquistas ou fracassos, dependendo da ótica de quem a escreve.

Como todas as definições que não definem nada, a palavra "maestro" sempre me irritou ou despertou meu senso do ridículo. Normalmente "maestro" é atribuição dos compositores, dos regentes de orquestra e de coro mas, por ilação, nos teatros líricos "maestro" é o diretor de espetáculo, o cenógrafo, o figurinista ou qualquer pessoa que, eventualmente, poderia sê-lo (assim como a qualificação de "doutor" com a qual nos gratificam quando entramos, bem arrumados ou vestidos de branco, em qualquer repartição pública ou ambulatório periférico).

Gostaria de ser um "mestre". Quando um carpinteiro me chama de mestre sinto-me orgulhoso porque sinto na definição o reconhecimento da minha capacidade profissional e não a inútil bajulação de um contínuo ou de um arrumador de estantes de orquestra.

Tenho uma carinhosa admiração pelos artesões, um respeito por suas habilidades e conhecimentos técnicos. Foi com eles que aprendi cenotécnica e técnica de pintura de cenários; uma técnica, diga-se de passagem, que está se perdendo pelo equívoco de que a tecnologia pode substituir todos os procedimentos cenográficos que conseguiram encantar, "enganar", seduzir espectadores, plateias e públicos durante alguns séculos.

Quando estudava artes plásticas, o ensino de história da arte limitava-se à pintura, à escultura e à arquitetura, quase não dando margem para as artes consideradas menores: mobiliário, moda, cerâmica, joias, ourivesaria. Nunca tomamos conhecimento das técnicas de gravura, somente sendo informados de que determinados artistas tinham dedicado uma certa atenção à xilogravura, à água-forte, à litografia. As pirâmides tinham sido construídas por escravos, as catedrais góticas por pedreiros especializados (em quê?), sem nos dizer que existiam corporações que dividiam por grupos de habilidade pedreiros que eram verdadeiros mestres em seu setor: os grandes *mes-*

tres anônimos. A história da sociedade era substituída pela anedótica das guerras e das conquistas, e os processos econômicos dos países em constante briga com a religião, as convenções e as dúvidas políticas, pelo folclore das frases categóricas. Mas os processos, por exemplo, que acompanharam as transformações da linguagem estética nunca foram explicados. Evidentemente, mais tarde, poderia procurar as respostas necessárias às perguntas prementes.

LEMBRO TER ASSISTIDO EM PARIS a um balé da Companhia de Balanchine: um palco vazio, uma luz de serviço, a indicação de uma saída de emergência e um flautista solitário que repetia incessantemente uma linha melódica delicadamente complexa. Vindo das coxias uma bailarina entrava e ultrapassava o flautista como se fosse embora, parando depois e instintivamente esboçando uma posição, logo acompanhada por outra e outros bailarinos que estavam voltando para os camarins. De repente, de forma imprevisível e obsessiva como o som da flauta, uma dança se esboçava, num jogo de variações nas quais os sons e os movimentos se perseguiam imprevisíveis para, subitamente, serem abandonados com a saída silenciosa de todo o mundo.

Cenografia? O espaço vazio do palco; som? A casualidade de um músico ensaiando; tema? A dança pela dança, o prazer de dançar, a necessidade de dançar independendo do lugar, do traje, das luzes, do cenário, do público mesmo; a potencialidade do espaço cênico provocando magicamente o surgimento de um diálogo imprevisto mas provável.

PAISAGEM CENOGRÁFICA: Um único dente, iluminado pelo céu da boca.

⁕

Definições:

CENOGRAFIA – Arte da invenção e desenho dos cenários.

CENÓGRAFO – Realizador de croquis teatrais executados normalmente por um pintor ou um arquiteto.

(*Il nuovo Zingarelli – Nuovo dizionário della lingua italiana*)

O maestro Herbert von Karajan convidou Gianni Ratto para criar os cenários da ópera Lucia de Lammermoor, de Donizetti, que estreou em Viena, em 1954, com Maria Callas no papel principal.

✳

CENOGRAFIA – Arte e técnica de projetar e dirigir a execução de cenários para espetáculos.

CENÓGRAFO – Especialista em cenografia. Cenarista.

(*Novo dicionário Aurélio*)

✳

CENOGRAFIA – Conjunto de telas pintadas, estruturadas e praticáveis que decoram a cena de um palco. "Os cenários, outrora secundários, ocupam hoje um lugar importante no sucesso de um espetáculo" (citação anônima).

(*Larousse du XX siècle*)

✳

CENOGRAFIA – s.f. – 1. Termo de pintura. Arte que consiste em desenhar os edifícios, os lugares, as cidades *etc.* em perspectiva, quer dizer com

> as dimensões e encurtamentos que a perspectiva determina, em oposição à iconografia e ortografia, que são planos puramente geométricos nos quais a perspectiva não é obedecida. 2. Especificamente: arte de pintar as decorações cênicas. 3. A própria realização, os objetos representados, a cenografia de um palácio e de seus jardins. 4. Termo de maçonaria: arte de executar um edifício em relevo cujo nome é "maquete".
> (*Littré – Dictionnaire de la langue française*)

QUANDO BRASÍLIA ainda não tinha sido inaugurada, era fácil obter a concessão de um terreno, desde que fosse apresentado um projeto de interesse para a nova cidade.

Juntamente ao arquiteto Hargreaves, que, embora sendo arquiteto, frequentava um curso de cenografia que eu estava ministrando na Maison de France do Rio de Janeiro, e com a concordância do grupo do Teatro dos Sete, estruturamos um projeto detalhado para um edifício que comportava, além de uma sala de espetáculos, uma boate, um restaurante, um cinema e anexos para gravação. Heliografadas plantas, elevações, cortes e perspectivas, fui pessoalmente a Brasília para a aprovação do projeto que nos permitiria ganhar o terreno no qual seria edificado nosso sonho. Meus sócios ficaram encantados com o projeto e eu viajei à custa de nossa companhia. Passei vários dias em Brasília correndo de um escritório para outro, encontrando permanentemente boa vontade e o desejo de todos de ajudar, colaborar, facilitar. Consegui finalmente a aprovação do projeto e a concessão do terreno que estava subordinada a um período equivalente aos trabalhos de aterragem e consequente início das obras de fundação.

Com o arquiteto e a colaboração de uma firma de engenharia, tínhamos levantado um orçamento que, honestamente, não era barato, embora tivéssemos previsto materiais econômicos, eliminando todo o luxo eventual: era um projeto bem concebido que se preocupava basicamente com o funcionalismo de sua estrutura.

O projeto tinha um custo alto, mas com financiamentos, fáceis de se conseguir naquele tempo, poderíamos, corajosamente, ter enfrentado uma aventura que, hoje, nos teria gratificado em termos financeiros. Mas meus colegas tiveram medo ou – talvez, por não terem vivenciado todo o processo de trabalho que eu e meu amigo-aluno arquiteto tínhamos vivido, trabalhando sem parar dia e noite, e, também, por não terem participado da ansiedade que me tinha levado a correr em Brasília de guichê em guichê, de departamento em departamento, de engenheiros a engenheiros, de deputados a vereadores – perderam o interesse (e a visão), dando precedência ao imediato (importantíssimo sem dúvida) de nossos espetáculos.

Assim o projeto foi abandonado, o terreno perdido e uma oportunidade única desperdiçada.

A culpa? Não existe culpa: nunca. Existem circunstâncias: no meu caso, minha visão romântica lançada além do horizonte, e, no dos outros, pés aparentemente bem fincados no chão, o maldito "bom senso" burguês capaz de destruir sonhos e esperanças.

O Scala de Milão me convidou para fazer os cenários da nova ópera de Stravinsky, *The rake's progress*, que teria estreia mundial no Teatro La Fenice, em Veneza, regida pelo autor; quase desmaiei de emoção. Stravinsky tinha dado sua aprovação ao meu nome depois de ver o cenário que eu projetara para seu balé *Pulcinella*, coreografado por Romanoff. De emoção e de medo. O *libretto* era do poeta Auden e a história inspirada na série de gravuras de Hogarth que ilustravam a vida e a decadência de um libertino.

Londres foi a terceira etapa antes de iniciar o projeto dos cenários da nova ópera de Stravinsky, *The rake's progress*. A primeira tinha sido a do meu encontro com o autor em Milão, a segunda na ilha de Ischia, com os autores do libreto (o poeta americano Auden e seu assistente) e a terceira, agora, em Londres, de onde, acompanhado pelo representante administrativo do Teatro Scala na Inglaterra, iria para Glyndebourne – sede de um dos mais importantes teatros experimentais do mundo – para conversar com o diretor do espetáculo.

Chegamos a Sussex umas duas horas antes do meio-dia, depois de uma não longa viagem num trem bastante sujo através de uma paisagem suave como uma aquarela; lá, depois de termos sido anunciados, aguardamos até as cinco da tarde para ser recebidos pelo diretor, que em quinze minutos liquidou nosso assunto entregando-me, a título

O Scala de Milão convidou Gianni Ratto para fazer os cenários da ópera, The rake's progress, de Stravinsky, que teve estreia mundial no Teatro La Fenice, em Veneza, regida pelo autor.

de informação e homenagem, um livrinho com as reproduções das gravuras de Hogarth cujo título é exatamente *The rake's progress* (*A carreira do libertino*).

À parte os quinze minutos de colóquio para os quais uma viagem de ida e volta de avião e uma permanência na Inglaterra tinham sido necessárias, o que me deixou perplexo foi que Auden tinha sido categórico: "Esqueça Hogarth; ele representou para nós um simples ponto de partida." E o diretor agora frisava exatamente o contrário, e na triangulação autor-libretista-diretor estava eu, confuso, inseguro e traumatizado.

Para agradecer o representante do Scala que gentilmente tinha me recebido e chaperonado, convidei-o (também para me refazer do almoço lamentável no refeitório do teatro) para jantar num restaurante italiano em Soho. Comemos deliciosamente, bebemos um Chianti eufóricos, falamos mal de tudo e de todos e na hora de pagar descobri ter somente uma libra no bolso: mas ele, muito *British*, pagou sem dar um pio. Ainda hoje agradeço sua cortesia. Voltei para Milão meio confuso. Tinha a minha disposição mais de três meses para trabalhar e apresentar a Stravinsky, para a sua aprovação, meus croquis. A direção executiva do Scala ficou de me informar o dia e a hora em que deveria me encontrar com o maestro.

Mas eu estava atravessando um período muito ruim; minha vida estava tumultuada por problemas familiares que infernizavam meus dias e, também, estava esgotado por excesso de trabalho. Todavia, comecei a trabalhar. O texto de Auden era esplêndido e Hogarth, um dos artistas que mais amava; uma audição ao piano da obra de Stravinsky tinha-me entusiasmado. Então por que tanta dificuldade para enfrentar um projeto tão solicitante?

Do apartamento no qual morava, no Foro Bonaparte, eu tinha uma vista privilegiada: o Castello Sforzesco, que ocupa uma área imensa e que eu via em sua totalidade do alto da janela de minha sala. Olhava para fora durante horas a fio, brincava com minha pastora belga, saía do quarto e passava perto de meu ateliê evitando olhar para a mesa de desenho onde o papel vegetal estava repleto de pequenas ideias e grandes rabiscos: mas o trabalho não ia em frente. Não conseguia, como Auden tinha-me pedido, me libertar de Hogarth, nem conseguia identificar uma linguagem própria que me permitisse dar uma interpretação integrada entre texto e música.

A situação era melindrosa. O primeiro cenário representa um jardim inglês: comprei não sei quantos livros sobre jardins ingleses, mas nenhuma das ilustrações me inspirava; todos os jardins que eu via eram horizontais e eu precisava de níveis diferenciados para permitir à personagem que simbolizava o demônio aparecer: bobagem minha, pois eu poderia ter resolvido, se não estivesse com o cérebro embotado, com facilidade; mas este cenário praticamente complicou minha vida.

Quando faltavam uns vinte dias para o encontro com Stravinsky dei um "basta" às minhas hesitações, me joguei no trabalho e no espaço de pouco mais de uma semana desenhei todos os cenários, os montei em *passe-partout* e aguardei o encontro.

Recebi, através, do Scala, o convite para jantar com o maestro, acompanhado por meus croquis. Cheguei levemente atrasado ao restaurante ao lado do teatro, ponto de encontro de regentes e cantores, e, apresentando-me, falei: "*J'ai peur*", Stravinsky deu um sorriso e respondeu: "*Moi aussi*!". Isso me deixou um pouco mais à vontade. Sentei ao lado dele e abri meu embrulho mostrando, um a um, meus desenhos, que foram examinados demorada e detalhadamente.

Revi Stravinsky em Veneza, enquanto ele ensaiava e eu dirigia a montagem dos cenários, que me pareceram horríveis. O acontecimento era internacional e todos éramos assediados por repórteres, fotógrafos, radialistas e televisões. Não sei como, um semanário italiano de grande difusão (*La Domenica del Corriere*) conseguiu fotografar meus croquis, que foram publicados, numa péssima edição, à minha revelia.

A estreia da peça foi um sucesso. O teatro estava lotado pela crítica musical internacional, que não se cansou de aplaudir.

Nunca mais me encontrei com o maestro, que regeu somente a estreia e logo em seguida viajou não sei para onde.

Pelo que me diz respeito, a crítica dividiu-se entre favoráveis e contrários: o que, para mim, foi um fracasso.

Representada no Scala, a ópera teve um novo elenco de cantores, outro regente e, para mim, novas críticas, desta vez todas favoráveis; mas eu sabia que meu trabalho não tinha sido o que eu gostaria de ter feito, e esta consciência autocrítica me tranquilizou um pouco.

DIRIGI GOTA D'ÁGUA preocupado com a censura. A de Brasília já tinha sido driblada negociando um palavrão para ganhar uma situação, uma ironia para segurar uma denúncia.

A minha preocupação era a censura do espetáculo; efetivamente os policiais censores apareciam todas as noites fiscalizando, ameaçando, fazendo terrorismo. Eram sempre dois, um agressivo e outro apaziguador, e, várias vezes, nos bate-bocas que se seguiam ao espetáculo, fui ameaçado pelo agressivo de prisão enquanto o apaziguador fingia botar panos quentes. As discussões eram sempre em volta de cortes não respeitados: "Você não cortou a 'merda' da página 15." "Cortei, sim, o senhor confundiu com a 'merda' da página 28, que a censura de Brasília não cortou." "Você não cortou, eu li." "Cortei sim, o senhor não deve ter lido direito." "Você está me chamando de ignorante?" "O senhor é que está dizendo." "Tome cuidado..." *etc.*

Propositadamente enfoquei o espetáculo sobre a "história", calcando sobre os aspectos folhetinescos mais do que sobre os sociopolíticos, certo de que estes, de qualquer maneira, se evidenciariam: e foi o que aconteceu; o público entendeu muito bem o propósito da peça e a censura achou estar diante de uma tragédia popular. Assim *Gota d'água* teve uma carreira brilhante entre São Paulo e Rio de Janeiro, onde tinha estreado.

Bibi Ferreira foi esplêndida.

Bibi é a atriz mais completa do Brasil. Canta e dança como poucas e sua voz tem uma riqueza de tons e nuanças que ocupa todos os espaços do teatro, fazendo-o vibrar como harmônicos. Nosso relacionamento de trabalho foi gratificante; aprendi com ela, pelo simples exercício dos ensaios, mais do que em muitos anos de trabalho. Sua consciência profissional, sua técnica apuradíssima, sua fundamental honestidade eram, e são, positiva provocação. Intérprete sensível e generosa, não há personagem que ela não domine de forma segura e profunda. Da comédia à tragédia, ela se desloca entre todos os gêneros com a maior elegância, dona de si, sem se poupar, numa entrega total e apaixonada.

Trabalhei outras vezes com Bibi: duas vezes como cenógrafo e uma vez na remontagem de *Gota d'água*, em Brasília, com os alunos da escola da também maravilhosa atriz Dulcina de Moraes.

No trem que me levava de volta a Milão, encontrei Anton Giulio Bragaglia. Ele não lembrava de mim, mas eu falei da exposição de cenografia que ele tinha organizado para a América do Sul e que tinha concluído sua viagem em Gênova onde eu, pela primeira vez em minha vida, tinha-me apresentado com uma maquete, e onde ele tinha pronunciado uma palestra memorável (na qual, quando não queria responder, usava o truque de dizer que não sabia do que estava falando ou, então, ignorava o assunto). E falei também de seus espetáculos e de como eu tinha ingressado na profissão realizando os cenários de *O luto condiz a Electra*, de O'Neill, sendo Diana Torrieri protagonista. Diana tinha sido cria de Bragaglia, para o qual, no vintênio fascista, tinha trabalhado em seu teatro Gli Indipendenti, em Roma. E falei também de seu livro *L'antiteatro*, um verdadeiro libelo. Falei-lhe de minha admiração e de quanto ele, indiretamente, tinha-me ensinado. E também falei de como eu sentia-me revoltado pela atitude das novas levas teatrais que, por ele ter trabalhado no período fascista (e não para ele), o estavam boicotando profissionalmente.

"Mas o senhor está trabalhando para Paolo Grassi", me disse. "É", respondi, "mas não para ele e sim para o Piccolo Teatro". "De resto", continuei, "Paolo o admira muito e, mais de uma vez, afirmou que o senhor tem o mérito de ter montado autores que o Partido Fascista considerava inimigos, abrindo brechas para todos nós."

Aí Bragaglia afrouxou as defesas; queixou-se da situação atual, reclamou dos amigos que tinham lhe virado as costas depois de haver desfrutado de seu convívio nos tempos difíceis do jugo fascista. Disse também que tinha ouvido falar muito de mim (verdade?) e que me desejava sucesso, e que... Mas aí o trem parou e ele, com seu chapéu mole, seu sobretudo esvoaçante e o cachecol comprido enrolado no pescoço, desceu na estação barulhenta de Bolonha. Nunca mais o encontrei; em 1953, numa livraria de Milão, encontrei seu *Pulcinella*, um estudo exaustivo e brilhante sobre um dos mais fascinantes personagens napolitanos que até hoje sobrevive não só na Itália, mas com nomes diferenciados, em outros países europeus.

Em 1929, Bragaglia tinha publicado um livro cujo título explicava, embora não justificando-a, a atitude de gente de teatro do pós-guerra: *O teatro da revolução*. Revolução fascista, bem entendido.

Em 1929 os futuristas aliavam suas posições estéticas à filosofia do machismo fascista, e Bergaglia, que ansiava por um teatro moderno, livre de convencionalismos e das poeiras de um passado recente, solicitava a Mussolini, il Duce, a concessão de uma sala de espetáculos que lhe permitisse sair do espaço do Indipendenti, situada no porão das Termas de Sétimo Severo.

Esse livro, à guisa de prefácio, abria-se com uma "Carta sobre o teatro, a Benito Mussolini":

Duce!

Não acredito que uma cartucheira de metralhadora como é esta coletânea de trechos polêmicos, necessite de um prefácio.

(...) Não terei portanto necessidade de fazer minha antológica apologia, somente para não me deixar desfigurar por quem gostaria de fazê-lo (...). Nós temos inventado um Teatro, temos criado autores, coletamos um público mas, enquanto tudo se transforma e evolui, não conseguimos pensar em dirigi-lo deste porão que nos faz alegres e ferozes.

(...) O fascismo deverá tomar a decisão de ter seu teatro.

Toda grande civilização teve seu teatro, todo príncipe iluminado teve seu teatro particular, cada época gloriosa possui, em todos os países, um glorioso capítulo teatral (...). A Revolução Fascista é antirrevolucionária em relação ao teatro (...) o Duce assiste à *Norma* encenada como no tempo de Bellini, ou à *Traviata* do tempo de Napoleão III.

(...) Duce! Os bárbaros da Dácia coroaram, como poeta, Ovídio no exílio. Nós, se o merecêssemos, nem teríamos essa amarga consolação.

Também porque não queremos acabar no estrangeiro, nem que fosse para incomodar os reacionários desta mais do que jovem Itália...

Vossa Excelência não vai querer que morramos de reumatismos nos porões de sua casa. Existem muitos outros palcos à luz do sol! Roma é rica de santidade e águas límpidas e não lhe faltam belos teatros...

Nos deem a oportunidade e nós realizaremos para vocês o Teatro do qual a Era da Revolução Fascista precisa (...).

E assim por diante.

Embora não concordando com ele e independendo da óbvia retórica e da subserviência (mas não foi esta a postura de todos os grandes homens de teatro quando solicitavam a proteção de potentes que nem sempre estimavam?), independendo das evidentes bajulações, eu acho, e perdoo, que o amor pelo teatro pode justificar certas tomadas de posições. Vianninha, nosso grande e amado Vianninha, afirmava que o bem do credo revolucionário admite compromissos que possam vir a beneficiá-lo.

CONHECI PHILIP GLASS quando fui a Nova York, eu carregava embaixo do braço a pasta com o projeto cenográfico de sua ópera *A queda da Casa de Usher*, fundamentada no homônimo conto de Edgar Allan Poe.

Chegando, fiquei logo seduzido pela cidade que, como quando, pela primeira vez, desci na Gare du Nord em Paris, deu-me a sensação de estar voltando a um lugar já conhecido. A filmoteca de minha infância e juventude me agrediu despertando recordações e fazendo-me acreditar que lá já havia vivido anteriormente.

O Central Park, a poucos metros do hotel, nos convidava para um passeio pontuado pela presença dos esquilos: encontraríamos Philip Glass somente à noite, juntamente com o diretor americano do espetáculo.

Glass morava (e talvez ainda more) numa rua próxima ao Village, escura e tranquila. Como quase todas as casas daquele bairro, tem uma pequena escadaria que dá acesso a um patamar minúsculo sobre o qual se abre a porta de entrada. E lá entrei eu com minha grande pasta cinza (eu mesmo a tinha confeccionado) estofada de rabiscos, croquis, plantas e desenhos técnicos.

Nova York é uma cidade orgânica e coerente consigo mesma. Sua arquitetura, analisada à luz de critérios estéticos, é absolutamente louca: como se os componentes de uma grande família de múltiplas gerações, tendo decidido morar juntos, tivessem colaborado para a decoração levando consigo os objetos mais disparatados. O gótico alia-se tranquilamente ao estilo inglês; o romântico observa perplexo o funcionalismo do tijolo grafitado pelas escadas de incêndio; o vidro casa com o cimento, o aço, o conceitualismo pomposo dos anos trinta. Os materiais são sempre nobres, os detalhes preciosos: a presença do dinheiro é uma evidência indiscutível mas não agressiva e o conjunto da cidade – com suas largas avenidas, seus parques, suas lojas e restaurantes – dá, para seu novo hóspede, uma espécie de "bem-vindo" amistoso: sensação enganadora porque o homem da rua é desconfiado a ponto de não responder a um pedido de informações. Mas nem por isso a cidade perde a sua beleza, como uma senhora que, pouco preocupada em obedecer à moda do momento, veste-se com antigas roupas e joias modernas, realizando uma *mélange* deliciosamente sedutora e *sexy*.

Philip Glass é um dos maiores compositores minimalistas do mundo; sua ópera – aquela pela qual eu tinha ido até lá – realiza uma unidade formal na qual o texto, baseado no homônimo conto de Edgar Allan Poe, amalgama-se com a música numa resultante indissolúvel como a de dois metais que na fusão criam juntos um terceiro.

Não tinha ido a Nova York para me divertir, embora lá tenha frequentado teatros, museus e bairros ricos e pobres: tinha ido para trabalhar. Quando levei meu projeto para o compositor, não sabia da existência de uma Cidade Edgar Allan Poe, nem ele tocou no assunto: se foi uma coincidência foi realmente uma coincidência extraordinária. A Cidade Edgar Allan Poe é um bairro no Bronx, concebida e construída na era da "*Green Glass*", a era da destruição das favelas. O projeto urbanístico contemplou a construção de grandes torres situadas em amplos gramados para o lazer da mocidade, com prazerosos bancos destinados ao sol dos velhos.

Como todos os projetos pseudossociais, esse também foi vítima de rápido deterioramento: em tempo recorde a vegetação secou e o conjunto todo transformou-se num imenso chiqueiro frequentado por uma presença humana pouco recomendável; Glass, decerto, não deve ter ignorado o que tinha acontecido.

Não acredito muito em coincidências; penso que a vida, o grande movimento da vida, é a resultante de linhas cruzadas, sobreposições e interferências. O fato de aquele bairro ter sido batizado com o nome de um dos poetas cuja vida, segundo os cânones conservadores e burgueses, não tinha sido um modelo de virtude, é certamente (!) uma coincidência. Mas o fato de que Philip Glass tenha escrito uma ópera cujo tema narrativo pode ser considerado paralelo ao destino daquele bairro, sugere uma interferência inexplicável, talvez, mas não casual.

MUITAS VEZES PERGUNTEI a jovens aspirantes atores: "Por que você quer fazer teatro?", e a resposta foi quase sempre: "Porque gosto"; o que, evidentemente, não é uma resposta.

Mas, também, muitas vezes fiz a mesma pergunta para mim mesmo e quase nunca soube responder, ou, então, dei demasiadas respostas. Hoje, depois de tantos anos de atividade artesano-teatral, mais uma vez me coloco a mesma pergunta e, mais uma vez, não encontro uma resposta satisfatória, pelo menos no plano teórico. Talvez a resposta esteja implícita no fato de eu ter, durante todo este longo tempo, trabalhado, continuado a trabalhar, parado de trabalhar e recomeçado a trabalhar neste meu campo que é o teatro.

Aconteceu, às vezes, de eu não mais querer fazer teatro; por muitos motivos: cansaço determinado por uma profissão estafante; revolta contra um individualismo que sempre reneguei em defesa de um sentido coletivo raramente encontrado; desejo de provar a mim mesmo que poderia fazer muitas coisas mais além de cenografar, figurinar ou dirigir. Vontade de largar tudo para me dedicar a uma vida bucólica no campo ou numa praia deserta, eu e um cachorro (coisa que aliás fiz também); e sempre, por um motivo ou outro, por uma causa imprevista ou para ajudar um amigo, voltar ao teatro, reencontrando, na hora de entrar num palco vazio, aquela mesma primeira sensação, aquele encantamento, aquela impressão de *déjà vécu* que me enchia de uma felicidade inexplicável que me consolidava num suspiro profundo de alívio e tranquilidade: como um cachorro que, por ter sido levado muito longe de seu dono, reencontra o caminho de volta e, chegando, pula lambendo o rosto o homem que tanto ama.

Será esta a resposta? A pergunta, então, não deveria ser: "Por que o teatro gosta de mim? Por que ele não me larga e constantemente brinca comigo, me afastando e me chamando de volta? Sou eu que o largo ou é ele que me abandona? Que mãos são essas que me esbofeteiam para, logo em seguida, me acariciarem apertando-me contra seu peito?".

Acho que não se pode fazer teatro pensando demais. Pelo menos durante o trabalho. Um bom diretor raramente tem um espetáculo completamente planejado antes de começar um ensaio. Muitas vezes me perguntaram: "Qual é seu método de trabalho?" Não sei", respondia. Teorias? A história do teatro está repleta de teorias, de Aristóteles a Diderot, de Goethe a Brecht, de Goldoni a Stanislavski *etc*. Um dia, durante um ensaio de *Cyrano de Bergerac*, perguntei ao ator que estava ensaiando: "É esta a espada que você usará no espetáculo?" "Sim, por quê?" "Porque ela está historicamente errada!" Me olhou, olhou a espada e disse: "Se, enquanto representar, o público olhar minha espada será porque estou realmente interpretando mal meu papel!" Tinha razão. Até a cultura, assim como as teorias, às vezes, pareceram-me supérfluas, se não inúteis. Não se pode fazer amor com o *Kama Sutra* na mão; a ação teatral é uma constante defloração, um estupro inevitável, sem o que o teatro não existe: amo porque amo, odeio porque odeio, não vejo outro caminho.

Quando ouço a interpretação de um "virtuoso" ou uma regência impecavelmente bela de uma obra sinfônica, me pergunto se em 1600 ou 1700 ou 1800 ou 1500 as execuções eram tão perfeitas como as que hoje são exigidas e se por isso as obras eram menos belas ou menos apreciadas. Beethoven regendo, surdo, uma das suas sinfonias, as deturpava? Os atores shakespearianos eram melhores ou piores que os ingleses de hoje? Quando Bertold Brecht, o teórico do "distanciamento" assistiu no Piccolo Teatro de Milão, à montagem de *A ópera dos três vinténs*, chorou diante de uma execução carregada de valores emocionais que contradiziam, italianamente, a exigência de manter o público numa atitude crítica permanentemente afastada de posturas "sentimentais".

Então, mais uma vez, me pergunto: "Por que faço teatro? Por que esta compulsão, esta teimosia, este anseio, este desejo, esta ânsia, esta 'inevitabilidade' que me ligam indissoluvelmente a uma profissão na qual entrei um pouco candidamente, sem saber até onde ela me conduziria?" Acredito no aspecto artesanal do teatro, talvez seu aspecto mais importante; não sou teórico e tenho uma certa ojeriza admirada para com as teorias e os sofismas; sou homem de serrote e martelo, não de agulha e linha, e mais me comove uma risada honesta do que um sorriso irônico. Mas, acima de tudo, amo a coerência e nela incluo (e não estou me contradizendo) uma honestidade visceral que faz com que, falando de homem para homem, você fale ao homem como homem.

Talvez esta seja a resposta à pergunta: "Por que você faz teatro?".

As *Sette canzoni*, obra musical de Malipiero, importante compositor italiano, foram o tema de meu primeiro grande projeto cenográfico.

Anteriormente, a convite de Anton Giulio Bragaglia (um dos mais geniais inovadores do teatro italiano), eu, que depois do contato tido com Gordon Craig só pensava em teatro, participei, complementando-a, de uma exposição de cenografia que, retornando de uma turnê na América Latina e aproveitando uma parada em Gênova, estava sendo organizada por Bragaglia no Teatro Carlo Felice. Eu frequentava ainda o Liceu Artístico e o convite desse grande homem me deixou frenético. Tinha acabado de ler *Os pássaros*, de Aristófanes, e, firme em meus conhecimentos da arquitetura clássica grega, imaginei um cenário simétrico de colunas, degraus e patamares que, pela sua simplicidade, me parecia condizente com a comédia. Meu problema, naquela ocasião, tinham sido o material e os instrumentos para realizar meu primeiro projeto. Resolvi o problema das colunas com dois cabos de vassoura e, com a colaboração de um quitandeiro que me cedeu generosamente algumas caixas vazias de verdura, construí, servindo-me de uma velha faca e de um martelinho, a base da maqueta, os degraus e os patamares. Lembrando um desenho técnico visto numa pequena enciclopédia encerrei o cenário num ciclorama e, para completar meu trabalho, pintei tudo de branco, esquecendo todavia de misturar a têmpera em pó com a cola indispensável. Acrescentei uma pequena lâmpada para iluminar e, satisfeito, levei a maquete para a sala de exposição. Lá, foi colocada perto da porta de entrada da sala onde um jovem homem de teatro, mais velho porém do que eu, mandou-me comprar uma folha de celofane laranja afirmando que a comédia grega exigia uma luz dourada: não entendi bem a observação mas obedeci cobrindo a maqueta com o papel colorido, o que me deixou satisfeito.

O Ministério da Cultura e Propaganda organizava, na década de 1930, concursos universitários que abrangiam os mais diferenciados interesses culturais – literatura, música, dramaturgia, arquitetura, poesia, cenografia, pintura *etc.* – dando subsídios financeiros aos que concorriam. Cada cidade organizava sua própria seleção, enviando em seguida os premiados para a cidade escolhida como sede da exposição final. A subvenção dada era mais do que suficiente para cobrir as despesas do projeto, o que nos permitia fazer algumas farras. O tema de meu projeto temerário foi, justamente, a obra de Gian Francesco Malipiero: *Sette canzoni*, cada uma das quais exigia um cenário diferente. E, para tanto, imaginei, com uma certa ingenuidade e atrevimento, um palco giratório descoberto em um livro de arquitetura teatral que um amigo, já universitário, tinha-me emprestado. (Mais tarde comprei o livro e, ainda hoje, o tenho e guardo com muito carinho.)

Comprada a madeira necessária (as maquetes, pelo regulamento, deviam ser de forma cúbica com um metro de cada lado), mandada recortar a base com seu setor circular e as paredes laterais, demos início à execução dos cenários, numa lojinha desocupada e "graciosamente" emprestada, numa tarde que nos levou até a manhã do dia seguinte com a companhia de todos os gatos dos becos, atraídos pelo cheiro de pão, queijo e salame que tínhamos comprado para nos alimentarmos durante a noite. Cada cena ocupava, obviamente, um sétimo da superfície giratória que, traduzido em medida real, atribuiria a cada cenografia uma medida aproximada de pouco mais de quatro metros! Ajudado pelos meus melhores amigos (o hoje arquiteto e pintor Luciano Antonini e o hoje famoso retratista Antonio Bonamici) realizei com eles a façanha na qual entraram tabuletas de caixas de quitandeiros, celofane, pintura a guache e uma instalação de luz com lâmpadas de pilhas e um transformador. O giratório era impulsionado manualmente por meio de esferas de metal que, chegando ao ponto de parada, iluminavam automaticamente o cenário. Quando uso a palavra façanha, a uso conscientemente porque os problemas que se apresentaram e que tivermos de resolver não foram poucos, conseguindo, todavia, superá-los com uma certa eficiência como, por exemplo, um leve choque que a mão recebia quando a esfera de metal entrava em contato com a ligação elétrica! Em Gênova ganhei o primeiro prêmio e em Veneza, a cidade escolhida para a grande exposição, o sétimo. Fiquei feliz embora dois dias depois, por não ter participado de um desfile em honra do Partido Fascista, tivesse sido ameaçado de represálias e, como punição, reenviado a Gênova.

O TEATRO SODRE DE MONTEVIDÉU me convidou para dirigir a ópera *Werther*, de Massenet, e para projetar seus cenários e figurinos. Meu amigo Nino Stinco, regente de grande experiência e diretor artístico do Sodre, foi responsável pelo convite que, embora não fosse financeiramente interessante, me atraiu por vários motivos.

O Teatro dos Sete tinha encerrado suas atividades sem um tostão de lucro e muitas dívidas que todos nós, honesta e equilibradamente, tínhamos pagado; tendo aceitado uma proposta de Walter Clark, fui trabalhar como diretor de arte e cenografia na TV Rio – Canal 5, onde tinha ficado aproximadamente um ano, cada vez mais irritado com os sistemas de produção que exigiam para amanhã a execução de projetos pedidos no dia anterior. Na TV Rio, naquele tempo a maior estação do país (a Globo ainda não existia e Walter Clark seria seu criador com a falência do Canal 5), acabei dirigindo também programas (um dos quais com Tônia Carreiro: *O mundo de Tônia*, do qual participaram, entre outros, Millôr Fernandes, Jacques Klein e grandes figuras do teatro, da literatura e das artes plásticas) que, gravados em videoteipe, nos ocupavam um dia inteiro para depois nos roubar ainda a madrugada para a montagem, a fim de que o programa ficasse pronto para ser transmitido à noite. Depois de quase um ano, portanto, saturado pela incompetência – ou indiferença – de diretores de programas para os quais o que interessava era ter uma grande produção que, na hora de gravar, não seria utilizada convenientemente, pedi demissão, que foi recebida com muito desgosto, e aceitei o convite de Montevidéu que, oportunamente, tinha chegado naquela hora.

A morte do presidente Kennedy, recentemente assassinado, tinha deixado o mundo inteiro perturbado e, no Brasil, a incompetência política de João Goulart tinha levado o país (embora as intenções fossem corretas: reforma agrária *etc.*) pelas sendas de uma das piores ditaduras já aqui sofridas e para uma pseudorrevolução da qual, já em Montevidéu, eu recebia notícias através de noticiários retumbantes e assustadores.

As estações radiofônicas uruguaias transmitiam dramáticos informes, dramaticamente interpretados por seus comentaristas, assim como hoje acontece nas crônicas de folhetim diárias de um canal de televisão paulistano. As notícias falavam de exércitos que se movimentavam do Norte ao Sul e do Sul ao Norte e a sensação que se tinha era a de que uma guerra civil poderia estourar a qualquer momento. Preocupado com o que poderia acontecer enviei um telegrama para Jeannette a fim de que viesse se encontrar comigo em Montevidéu. Mais tarde, já de volta ao Rio de Janeiro, ela me disse que o marido de uma amiga, oficial do Exército encarregado da censura postal, tinha-lhe telefonado alertando-o sobre os problemas que um telegrama como o meu poderia acarretar. Jeannette não veio e eu fiquei trabalhando na capital uruguaia. Fiz amizades, todas antimilitares; e uma moça, amiga de um jovem ator que tinha sido meu aluno, Carlos Vereza, me pediu, quando voltei para o Brasil, para levar para ele jornais e documentos ligados a uma ação antiditadura. Levei comigo o material e, sem ser molestado pela polícia do aeroporto, o entreguei, no dia seguinte, para o destinatário, que estava escondido na casa da mãe.

Tudo estava aparentemente tranquilo; a vida continuava numa calma fictícia enquanto prisões e torturas eram decretadas de forma cada vez mais drástica e cruel, recrudescidas depois da saída de Castelo Branco e com a subida ao poder do general Costa e Silva. O teatro continuava suas atividades tentando os caminhos da metáfora, da fábula e da parábola para fugir aos perigos de uma censura intransigente e para colocar no palco ideias e sugestões que pudessem conscientizar as plateias. Os jornais, censurados diariamente por funcionários mais preocupados em agradar ao governo do que com os fatos em si, publicavam receitas culinárias onde deveriam ter entrado as notícias cassadas. A intransigência grassava entre dois partidos, um dos quais representava penosamente uma pseudo-oposição. Como no tempo do fascismo na Itália, as notícias corriam de boca em boca e era de bom-tom contar piadas sobre os governantes e os militares. Mas, paralelamente, e mais silenciosamente ainda, assassinatos e violências continuavam cada vez mais cruéis e impiedosos.

O povo vivia talvez de forma menos dura do que hoje, mas isso não era mérito do governo; o capital estrangeiro, sempre favorável aos governos totalitários, entrava, solicitado e bem recebido, favorecendo aparentemente a economia nacional. A industrialização do país estava se realizando e uma nova burguesia se formando fundamentada em altos salários e elegendo o *status* como regra de vida. Nas recepções noturnas era de bom-tom servir, no fim do jantar, juntamente com licores e charutos, doses de entorpecentes entre os quais o LSD triunfava. As colunas sociais ganhavam cada vez mais espaço e realçavam, determinando relações cada vez mais competitivas entre as *socialites*, belezas, elegâncias e riquezas. Não havia tantos assaltos, podia-se circular de noite tranquilamente, mas ninguém que não fosse claramente a favor do governo, ou inofensivo, estava a salvo de uma eventual prisão. O terror circulava silencioso enquanto a cultura estava ameaçada e a instrução, assassinada. Tínhamos medo de falar ao telefone e num determinado momento quem censurava era o indivíduo, antes do censor. De outro lado a situação era confusa, pois funcionários governamentais tomavam atitudes liberais desmentidas pelo fato de estarem eles firmemente agarrados a seus empregos. Quando os encarregados da censura chegavam no teatro com a finalidade de liberar ou não um espetáculo (havia duas censuras: uma federal e outra estadual, que liberavam ou não, ou liberavam com cortes os textos recebidos) depois dos preocupados salamaleques iniciava-se um processo dialético para defender o que tinha sido aprovado e que os catões locais queriam cassar. Chegava-se a negociar um conceito em troca de uma palavra e, em geral, ir a Brasília resolvia o problema, desde que houvesse uma relação de amizade com algum figurão.

Mas o clima geral era de pavor, um pavor surdo, revoltado, mais profundo à medida que o tacão da ditadura esmagava pessoas e instituições.

Arte é reinventar a natureza; criar novas linguagens; dar vida a seres imortais; erguer estruturas espaciais; arriscar a vida em aventuras absurdas; provocar polêmicas. Arte é técnica severa aliada a uma criatividade impiedosa. Arte é sabedorias e ingenuidade.

Arte é a vitória sobre a morte.

Dimitri Mitropoulos me parou na saleta que dava acesso ao palco do Scala e me perguntou: "Você não quer imortalizar-se comigo?", e riu. Antes de ir embora ele tinha pedido ao fotógrafo do teatro para retratá-lo com cada um dos integrantes do espetáculo da ópera *Wozzeck*, de Alban Berg, que ele tinha regido e para o qual eu tinha feito os cenários. "Quero, claro que quero, é muita honra para mim!". Ele sorriu e me deu um abraço. Todos o amavam por suas maneiras gentis e por sua regência sensível e generosa no gestual. Também Hebert Graf, diretor do espetáculo e que em seguida abriria na Suíça umas das melhores escolas de interpretação lírica, quis que eu ficasse a seu lado para uma fotografia comemorativa. Para ambos, excelentes pessoas e grandes artistas, conservo no meu mundo secreto um cantinho especial.

O espetáculo tinha tido um sucesso triunfal. Meus primeiros croquis, enviados para os Estados Unidos para aprovação de ambos, tinham sido devolvidos com severas observações mas, refeito o projeto, na segunda remessa, tinham sido aprovados totalmente. O problema de minha primeira edição estava no fato de não ter compreendido o espírito da música de Berg e, consequentemente, do drama escrito por Büchner, interpretado com uma fidelidade criativa genial por Berg. No segundo projeto eu trabalhei sobre três planos: o construtivista, o pictórico e o das frontais e retroprojeções. Cada croqui tinha sido desenhado sobre três camadas transparentes (duas de acetato e uma de papel vegetal preparado com parafina e sobre o qual uma complicada pintura

Pintura dramática de Gianni Ratto para o cenário de Wozzeck, primeira ópera do austríaco Alban Berg, regida no Scala de Milão, em 1952, por Dimitri Mitropoulos, com direção de Hebert Graf.

a pastel era raspada estrategicamente para permitir a visão e a transparência do que estava por baixo). O projeto foi aceito imediatamente e, para a sua realização, foi encomendado na França um ciclorama recém-patenteado que permitia uma retroprojeção frontal à plateia, sem que a fonte luminosa fosse percebida na superfície totalmente sem costuras. A integração dos vários elementos do espetáculo foi total.

Muitos anos depois, na gestão de Mário Chamie, com a regência de Isaac Karabtchevsky, direção artística de Fernando Peixoto e a direção técnica de meu grande e inesquecível amigo Francisco Giacchieri, a obra de Alban Berg foi apresentada com grande êxito ao público paulistano, numa edição que comportava dois elencos (um alemão e outro brasileiro). Desta vez, considerados os recursos menores a minha disposição, trabalhei com um outro critério, colocando no proscênio um véu perfeitamente esticado que, nos curtíssimos intervalos entre uma cena e outra, com a projeção de um *slide* que era a reprodução do próximo cenário, me permitia, por meio de carros, realizar mudanças rapidíssimas.

O TEATRO É UMA ARTE ESQUISITA; só existe concretamente no momento de sua realização ou na memória, fragmentada e ofuscada pelo tempo, do que aconteceu e de quem foi o responsável pelo seu acontecer: existe deformado pelas lembranças confusas, com todas as superestruturas que se acumulam fantasmagoricamente modificando a realidade do passado com a lembrança de um defunto que melhora constantemente com o decorrer do tempo.

Esta lembrança confusa, esta impossibilidade de reencontrar o clima justo, "aquele momento" lúdico no qual tudo é poesia, esta impossibilidade de se situar convenientemente na poltrona do espectador do passado é responsável – independentemente das crônicas, das críticas, das análises e até dos documentos iconográficos – pela impossibilidade de se fixar uma memória objetiva a partir do momento em que um espetáculo termina sua carreira. A memória teatral oscila como o espetáculo de cada noite: em permanente mutação, nunca igual ao do dia anterior, vítima do subjetivismo de quem mal se lembra, de quem dele ouviu falar, de quem somente leu uma crônica.

O espetáculo morre a cada noite para renascer a cada noite. *Araba fenice*, atravessa os tempos, os mitos, as tragédias, as formas, os estilos, as vacas magras e gordas e continua sobrevivendo como um doente obstinado que, não querendo morrer, consegue sobreviver e viver.

O teatro é uma nave como a de Colombo: pequena, insegura, ameaçando naufragar e cada instante, sustentada pela leitura das constelações que, intuitivamente, a leva até os ancoradouros.

Se hoje o caminho é confuso é porque o pensamento do homem comum é atraiçoado por uma massa de informações discordantes e por uma poluição publicitária de gargalhadas e orgasmos alimentícios.

A SUPERINTENDÊNCIA e a direção artística do Teatro alla Scala de Milão nos convidaram, a mim e a Giorgio Strehler, para respectivamente projetarmos os cenários e figurinos e para dirigir a ópera *Traviata*, de Giuseppe Verdi: percebi, naquele momento, que tínhamos, pela primeira vez, arrombado o muro que nos separava do grande profissionalismo.

O superintendente do teatro era Ghiringhelli, conhecido industrial milanês que, quando a Segunda Guerra Mundial acabara, tinha assumido corajosamente a responsabilidade de reconstruir o edifício semidestruído por um dos tantos bombardeios aéreos. Ghiringhelli era empreendedor, e a histórica sala de espetáculos constituía-se em motivo de orgulhosa paixão para todos os milaneses, e não somente para eles. Acabados rapidamente os restauros e de forma primorosa, as temporadas líricas foram reiniciadas com todo o brilho e organização dignos de um glorioso passado.

Quando Paolo Grassi nos comunicou a notícia, pensei que estivesse brincando, mas ele não só confirmou o convite como reiterou que o maestro Labroca, diretor artístico do Scala, queria conversar conosco e estava entusiasmado por levar novas forças jovens para um teatro no qual ainda predominava a mentalidade de um certo conservadorismo decadente.

Aí eu entrei em parafuso; até aquele momento, havia trabalhado em teatros como o Piccolo (sete metros de boca e seis de profundidade) ou outros um pouco maiores. O Scala tem uma boca de cena de dezesseis metros por dez, vinte e cinco de profundidade e outro tanto de altura de urdimento: tratava-se realmente de um desafio para mim, pois as exigências de uma ópera são totalmente diferentes das de um espetáculo dramático. Mas graças a Deus nunca me assustei; enfrentei, portanto, também desta vez, uma tarefa de alta responsabilidade sem ter a experiência necessária. Li tudo o que podia sobre o tema da *Dama das camélias*: desde Dumas até toda a história do Segundo Império e sua sociedade; consultei livros de arquitetura, de mobiliário e decoração e estudei atentamente a linguagem da moda do tempo para poder recriar a própria moda do espetáculo; cheguei então à conclusão de que meus cenários deveriam ter um sabor de

Os cenários intensos de Gianni Ratto, junto com o estilo atonal da música de Alban Berg, enfatizam a dramaticidade dos temas da alienação e da loucura presentes na ópera Wozzceck, baseada na peça inacabada de Georg Büchner.

gravura colorida, assim como as pranchas que documentavam o vestuário masculino e feminino da época. Em termos, porque a grande sala onde se dança e se joga tem escadarias e colunas e consequentemente toda a cenografia, para ser coerente, tem de jogar com uma linguagem equilibrada de estruturas arquitetônicas e valores pictóricos. A técnica de pintura que eu naquele momento mais dominava era a aquarela e ela transformou-se para mim numa linguagem. Eu não queria entrar inadvertidamente no tradicionalismo lírico e, de propósito, não fiz nenhuma pesquisa sobre a cenografia verdiana. Enfim estudei, raciocinei, me arrisquei e, por incrível que possa parecer, ganhei a parada; e ganhei-a, posso dizer, em grande estilo, pois minha cenografia desencadeou uma polêmica na qual os conservadores gritaram "Escândalo!" e os renovadores "Finalmente!". O crítico do *Corriere della Sera*, Franco Abbiati, começou assim o seu artigo escrito imediatamente depois da estreia: "Três pessoas assassinaram ontem a *Traviata*: o regente Tullio Serafin, o diretor Giorgio Stehler e o cenógrafo Gianni Ratto..." *etc. etc.* Mas os hosanas dos outros jornais falaram mais alto e, no ano seguinte, tanto eu como Giorgio fomos novamente convidados. Eu, aliás, durante sete anos, continuei a trabalhar para o Scala sendo, também, durante dois anos, seu vice-diretor de montagens cênicas.

Foi durante esse período que tive a oportunidade de entrar em contato com regentes, cantores, bailarinos e coreógrafos nacionais e estrangeiros, acumulando conhecimentos e experiências que nenhuma escola poderia ter-me dado. Sob este aspecto minha permanência no Scala foi vital. Os ensaios aos quais sistematicamente assistia constituíam-se, além do prazer que me davam, em verdadeiras aulas. O trabalho que pude fazer com Jean Babilée, Romanoff, Dall'Ara *etc.*, enriqueceu minha mente e afinou minha sensibilidade; o contato diário com Nicola Benois foi, do ponto de vista profissional, riquíssimo: com ele aprendi – sem que ele percebesse – como se lida com um grande palco que, como uma mulher orgulhosa e bela, só se deixa dominar quando percebe que quem a provoca é digno dela.

Eu amava assistir aos ensaios da orquestra, e muitas vezes de forma sorrateira, pois os maestros não admitiam ninguém na sala; me esgueirava para dentro de um camarote ou de uma frisa – ou lá no alto da última galeria – para acompanhar o apurado trabalho de elaboração da linguagem musical. Tinha um excelente relacionamento com o maestro Victor de Sabata, um dos maiores regentes que conheci e que, sucessor de Labroca, tinha sido nomeado diretor artístico. De Sabata, como a maioria dos músicos, grandes ou pequenos que sejam, vivia só para e pela música sendo, no convívio diário, simples e às vezes até ingênuo. Lembro que numa recepção na casa do superintendente, recepção oferecida à Companhia de Dança Francesa cujo primeiro bailarino era Jean Babilée, depois de eu cometer uma gafe linguística, começamos a rir às gargalhadas como dois colegiais, e com tanta violência que, provocando a curiosidade geral, levamos todo mundo a rir conosco.

Eu discordava artisticamente de Nicola, do qual todavia admirava a competência técnica. Ele confirmava a teoria de que os filhos de grandes personagens nunca são grandes. Nicola dominava o desenho com segurança e habilidade, mas faltava-lhe criatividade, permanecendo sempre seu cenário no plano do pequeno achado ou, no melhor dos casos, num inteligente corte perspéctico. Mas quando ele assumia a direção do palco, ninguém era melhor do que ele. A cenografia pictórica ainda dominava os palcos dos teatros líricos e Nicola era um partidário dela. Telões, rompimentos, fundos, panoramas e bambolinas de pano pintado estruturavam com grande maestria arquiteturas e paisagens e exigiam brilhantes malabarismos para serem iluminados. O primeiro problema que se apresentava era o das dobras no cenário que, por ser de pano, nunca estava completamente esticado; portanto, antes da iluminação dramática, tinha-se de tratar de eliminar os amarfanhados e, em seguida, fazer coincidir a iluminação dirigida com a da pintura, que trabalhava ilusionisticamente para criar volumes, superfícies e espaços. Era impressionante ver os resultados conseguidos quando, saindo do *black out* inicial, o cenário ia revelando a beleza de sua técnica graças ao uso inteligente das gelatinas, dos projetores e das gambiarras. A segunda fase era a da iluminação geral, que criaria o clima das situações dramáticas; e, a terceira, da valorização das personagens, tudo isso orquestrado com as variantes de intensidade determinadas por situações específicas. Mas o trabalho de iluminação não terminava aqui pois, durante o espetáculo, da cabine de controle um exército de eletricistas com fone de ouvido era comandado para realizar leves alterações que melhoravam um trabalho já apurado desde o início. Eu ficava fascinado. O equipamento técnico do Scala era de primeiríssima ordem com suas máquinas de projeção de efeitos especiais, tanto fixas como em movimento. O palco, por sua vez, era maquinado com pontes elevadoras que tanto podiam subir como baixar, sincronizadas com a música, o que permitia, quando a luz e a mecânica se juntavam, conseguir efeitos realmente espetaculares, como na tempestade do primeiro ato de *Otello*, para a qual mais de cento e cinquenta técnicos, entre eletricistas e maquinistas, trabalhavam coordenadamente acionando uma parafernália perfeitamente orquestrada.

Nicola, com quem hoje tenho uma dívida de gratidão por tudo que involuntariamente me ensinou, era um homem educadíssimo, diplomático e ladino; elogiava todo mundo para depois denegrir, quando o artista não estava presente. Eu sabia quando ele estava mentindo ou matutando alguma artimanha pois seus olhos, de repente, tinham um levíssimo reflexo luzidio, enquanto seu rosto permanecia impassível. Nos primeiros tempos não foi fácil para mim conviver com esse tipo de postura, nem, diga-se de passagem, com o mau caráter dos artistas e funcionários ligados ao setor técnico; os cenógrafos realizadores (havia seis equipes de realização, cada uma comandada por um chefe) possuíam uma técnica esplêndida aliada a uma ausência total de criatividade, e o recalque derivado dessa condição os deixava frustrados e invejosos: é fácil imaginar de quanta habilidade diplomática eu necessitava para sobreviver no meio daquele circo; mas eu queria chegar ao topo da profissão, então devolvia moeda por moeda acrescida de juros e porcentagens. Hoje, observando este tempo passado, acho que tudo o que aconteceu valeu a pena pelo cabedal de ensinamentos que pude acumular, e olho com certa ternura para aquela mediocridade feita de pequenos orgulhos, de mesquinhas satisfações.

Quando foi realizada a montagem de *O rato do serralho*, de Mozart, espetáculo dirigido por Ettore Giannini com o qual eu já tinha trabalhado no *Carrossel napolitano*, conheci Maria Callas.
Naquele tempo Maria Callas estava casada com o empresário Meneghini e ainda tinha um corpo avantajado. Mas eu a achava linda – e ela era –, e muitos partilhavam minha opinião. Disciplinadíssima no trabalho tanto quanto temperamental na hora de cantar um espetáculo, era pessoa de refinada educação e admiradora do talento alheio, principalmente quando não interferia com o dela. Eu tinha desenhado os cenários que eram todos branco, cinza e ouro, e a esplêndida artista plástica Leonor Fini tinha criado figurinos de uma sensibilidade e beleza raras. Callas tinha amado nosso trabalho e daí surgiu uma

relação cordial: muitas vezes, depois dos ensaios, eu saía com ela e o marido e íamos jantar em algum bom restaurante onde falávamos de tudo e de nada, num convívio afetuoso e descompromissado. Alguns anos mais tarde eu projetei para ela e para Von Karajan os cenários da ópera *Lucia de Lammermoor*, de Donizetti; quando o espetáculo estreou (em Viena, parece-me) eu já estava no Brasil e tomei conhecimento de seu êxito (o espetáculo viajou pela Europa) através de informações epistolares. E nunca mais a vi. Ela ainda é uma das presenças com as quais convivo.

Gostava muito de Ziembinski; diretor competente e ator profundo, ele conduzia seu trabalho com a mesma minúcia, o mesmo esmero com o qual se maquilava. Trabalhei algumas vezes com ele (em *O santo inquérito*, de Dias Gomes, *Sangue no domingo*, de Walter Durst e *César e Cleópatra*, de Bernard Shaw, entre outros) e suas explicações eram minuciosas, especialmente no que dizia respeito à concepção do espetáculo e sua linha de direção. Eu o ouvia com muito respeito e, às vezes, acompanhava seus ensaios. Voltando para casa tentava traduzir no papel o que nós tínhamos conversado. Já disse que considero o cenógrafo um ator, intérprete como é da personagem visual do espetáculo; então meu trabalho não se constituía na reprodução banal do diálogo travado anteriormente, mas transformava o que tinha sido dito em elementos visuais que envolveriam os atores numa espacialidade dramática. O respeito que eu tinha pelo diretor polonês era muito grande e estava preparado para refazer tudo se ele o pedisse. Mas não: ele olhava meus desenhos, meus croquis, meus esboços e propostas, e nunca me pedia alterações. Acostumado a trabalhar na Itália com diretores que só aceitavam soluções totalmente identificadas com suas ideias, eu sentia-me um tanto desamparado como se, por instinto gregário, necessitasse ser dominado pela superioridade de meu companheiro de trabalho.

Mais tarde alguém me relatou um comentário de Zimba (assim todo o mundo o chamava carinhosamente): "É curioso" – ele teria dito – "o Gianni faz sempre o contrário do que eu lhe peço, mas é exatamente o que eu quero". Deduzi, portanto, que a obediência subserviente de todos os que colaboram com o diretor somente pode ter resultados negativos.

Ziembinski era um mestre também em maquilagem; claro, ele vinha de uma escola (a polonesa) que considerava a maquilagem uma disciplina fundamental para a formação do ator, a caracterização fazendo parte da interpretação. Esta arte extraordinária que transforma fisicamente o intérprete o aproximando visualmente da personagem está hoje, aqui no Brasil, quase perdida e desconsiderada. O ator (a não ser quando bota um nariz vermelho do qual está evidentemente divorciado) recusa a maquilagem a não ser em casos extremos, não percebendo que ela (a maquilagem) tem a mesma significação da máscara trágica atrás da qual o ator assume, sublinhando-a, a personagem.

Mas, enfim, Zimba passava duas horas no camarim elaborando seu rosto com a minúcia de uma noiva em dia de casamento, e era fascinante ver a transformação que se operava progressivamente em seu rosto. Sua mesa era um balcão de produtos de limpeza e os materiais mais diferenciados (colas, vernizes, cores, filós, lápis, tesourinha, espátulas *etc.*) estavam colocados lado a lado e em ordem de importância sobre a bancada de seu camarim. Quando, depois do longo trabalho preparatório, ele se levantava, já estava pronto para entrar em cena dimensionado dramaticamente. Aprendi muito com ele, principalmente de forma indireta: seus gestos, suas entonações perfeitas valiam tanto quanto aulas propedeuticamente ministradas.

Quando dirigiu *César e Cleópatra*, de Bernard Shaw, fui convidado para projetar os figurinos e os cenários. Foi um trabalho exaustivo, tendo eu desenhado além das roupas e das cenografias também, lógico, todos os adereços de vestuário e cenas.

O meu projeto foi aprovado totalmente. Cacilda, Walmor, Adriano Reis, todos os atores (caso raríssimo) amaram as roupas e não houve restrição às ideias propostas. Quanto a um único detalhe, todavia, houve um impasse: no figurino das ancilas de Cleópatra. Neste caso, transpus para o papel uma pintura egípcia, lindíssima, que representa umas moças encantadoras vestidas com uma espécie de canga e nada mais: *topless ante literam*. O comentário de todos foi: "Isto não pode!". Cacilda foi a mais categórica: "Não! Além do mais, a censura não permitiria." Ziembinski estava propenso a aceitar a ideia, mas, afinal, eu cedi e coloquei nas duas meninas (lindas por sinal) um sutiã historicamente correto, embora minúsculo.

Esta história de cobrir o seio por (falso) pudor é curiosa. O ventre de uma mulher é tão sensual e sedutor quanto qualquer outra parte de seu corpo; se assim não fosse não haveria uma dança específica, solicitante pelas evidentes sugestões eróticas. Por outro lado, o seio da mulher deixa de ser impudico (!) quando amamenta o filhote; o seio da Virgem Maria não é sensual mas o da Susana provoca a libido dos velhos que a espreitam perto do rio onde, semidespida, prepara-se para tomar banho. Por outro lado, a sensualidade ligada à imagem de um seio desnudo alia-se também a uma ternura inconsciente, lembrança silenciosa e doce dos momentos em que a mãe oferecia inocentemente (?) deslumbrada o peito para que o filho se alimentasse. Mas, e aqui intervém uma lembrança minha, uma namorada que eu tive e que abandonei de repente, perguntou-me um dia: "Você acha que quando amamentar o filho que teremos, ele me dará prazer como quando você me beija?"

Então botei um sutiã nas meninas, que já estavam adorando a ideia de entrar em cena assim como eu tinha imaginado, e esqueci momentaneamente o assunto. Momentaneamente porque, claro, não o apaguei da minha memória.

Na hora de dirigir, para o Theatro Municipal do Rio de Janeiro, a ópera *Dibbuk*, de Gino Rocca, cujo libreto baseia-se fielmente no texto dramático de An-Ski, deparei-me com uma situação inusitada: no segundo ato, quando da festa do casamento, uma procissão de mendigos e aleijados chega para participar, segundo a tradição, do banquete nupcial. É uma cena difícil para ser montada pois exige um perfeito entrosamento entre a parte cantada, que é complexa, e a parte representada, que é patética e brueghelianamente dramática. Para preparar o coro adequadamente (quase cem pessoas), dividi-o em grupos, cada qual conduzido por um dos componentes, que ficou responsável pela correta atuação cênica. No primeiro ensaio do conjunto coral trabalhei durante duas horas explicando e atribuindo funções a cada um, pedindo atenção e entrosamento. Tudo correu muito bem e eu estava satisfeito, tendo consciência de estar servindo convenientemente à partitura musical. Durante o intervalo, um senhor distinto (terno e gravata, cabelo grisalho, sapatos lustrosos), distinto e miudinho, aproximou-se pedindo licença para falar comigo: "Pois não", respondi. "Eu sou o representante do coro", disse, e parou aí. "Muito bem", continuei, "em que posso lhe ser útil?". "Nós cantamos", afirmou. "Não duvido", complementei. "Pois é, cantamos, mas só cantamos: não nos compete representar." "E quem representaria, então?" "Os figurantes!" "E eles dublariam vocês enquanto vocês cantariam nas coxias?" "Lógico. Ou então poderíamos entrar e cantar ficando parados, enquanto os figurantes representariam." "Acho uma ideia esplêndida", concluí. E antes que o ensaio recomeçasse corri para falar com Celi que, naquele período, estava dirigindo o teatro. Celi me ouviu atentamente, deu seu sorriso siciliano e me tranquilizou. Uma hora depois, com um certo atraso, o ensaio recomeçou, tendo eu sido avisado que o coro colaboraria comigo. E colaborou mesmo, com interesse e entusiasmo. Quando perguntei a Celi o que havia provocado uma mudança tão rápida e radical, ele só disse uma palavra, sustentada, desta vez, por um sorriso cínico: "Cachê."

Até hoje, quando encontro alguém do coro que atuou no *Dibbuk*, constato que o entusiasmo pelo resultado daquele trabalho ainda não esmoreceu.

Mas essa experiência, ligada ao critério de utilizar ou não o coro quando uma ópera exige uma importante atuação dramática, levou-me mais tarde, e várias vezes, a utilizar no palco o corpo de baile colocando o coro na orquestra: com plena satisfação de todos.

TRABALHEI MUITO NO TEATRO SÃO PEDRO, dirigido e administrado brilhantemente por Maurício Segall.

Dirigi *Figaro* (um texto de Beaumarchais adaptado por Queiroz Telles) e *A grande imprecação diante dos muros da cidade*, de Tankred Dorst, projetei, dirigindo sua execução, cenários para *Os executivos*, além de *Frank V*, de Dürrenmatt, com a direção de Fernando Peixoto. Durante a montagem e os ensaios desta última peça, Maurício foi preso pela polícia da ditadura e todos nós trabalhamos sem medir esforços para que o espetáculo, privado temporariamente de seu empresário, não viesse a sofrer por sua ausência.

Cenograficamente falando, tanto *A grande imprecação* como *Frank V* foram, eu acho, dois ótimos trabalhos. No primeiro, realizado na arena-auditório da Sala São Pedro, projetei uma pirâmide invertida, fixada no teto do teatro que, maquinada, abria-se deixando cair corpos destroçados. Essa pirâmide era rodeada por cinco jogos de cordas grossas que, presas no chão, eram esticadas diagonalmente até o teto num conjunto poligonal de leques que, sem impedir a visibilidade dos espectadores, permitiam aos atores subir nelas atuando e movimentando-se. A luz, depois, encarregou-se de complementar dramaticamente o cenário com a criação de regiões de sombras e de campos iluminados. A estrutura da sala comandou, evidentemente, uma solução específica, por ter ela duas plateias e uma pista central.

Já *Frank V*, com a exigência de múltiplos espaços e por ter sido realizado no grande auditório da Sala São Pedro com seu palco à italiana, levou a soluções malabarísticas articuladas sobre uma plataforma inclinada: o resultado foi satisfatório, mais até, diria, do que satisfatório, com seus alçapões disfarçados que levantavam abruptamente as cruzes de um cemitério ou a cama, com seu ocupante, lá onde ninguém podia imaginar que isso poderia acontecer.

No Teatro São Pedro eu podia contar (quando ele estava presente) com Maurício, cuja colaboração era sempre amiga e generosa. E também com um homem para o qual minha amizade será inabalável: Chibé, excelente ator e esplêndido cenotécnico, com uma experiência polivalente adquirida no circo e cujo trabalho ia além de suas meras obrigações. Mulherengo e carinhoso, muitas vezes íamos almoçar, tomando umas caipirinhas traiçoeiras que, juntamente com a narração de suas aventuras, provocavam grandes risadas. Tenho saudade dele e de sua capacidade de solucionar problemas técnicos aparentemente insuperáveis. Não sei por onde anda mas, se por acaso ler estas linhas, quero que saiba que minha amizade continua firme como antes.

Quando os amigos com os quais estruturaríamos o Teatro dos Sete me trouxeram de volta para o Brasil, o clima era de esperanças, entusiasmos e, de certo modo, de certezas. Embora carregados de dúvidas, sem um tostão mas convictos de que conseguiríamos o que queríamos, nos lançamos de olhos abertos numa aventura que durou – com altos e baixos – seis ou mais anos. Sérgio Britto, graças à popularidade derivada de seu excelente trabalho televisivo, tinha organizado – graças também à colaboração de uma amiga sua da qual esqueci o nome, mas da qual me lembro ser uma profunda conhecedora de Proust (tinha ganhado também um prêmio num programa de auditório chamado "O céu é o limite") – um movimento para a criação de um esquema de associados-assinantes que nos permitiria dar início às nossas ainda indefinidas atividades artísticas. O movimento deu certo e o "bochicho" começou a tomar forma.

Naquele momento eu estava me separando de Luciana que, embora ainda presente em meu coração, tinha dado claros sinais de preferir permanecer na Itália (eu tinha voltado sozinho, aguardando sua próxima chegada que não se realizou) onde, graças ao enriquecimento rápido e recente de sua família, teria condições de vida mais seguras e confortáveis do que aqui no Brasil onde, verdade seja dita, não tinha tido uma vida muito fácil, financeiramente falando.

Uma senhora, casada com o secretário do governador do Rio de Janeiro, amiga da amiga de Sérgio Britto, Jeannette Le Maitre, filha de pai inglês e mãe baiana, nos deu um forte impulso, nos apresentando ao diretor do Theatro Municipal que, diante de nosso entusiasmo, prontificou-se em nos ajudar. (Mais tarde ela viria a ser minha mulher.)

A esta altura já tínhamos definido qual seria nosso primeiro espetáculo: *O mambembe*, de Artur Azevedo. Quando li a peça, entre tantas outras disponíveis, ela me chamou a atenção não só por suas qualidades dramatúrgicas indiscutíveis mas também – e este foi um fator fundamental da escolha – por ser ela um atualíssimo retrato da condição de quem, naquele momento, estava fazendo teatro: dificuldades para formar companhias, vedetismos incipientes, necessidade de perambular constantemente para encontrar uma sede de trabalho, mambembar para sobreviver, nenhuma, ou pouca, consideração para com a condição do artista (naquele período, e ainda durante bastante tempo, as atrizes eram obrigadas a ter uma carteira que as equiparava às prostitutas, tendo a obrigação, durante qualquer viagem de trabalho, de se apresentar às delegacias de polícia locais).

A peça, aparentemente singela, encerrava, e até hoje encerra, uma carga poética e um amor pelo teatro que, aliados a uma hábil carpintaria, garantiam um êxito quase indiscutível.

Muitas pessoas, principalmente os *experts*, torceram o nariz. Além do mais, pouquíssimos meses antes, a peça tinha sido montada, fracassando miseravelmente.

Mas eu acreditava nela e senti que a afinidade com a nossa história teatral do momento – afinidade muito grande – me levava a conceber um espetáculo no qual o presente e o passado se unissem numa espécie de *flashback* ideal. Expus a ideia aos meus colegas (a indicação da peça tinha vindo de Fernanda) que a receberam com grande entusiasmo; partimos então para uma leve adaptação do texto, escrevendo um prólogo e um epílogo (confiados à Cláudio Mello e Souza), e demos início ao trabalho organizativo, propriamente dito, do espetáculo.

Não foi simples: a peça de Artur Azevedo comporta inúmeros cenários, carioca e do interior do Rio, e eu precisava documentar-me; andei pelos bairros mais velhos, frequentei botecos e freges, pedi licença para entrar nos velhos casarões, frequentei a Biblioteca Nacional em busca de antigos jornais, solicitei audiência com o famoso Almirante, inteligente e sensível colecionador de textos e músicas populares, escrevi para dona Oneida Alvarenga pedindo auxílio musical – modinhas, cantigas de roda, danças populares que Mário de Andrade tinha amorosamente recolhido em coleções antológicas –, entrei em contato com Aluísio de Azevedo, sobrinho de Artur, amolei a paciência de Raimundo Magalhães, que cortesmente me auxiliou na busca documentária.

Almirante e dona Oneida foram admiráveis. Almirante, cuja saúde estava precária, concedeu-me todavia uma entrevista durante a qual me mostrou suas coleções de raridades musicais; dona Oneida, sem me conhecer pessoalmente, enviou-me de presente dois volumes de Mário de Andrade no qual música e arte estavam registradas cuidadosa, magistral e copiosamente.

Um dos grandes problemas da peça é que, num determinado momento, deve ser dançado um cateretê, bailado tipicamente paulista do qual ninguém conseguia me dar uma informação correta. Renato Consorte, que no espetáculo interpretou de forma antológica o papel do Coronel Pantaleão, desencavou, não sei como nem de onde, um opúsculo no qual estavam publicadas, com os esquemas gráficos das coreografias, várias danças populares, entre as quais o cateretê.

Na peça, a companhia mambembeira atravessa a serra da Mantiqueira, cuja localização eu desconhecia. Raimundo Magalhães, a quem pedi uma informação, fingiu-se equivocar-se com minha pergunta achando que eu estava querendo saber da "manteigueira" e, enquanto me corrigia e explicava no meio de gargalhadas onde estava situada a serra e seu nome correto, me forneceu um mapa; durante anos, meu equívoco foi motivo de simpáticas brincadeiras da parte dele, simpáticas e exaustivas.

Parecia, e aconteceu, que *O mambembe* ia nos trazer sorte. Todos nos ajudaram, todos colaboraram com a simpatia: a direção do Theatro Municipal nos deu de mão beijada a execução dos figurinos desenhados por Napoleão Muniz Freire e a realização dos cenários projetados por mim; a imprensa, habilmente solicitada por Sérgio Britto, nos deu espaço, e o dinheiro para pagar os ensaios, se não me engano, saiu das contribuições dos amigos do Teatro dos Sete que, a esta altura, já estava reduzido a seis pela saída inexplicável de um dos componentes.

A formação da Companhia foi bem mais complicada. O elenco comportava mais de setenta atores que, atribuindo a alguns vários papéis, ficaram "reduzidos" a mais ou menos cinquenta: um número considerável, se considerarmos também os encargos que as contratações impunham. Fernando Torres, marido de Fernanda Montenegro, funcionava como administrador da companhia, que foi completada e complementada com atores da Casa de Repouso dos Artistas. Na visita que nós fizemos a esta entidade, tivemos a sorte de descobrir pessoas que tinham sido representativas em épocas anteriores e que demonstravam uma vivacidade e uma lucidez mental que muitos dos nossos jovens não tinham. Mas, ao mesmo tempo, saímos daquela casa muito deprimidos, vendo as precárias condições nas quais artistas e vedetes já muito aplaudidos viviam: modestíssimos aposentos decorados com recortes de jornais desbotados colados nas paredes. Figuras outrora brilhantes, aplaudidas por plateias entusiasmadas, estavam agora reclusas numa honesta mas amarga miséria, contra a qual nada ou muito pouco poderíamos pessoalmente fazer. De lá saímos tristes e amargurados tendo como única consolação o encontro com alguns atores que, emocionados, tinham aceito a proposta de trabalhar conosco. Espero que hoje a Casa dos Artistas tenha conseguido melhorar seu atendimento, dando aos seus hóspedes uma condição de vida digna.

EXISTEM VÁRIOS TIPOS DE BALANÇOS: para abrir um negócio avaliando o capital disponível, o intermediário, que dá noção dos lucros e das perdas; o final, que nos diz se estamos falidos, se podemos pedir concordata ou se – felicidade! – podemos continuar com uma previsão positiva.

Meu balanço não é para fechar; aliás nem balanço propriamente dito é. Tenho uma noção clara e imperfeita, ao mesmo tempo, da empresa que até hoje conduzi, às vezes a contento, outras desalentadoras. Mas se reflito sobre minha condição de homem confuso, imperfeito e não suficientemente preparado, chego à conclusão de que os deuses foram-me favoráveis e só posso agradecer.

Já não é tempo de muitos imprevistos (ou ainda o é?), já não é tempo de generosas esperanças, de românticos gestos, de agressivas opiniões (será que não é mesmo?) – será que o tempo é de repouso, das rememorações, do exame, dos arrependimentos? É tempo de sonecas e de tisanas? É tempo de ceroulas e sandálias? É tempo de banco no jardim e de cachimbo? Ou o tempo que não é tempo – como nunca o foi – tem muito tempo para se diluir num tempo sem tempo?

O que não foi pertence a tempo nenhum e o que se foi – se algum valor já teve – hoje só vale se o amanhã for um começo e não uma continuação, um prolongamento, uma cadeira de balanço.

Muito há, dentro de mim, que urge e não se define. Se nunca fui – pelo menos num amplo sentido – um inovador, se nunca assumi posições de vanguarda ou, pelo menos, revolucionárias, sei, todavia, que a era de meus oitenta anos foi iluminada por um desejo constante de aperfeiçoamento, preocupada em nunca embromar; em ser honesto comigo mesmo e para com quem trabalhei: mordomo de uma mansão mutante, *chef* de um *buffet* de propriedade universal.

De repente aparecem nomes, fotos, recortes de jornais, revistas, programas, convites, tudo exigindo uma exibição, recusando-se a ser relegado a um banco de dados que nunca mais será consultado, condenado a uma poeira eterna, arquivo kafkiano de coisas rotineiras, burocracia *bouffonne* de acontecimentos que já foram importantes no momento, pelo momento, inúteis no segundo seguinte.

Varrê-los com uma vassoura impiedosa? Também não têm direito a uma tentativa de fazê-los sobreviver? Melhor, acho, empacotar tudo, dando antes uma rápida olhada, para empilhá-los definitivamente em embrulhos bem amarrados, em forte papel *kraft* para evitar que, mais uma vez, venham incomodar com reclamações inúteis, com exigências infundadas.

Atores talentosos mas não o suficiente para sobreviverem ao registro momentâneo de uma crítica teatral ou cinematográfica; regentes carismáticos de requintada sensibilidade musical tragados pela lama de conchavos e politicagens ("como teve a ousadia de corrigir a arcada do primeiro violino de uma orquestra categorizada e que por anos foi regida por alguém mundialmente consagrado?"); cantores cuja carreira foi destruída por um pigarro que arranhou um agudo que poderia ter sido perfeito; artistas plásticos que não conseguiram superar as corredeiras da habilidade em benefício de um sopro de poesia; poetas condenados, depois de um primeiro sucesso local, a redigir sonetos publicitários...

É uma lista imponente e todos, por um motivo ou por outro, por uma hora ou uma noite, foram importantes; nomes que, para quem não sabe, podem soar melindrosos: "Você conheceu Gianni Ratto?" "Não, mas já ouvi falar muito dele; foi um compositor vêneto, não é?" "Não, era um diretor de teatro, honesto e inútil." "Mas ele não atuou no campo da música?" "Sim, e também no das artes plásticas, na dança, no balé, fez algumas aparições esporádicas em cinema disfarçado de ator; a literatura o atraiu, como também foi pisando em curtas versificações, tragado por vocábulos indefesos mas corajosos; fingiu-se de culto e intelectual impingindo (tentando impingir) opiniões e critérios; sentando-se em cátedras, ingenuamente acreditando em si mesmo e no que dizia; honesto e iludido, romântico e burguês, quixotesco e medroso: louco e medíocre..." "Você não está exagerando? Ouvi falar muito bem dele, é estimado e dizem que contribuiu muito para o teatro brasileiro." "Verdade?, não sabia!" "Isso mesmo, e tem mais, agora que lembrei..." "É melhor pararmos aqui; prefiro ainda o anonimato..."

Pois é: esta história de anonimato, esta mania, de onde ela vem? Não será talvez um desejo subconsciente de fuga e eventuais avaliações? Um ideal *à la manière* de um Pimpinela Escarlate? Atuar sem ser conhecido? Fugir à tacha e à pecha da ausência de um nome paterno? O anonimato não é uma forma de se esconder? Uma carta anônima não é mais contundente do que uma assinada? Mas aqui não se trata de denúncias, de heroísmos ou de fugas. Meu anonimato tem carteira de identidade, conta bancária e habilitação para conduzir: ninguém pode me prender, julgar ou coagir; na minha pobreza sou marajá, no meu íntimo sou grande e genial; comigo inicia-se uma nova dinastia: Ratto I. Olho do alto da minha mediocridade e me regozijo: os outros que se fodam; sou o que sou e me fiz sozinho, não devo nada a ninguém... Não é verdade, devo tudo a todos, mas sou mal-agradecido.

Subitamente vejo que nada sobrou a não ser uns pedaços de papel manuscrito, impresso ou datilografado – alguns desenhos, umas fontes semidesbotadas, uns pedaços de tecidos esfiapados, vários negativos, umas esperanças frustradas, algumas alegrias, o perfume de amores que pareceram eternos, uma marionete quebrada, a presença de alguém que foi e continua importante embora não esteja mais vivo, alguns gatos, três cachorros, um papagaio e muitas outras coisas que se forem tocadas desfazem-se em poeira. Pouco? Depende. Às vezes, passando um pano em cima de uma velha pedra descobrem-se entalhes maravilhosos. Os encantamentos permanecem, o canto de um pássaro ocupa um tempo de séculos e a flor fenecida entre as páginas de um livro de poesia evoca instantes de paixão.

Recebi ontem a carta de uma querida amiga milanesa me comunicando a morte de um ator que eu respeitava e admirava, tanto como ser humano quanto como artista. Neste último período morreram várias pessoas que eu estimava e pelas quais nutria uma amigável afeição. Tudo isso me deixa profundamente abalado, não pela morte em si, que é inevitável, mas pelo vazio cujo espaço amplia-se cada vez mais. Embora presentes, embora eu dialogue com elas, todavia são sombras que a luz do sol dissolve fazendo com que eu espere minhas horas de insônia para podermos conversar. Curiosamente, esqueço os rostos mas não uma roupa que vestiam, ou um tom de voz ou uma risada. Isso também sobrevive com o pouco que se salvou de uma vida na qual os anseios nem sempre corresponderam aos resultados e alguns êxitos independeram da vontade criativa ou do afinco no trabalho.

Às vezes tenho a impressão de estar no centro de uma praça de onde as pessoas foram se afastando, procurando seu caminho; minha sombra, pelo sol que está se pondo, fica cada vez mais comprida, como a do monumento de um general: mas há o chilrear de centenas de pássaros preocupados com o aproximar da noite, e então me sinto vivo e jovem; o novo milênio se aproxima, daqui a pouco terei dois mil anos, que não são nada se comparados com meus oitenta de anônimo andarilho. Ainda, mascate que sou, tenho algo para vender ou doar.

Na frente do computador apagado tento inutilmente identificar minha imagem, aquela que eu gostaria que fosse, hipocritamente fingindo que aquele traçado de vielas e sendas que a tela apagada reflete não me pertence, nem sei para onde leva. As sombras e os reflexos que vejo se sucedem engolidos por outros, mais impetuosos, que rapidamente desaparecem empurrados e atropelados como numa corrida cega de potros enlouquecidos.

Resignar-me por quê? Estou começando a viver, tenho um século à minha frente; a topografia do meu rosto é na realidade o mapa de novos percursos e lá no fundo, bem no fundo, um horizonte está amanhecendo.

⁕ ⁕ ⁕

ÍNDICE DE NOMES PRÓPRIOS E DE OBRAS

Os números em itálico indicam referências localizadas na introdução ou em legendas.

Bem-Te-Vi Produções Literárias Ltda.
Estrada da Gávea 712 | sala 502 | São Conrado
CEP 22610 002 | Rio de Janeiro RJ
e-mail:a bem-te-vi@bem-te-vi.net
www.editorabemtevi.com.br

Esta edição respeita o Acordo Ortográfico da Língua Portuguesa em vigor desde 2009.

Foi feito o Depósito Legal junto à Fundação Biblioteca Nacional.

EDITORA RESPONSÁVEL
Vivi Nabuco

DIRETOR EDITORIAL
Sebastião Lacerda

ASSESSOR ESPECIAL
Fernando Pedreira

DESIGN GRÁFICO E DIAGRAMAÇÃO
Ouro sobre Azul • Ana Luisa Escorel

ARTE-FINALIZAÇÃO E FECHAMENTO DE ARQUIVO
Ouro sobre Azul • Erica Leal

REVISÃO
Elisabeth Lissovsky • Mauro Borges

DIGITAÇÃO
Sol Moras Segabinaze

COORDENADORA DE PROJETOS
Liana Pérola Schipper

PRODUÇÃO GRÁFICA
Marcello Braga Machado

APOIO À PRODUÇÃO
Pêtty Azeredo • Evandro José Salvino

ASSESSORIA JURÍDICA
Manoel Nabuco

CRÉDITOS DAS FOTOS E ILUSTRAÇÕES
Todas as ilustrações usadas no livro são de autoria de Gianni Ratto

FOTO DA CAPA • *Delitto e castigo* • Acervo do Centro de Documentação e Pesquisa - Fundação Nacional de Artes
PÁG. 12 • Foto Gianni Ratto • Arquivo Fernando Peixoto
PÁG. 58 • *A tempestade* • Acervo Maggio Musicale Fiorentino
PÁG. 61 • *Arlecchino* • Acervo Piccolo Teatro di Milano
PÁG. 160 • *O canto da cotovia* • Acervo do Centro de Documentação e Pesquisa - Fundação Nacional de Artes
PÁG. 163 • *O canto da cotovia* • Acervo do Centro de Documentação e Pesquisa - Fundação Nacional de Artes
PÁG. 220 • *O mambembe* • Acervo do Centro de Documentação e Pesquisa - Fundação Nacional de Artes
PÁG. 223 • *O mambembe* • Acervo do Centro de Documentação e Pesquisa - Fundação Nacional de Artes
PÁG. 226 • *O mambembe* • Acervo do Centro de Documentação e Pesquisa - Fundação Nacional de Artes
PÁG. 240 • *Il ratto dal serraglio* • *copyright* Fondazione Teatro alla Scala di Milano
PÁG. 264 • *Delitto e castigo* • Acervo do Centro de Documentação e Pesquisa - Fundação Nacional de Artes
PÁG. 273 • *Lucia di Lammermoor* • *copyright* Fondazione Teatro alla Scala di Milano
PÁG. 276 • *The rake's progress* • *copyright* Fondazione Teatro alla Scala di Milano
PÁG. 292 • *Wozzeck* • Acervo Instituto Gianni Ratto
PÁG. 295 • *Wozzeck* • Acervo Instituto Gianni Ratto

COLOFÃO
Este livro foi composto em Bembo Regular c.11 / 14.133, com o itálico em Aldus c10.1 / 14.133. Impresso em Pólen Bold 90g/m² na gráfica RR Donnelley para a Bem-Te-Vi Produções Literárias, na primavera de 2016.

CIP-BRASIL. CATALOGAÇÃO NA PUBLICAÇÃO
SINDICATO NACIONAL DOS EDITORES DE LIVROS, RJ

R185g
2. ed.

Ratto, Gianni, 1916-2005
A mochila do mascate : (fragmentos do diário de bordo de um anônimo do século XX) / Gianni Ratto . - 2. ed. - Rio de Janeiro : Bem-Te-Vi, 2016.
348 p. : il. ; 23 cm.

Inclui índice
ISBN 978-85-88747-52-4

1. Ratto, Gianni, 1916-2005. 2. Diretores e produtores de teatro - Itália - Biografia. 3. Teatro - Brasil - História - Séc. XX. I. Ratto, Gianni. II. Título.

16-36893 CDD: 927.920233
CDU: 929:792.071.1

07/10/2016 13/10/2016